# 核心素养视域下
# 高中化学教学实践思考

## ——问题式教学与设计

吕晓燕　魏文珺　著

陕西师范大学出版总社

图书代号　ZZ22N1777

**图书在版编目（CIP）数据**

核心素养视域下高中化学教学实践思考：问题式教学
与设计／吕晓燕，魏文珺著. —西安：陕西师范大学出版
总社有限公司，2022.11
ISBN 978-7-5695-3272-2

Ⅰ.①核…　Ⅱ.①吕…　②魏…　Ⅲ.①中学化学课—
教学设计—高中　Ⅳ.①G633.82

中国版本图书馆 CIP 数据核字（2022）第 212159 号

**核心素养视域下高中化学教学实践思考：问题式教学与设计**
HEXIN SUYANG SHIYU XIA GAOZHONG HUAXUE JIAOXUE SHIJIAN SIKAO：
WENTISHI JIAOXUE YU SHEJI
吕晓燕　　魏文珺　　著

| | | |
|---|---|---|
| 责任编辑 | 刘金茹 | |
| 责任校对 | 于盼盼 | |
| 封面设计 | 鼎新设计 | |
| 出版发行 | 陕西师范大学出版总社 | |
| | （西安市长安南路 199 号　邮编 710062） | |
| 网　　址 | http://www.snupg.com | |
| 经　　销 | 新华书店 | |
| 印　　刷 | 陕西隆昌印刷有限公司 | |
| 开　　本 | 787 mm×1092 mm　1/16 | |
| 印　　张 | 16.75 | |
| 字　　数 | 274 千 | |
| 版　　次 | 2022 年 11 月第 1 版 | |
| 印　　次 | 2022 年 11 月第 1 次印刷 | |
| 书　　号 | ISBN 978-7-5695-3272-2 | |
| 定　　价 | 68.00 元 | |

读者购书、书店添货或发现印装质量问题，请与本社高等教育出版中心联系。
电话：(029)85303622(传真)　85307864

# 前　言

　　在教学实践中,对于很多新入职的青年教师来说,他们虽然接受了相关的专业教育,但真正站上讲台,往往对教学感到茫然或模糊,甚至手足无措。在教学中,存在教学方法欠妥、对教材和课程资源的有效整合不够、课堂驾驭能力不足、缺乏与学生的有效互动、将简单问题复杂化、对教学难点一带而过等状况。

　　而具有一定教学经验的教师,往往会在某一阶段之后进入瓶颈期:不知如何进一步提升教学能力,教学方式方法极易出现模式化,甚至固化;产生职业倦怠,失去内在动力和热情,影响教学实效。

　　如何通过教学过程将学科核心素养培育的教学目标得以落实,如何将其与课堂教学融为一体,也是很多教师感到困惑和亟待解决的问题。

　　高中化学问题式教学设计,可为初入职教师合理使用教材、整合教学内容、安排教学活动,顺利、有效地完成课堂教学提供思路和方法;也可为具有一定教学经验的教师突破瓶颈,进行教学研究提供方向和切入点;为课堂教学中切实实现对学生的能力培养、思维训练和学科核心素养培育,找到具体的路径和有效方法。

　　本书由吕晓燕策划并拟写框架,由魏文珺撰写并统稿、定稿。

　　兰州市第二中学李向荣校长、侯一农书记及刘兆俊、脱利锋副校长对本书的编写给予了大力支持,在此谨向他们表示衷心的感谢!此外,也特别感谢兰州市第二中学化学组的全体教师,他们为本书的编写贡献了很多智慧,付出了辛勤的劳动。

因作者水平所限,书中不妥之处在所难免。我们认为,对相关研究的进一步锤炼是永无止境的,所以热忱欢迎广大读者批评指正!

作者

2022 年 1 月

# 目　录

# 第一章
## 绪论

## 第一节　问题式教学与设计的运用与发展

### 一、教学设计的运用与发展

新课改的实施,使人们对于学生的发展更为重视。反映在教学中就是,立足于学生终身发展所需的关键能力等进行各种课堂教学活动。作为中学课堂教学中重要的一门学科,培养和发展学生的化学学科核心素养,也成为高中化学的重要教学目标。因此,教学设计作为开展教学活动的基础和前提,也被人们给予了越来越高的重视,于是关于这方面的研究与探索也日益增多。查阅相关文献发现,有关教学设计的研究,不仅有大学教师、中学教师投身其中,还有高校的研究生等。学者于不同的研究角度,从宏观、微观层面对教学设计做了全面的探讨:既有整体性的研究,又有丰富、生动、翔实的案例呈现;既有关于教学设计方向、策略、模式和具体方法的指导,更有相关问题解决的新思路、新方法和新发现。并且,教学设计类型呈现多元化,包括课时教学设计、单元教学设计和项目式教学设计等等;教学设计的研究内容,也并不局限于"设计",而是将教学设计与教学实施、课堂教学的反思等进行联系,凸显了教学设计与教学实践的真正融合。

随着新课程理念和教学思想的日益深入人心,很多教师在教学设计的过程中更加关注课程标准,他们认真研读课程标准,将课程标准的指导意义充分体现在教学设计与教学实践中。同时,关注化学学科核心素养培育和教学有效性的设计，注重教学设计与信息技术的融合，这对于推动课堂教学的优化有着积极的意义。

原上海师范大学教育学院教授、美国陶森大学教育管理学硕士、上海新纪元双语学校校长李海林指出：所谓"教学设计"到底是要教师们做什么，似乎很少有人对些问题作具体的分析与归纳。我们大家都在口里说着"教学设计"，但做的事似乎与真正意义上的教学设计又离得很远。

贵阳六中的白雪在《以问题为中心的高中化学教学设计分析》一文中指出：随着不断的改革，教育方式也越来越具有多样性。在高中化学教学中，以问题为中心的教学方式越来越受到重视。在这种教学方式下，学生自己去发现问题、解决问题，对问题进行总结，能够得到更加完善的培养。这一过程不仅培养了学生学习的积极主动性，而且锻炼了学生的思维能力。

金陵中学的陈益在《高中化学单元教学设计的关键、核心和重点》一文中指出：传统的教学以课时为教学时间单位，以教材的自然章、节（专题、单元）为教学内容。这样的教学，重视一个个知识点的突破，以知识点的积累构建学科体系和学科观念。由于教学过程中师生过于关注知识点的学习以及学习任务的完成，容易产生只见树木、不见森林的心理效应，忽视相关知识点的学习和学习任务间的内在联系，不利于学科体系和学科观念的整体构建。单元教学则强调教学目标的全面性和教学内容、教学过程的系统性设计，不但提高了教学效率，而且增进了学生学科体系和学科观念的整体构建。所谓教学单元，就是指一个特定主题下相关教学目标、内容、过程的集合。单元教学是教师在对课程标准、教材等教学指导性资源进行深入地解读和剖析后，根据自己对教学内容的理解以及学生的情况和特点，对教学内容进行分析、整合、重组，形成相对完整的教学主题，并以一个完整的教学主题作为一个教学单元的教学。单元教学强调从单元整体出发设计教学，突出教学目标、教学内容和教学过程的整体性、联系性和发展性，应从内容着手、目标着眼、策略着力。其中，三序融合是单元教学内容设计的关键，观念建构是单元教学目标设计的核心，学生活动是单元教学策略设计的重点。

武士乐在《高中化学概念教学策略的研究》一文中指出：随着课程改革的深入，传统的教学模式已不能适应时代的发展，改革势在必行。新课程倡导自主探究、合作交流和师生互动。它主张从学生和社会的需要出发，充分发挥学科本身的优势，以科学探究为课程改革的突破口。在新课程背景下，教师需要将扎实的教育教学理论知识与智慧相结合，巧妙地设置教学情境，重视探究性教学。高中化学教育应以提高学生素质为目标。教师要转变教学观念，鼓励学生多做实验，提高实践能力，把知识与生活紧密联系起来，引导学生积极探索，熟练运用多媒体，提高课堂效率。新课程改革的实施和全面推进，给高中化学课堂教学带来了巨大的变化。高中化学课堂不再是传统教学下单调的教学氛围，不再是教学方法僵化、教育观念陈旧的课堂。在新课程改革下，高中化学教学强调激发学生的学习兴趣，强调让学生由被动学习向主动参与学习转变。教学目的不再是为了分数，而是为了进一步提升学生的素养和能力。学生不再是分数的奴隶，而是学习的主人。同时，这一变化也对教师提出了新的要求。要想成为一名优秀的高中化学教师，就必须在教学模式和教学理念上做出转变，在教学中不断进行反思和总结，吸取教训，引导学生进行自主探索，关注学生的内心，从而提高教学水平和课堂教学效率。

余杭高级中学的陈跟图在《基于课程标准的高中化学课堂教学设计》一文中指出：随着高中新课改的不断深入，基于课程标准的课堂教学设计在培育学生的科学素养方面所起的重要作用已越来越明显。随着新一轮高中课程改革的不断深入，倡导以学生发展为终极目标的课堂教学设计越来越受广大教育工作者的重视。然而，在实践中因没有现成的模式可以借鉴，或因对新课程的曲解，出现了许多看似新颖却有违教育规律的课堂教学，使人产生一种在新课程背景下的课堂教学似乎不再需要教学设计的错觉。

洛阳师范学院化学化工学院张甜、冯勋、段祥在《基于学科核心素养导向的中学化学有效教学设计》一文中指出：当前我国基础教育正在不断地改革与发展，从"功利教育"向"素质教育"的转变，成为当前中国基础教育理论研究与实践改革的重大趋势与热点。中学阶段，化学是一门具有独特教育价值的理论与实验学科。关于化学学科的内容，一方面包括在长期发展过程中经过研究得到的化学基础知识，另一方面包含科学家们观察与研究物质的方法以及动手实验的实践经验。这些基础知识、研究方法、实验操作经验等都能极大程度地促进学生化学学科核心素养的发展。通过对基于学科核心素养导向的中学化学有效教学设计的探索,可优化化学课堂模式,转变教师传统刻板的教学方法,引导学生积极地、有意义地去建构学习。因此,探索有效的基于学科核心素养导向的中学化学教学设计是非常有意义的。

延边大学的陈婷婷在《基于信息技术的化学教学设计优化》一文中指出:在信息化时代,信息技术在人们生活的各个方面都发挥着重要作用。信息技术的介入打破了传统的化学教学模式,凸显了化学课堂的趣味性、灵活性和有效性。在化学教学中引入信息技术,可优化课堂教学设计,使课堂教学更加生动、形象,从而能够很好地契合学生的学习特点,使学生对课堂学习的接受度更高,更好地投入到课堂学习中,增强学生的学习能力。信息技术体现出多元、便捷、生动、直观、交互等多种优势。在化学课堂教学中融入信息技术时,教师需要考虑的除了如何传授课本知识之外,还有如何让学生更多地了解到课本之外独具魅力的化学世界。化学和人们的生活息息相关,但很多化学现象用文字是无法准确描述的。因此,需要借助信息技术帮助学生去全方位地感知化学的魅力,从而不断提高学生的学习能力,提高其化学的学习兴趣。

综上,教学设计,包括高中化学的教学设计,在新课改的育人目标和教学需要中,被越来越多的教师所重视,围绕其所开展的各方面研究也越来越多。我们应该更多着眼于学科核心素养培育在课堂教学中的真正落实和实现,多元化开展教学设计研究。但是,更多教师,可能更为重视课堂教学设计,因为其与平时教学工作的联系更为直接和密切。我们也应该关注到,由于各种主观和客观原因,相当一部分中学教师,尤其是基层教师,对于教学设计的了解相对较少,教学理念和教学能力不能达到新课改的需要和要求。因此,着眼于这样的实际状况,我们要积极探寻做好课堂教学设计的多种途径和方法,以易于直接应用的思路与具体指导,切实提升一线教师的教学设计能力。

## 二、问题式教学的运用与发展

问题式教学是"基于问题的学习"的教学模式,具体在课堂教学中,也称之为问题驱动法。国内的很多学者和青年学子,认识到了教学中问题设置与提出的重要作用,并进行了多方面的研究,主要包括教学思想、教学模式和具体方法等。这些研究,对于高中化学问题式教学,提供了很多值得借鉴与学习之处,对于高中化学的教学实践也富于启发和指导。因此,我们需要对这些教学研究中的思想、观点和方法加以仔细研读和思考,并结合自身的教学实践进行借鉴和应用,以理论研究和教学实践的密切结合,达成二者之间的相辅相成、相互促进与完善。

合肥师范学院韦楠楠、李红英、唐永在《精心设计有效提问,提高中学化学教学效果》一文中指出:课堂提问是学生表达思想、师生互动的良好方式,也是发展学生化学学科核心素养的重要手段。从有效提问的内涵、设计和提问策略三个方面探讨如何精心设计有效问题,从而达到提高课堂教学效率的目标。思考是从疑问开始的,作为课堂教学主导者的教师可以通过提问来引发学生的思考,发挥学生的主观能动性,锻炼学生的思维能力。提问的功能几乎对课堂教学行为无所不包,因此教师可以将提问法广泛、灵活地应用于课堂的各个环节。教师在课前精心设计有效问题,可以更好地提升学生的核心素养,从而提高课堂效率。

辽宁师范大学化学化工学院的侯东林、黄翠英在《以问题驱动化学核心素养的培养——"钠与硫酸铜反应"的探究性教学》一文中指出:基于科学探究的一般方法,以问题链为教学支架,根据学生认知结构,因材分组施教,提升学生对化学变化的理解,培养学生的化学学科核心素养。科学探究是高中化学学科核心素养的重要组成部分,旨在通过以"宏观辨识与微观探析、变化观念与平衡思想"为研究内容或思维视角,让学生掌握科学探究的基本程序,领会"证据推理与模型认知"的思维方式,潜移默化地提高学生对"科学态度与社会责任"的认识。

贵阳六中的白雪在《以问题为中心的高中化学教学设计分析》一文中指出:在对高中生开展以问题为中心的教育方式时,通过构建不同的情境式问题并通过实验解决问题或是通过学生之间的讨论对问题进行剖析,可以有效地培养学生解决问题的能力,锻炼学生的思维发散能力。通过对问题发表自身的见解,提出解决问题的方法,达到将所学知识融会贯通的目的。利用以问题为中心的方法,可以着重培养学生解决问题的意识与能力,使学生能将所学知识进行灵活运用,从而培养出能够解决实际问题的人才。

山东兖矿技师学院王春燕在《有机化学 PBL 教学中的问题设计》一文中指出:PBL 教学法是以学生为中心,通过抛出相关问题,让学生自主收集、整理资料,增强学生学习的积极性,逐渐提升其自主学习能力。在有机化学 PBL 教学中,仍然存在着一些问题,需要我们不断地去探索,以使 PBL 教学法能在有机化学教学中充分发挥优势作用。

综上,教学中的问题设置以及以问题推进教学流程、以问题解决为中心的教学,对于学生发展和提高教学效率所具有的重要促进作用,被越来越多的教师所认识并被应用于教学设计和课堂教学中。怎样能将问题式教学与学生思维和能力的发展更好地结合,将问题驱动更广泛地应用于教学设计和教学实施,以此促进对学生学科核心素养等的培育与发展,还需要我们在教学中认真思考和探究。

# 第二节 问题式教学与设计的意义及目的

## 一、问题式教学与设计的意义

问题式教学是一种以教学问题设置与教学问题解决为中心的教学模式或教学方法。在教学过程中,将教学内容以问题的形式呈现出来,以问题引导学生进行积极思考,以问题解决推进教学,在课堂中,以问题促成学生努力完成真正意义上的学习。

在现代教育科学的视野中,教学设计是依据教学理论、学习理论和传播理论,运用系统科学的方法,对教学目标、教学内容、教学媒体、教学策略、教学评价等教学要素和教学环节进行分析、计划并做出具体安排的过程。这里所谈的教学设计,是在确定教学目标、分析教学内容和学生认知基础与认知能力等的基础上,解决课堂教学中“做什么”的问题。课堂教学设计,包括课程资源的开发与整合、教学情境的创设、教学活动的设置等,对课堂教学既有整体性的规划,又有细节性的处理。

而问题式教学设计,在完成教学设计的过程中,突出教学中的问题设置,实现教学内容的“问题化”。教学中关注现实生活,关注化学知识原理在生活中的应用,以真实的问题创设教学情境;以教学问题的设置与解决完成教学环节的推进,设置抽象、归纳、建模基础上才能解决的问题,提升课堂教学的思考性与内在吸引力;深度分析教学重点和教学难点,设置陷阱性、开放式、冲突性和连环式教学问题,凸显对学生思维品质的严密性、发散性、批判性和深刻性训练;以系统化和体系化问题的设置,突出重点,突破难点;以开放性和多元性教学问题的设置,在课堂中渗透与强化"提出问题比单一解决问题更有价值"的意识,引导学生逐步学会自主提出问题;从难度、梯度、密度、角度等方面,呈现探究问题的层次性,使教学活动以问题的提出与解决等引导师生、生生互动,形成自主、合作、探究的新课堂。问题式教学设计,以问题为中心和教学主线,可以更充分地体现新课程的教学理念,实现素养为本的高中化学课堂教学。

## (一)为新入职教师提供顺利完成教学的切入点

在教学实践中,很多新入职的青年教师,虽然接受了相关的专业教育,但因为缺少实践体验与经验,缺乏"实战"能力。当真正站上讲台时,他们往往对教学感到茫然甚至手足无措。在教学中,往往存在以下状况:教学方法欠妥,对教材和课程资源有效整合不够,课堂驾驭能力不足,缺乏与学生真正意义上的互动,将简单问题复杂化,对教学难点一带而过,等等。

对于青年教师来说,站稳讲台是步入教师生涯的第一步,而这个第一步,对于他们后续的职业生涯有着至关重要的影响。第一步的顺利,能够帮助他们树立自信心,进入良性循环,他们的教学能力会日益精进。相反,若教学初期失误过多,在许多方面形成欠妥的教学惯性,则会失去学生的信任,在同行中也会有较多的负面评价,容易给自身后续的职业发展带来困难。而对教学内容不熟悉、对教学方法不了解以及对课堂教学互动方式不适应等客观原因,往往会使新入职的青年教师形成照本宣科的教学方式。这样的教学方式,对学生的学习和教师的自我成长,都会产生许多不利影响。因此,帮助青年教师在教学中尽快成长就显得极为重要。而问题式教学设计能够提供易于入手的教学切入点,无疑是一种良好的途径。从问题式教学设计的角度来看,教师需认真研读教学内容,全面分析学生的认知能力,充分开发与整合教学资源,在这个基础上,才能创设恰当的教学情境和合理的教学问题。而在这样的过程中,教师能够自然完成对教学内容的熟悉与内化,养成因材施教的良好教学意识和教学习惯。对于各种教学方法的应用与逐步熟悉,也可以问题式教学设计为起点。在问题式教学设计过程中,教师需要对教学内容进行问题化呈现,是对教材的分解、整理与加工。同时，教师需要思考课堂中如何进行问题的提出，如何完成问题的解决，也是对教学方法与教学方式的全面分析与选择。以问题式教学设计为基础，教学过程能以问题的提出与解决进行推进，自然能够实现课堂教学中的师生互动、生生互动。以此，对于新入职的青年教师和师范院校的学子来说，以问题式教学设计作为开展教学的切入点和起点，对于他们尽快适应教学、提升教学能力，是一种值得探索的途径。

### （二）有利于帮助教师顺利突破"瓶颈"

教师的工作内容、工作方式和工作特点，决定了其在工作的过程中，容易陷入瓶颈期。而具有一定教学经验的教师，往往在工作了一个阶段之后，更容易出现这种状况。如：教学方式方法模式化，甚至固化，不知如何进一步提升教学能力。产生职业倦怠，失去工作的内在动力和热情，必定会影响教学实效。为什么会出现这样的状况呢？教学工作，无论是形式还是内容，都具有一定的重复性。在貌似日复一日，简单甚至单调的教学过程中，很容易让人产生倦怠。如果教师进入职业倦怠期，不能尽快走出，会对自身教学能力的提升造成阻碍。如果教学真正成为单调和机械的重复，在这种重复中，教师的教学能力反而有可能退步或下降。因此，对于教学经验丰富的教师，克服职业倦怠，尽快突破职业"瓶颈"，顺利进入上升期是非常重要的。如何做到呢？我们需要寻找可行的、易于实施与实现的方法与途径。

很多时候，教师之所以产生倦怠，其深层原因是对教学研究的忽视与缺乏。教学研究的推进与完成，使得教学不再是简单的重复，而是充满吸引力的不断升华过程。但是，对于相当一部分教师而言，往往觉得教学研究难以入手。而问题式教学设计与平时教学联系密切，可以作为开展教学研究的入手点。我们都知道，教学的过程，应该成为研究的过程，教学反思也应该成为教学常态。从教学问题的设置与解决等开始反思教学，进而开始研究教学，先进教学理念的学习、富有实效性的教学方法的应用、教学创新等才能得以真正实现。在此基础上，教学案例的分析、教学论文的撰写、教学课题的开展等教学研究才会逐步得以顺利地完成。在这样的过程中，教学视野的开阔、教学方法的丰富、教学理解与认识的深入以及教学中的成就感，会使得教师的职业倦怠消失殆尽，教学能力进而得以不断提升。

## （三）有利于课堂教学的有效组织

课堂教学的有效组织,对于课堂教学的实效性有着重要影响。在高中的教学实践中,存在着教师的教与学生的学脱离的状况,甚至出现了教师侃侃而谈而学生却在神游的状况。在课堂中,只有有效组织课堂教学,使教师和学生成为学习共同体,使教与学融为一体,才能使学生在教师的引导中,通过对学科原理的学习、理解与应用,增长知识,积淀素养,增强能力。而问题式教学设计,能够成为教与学之间的纽带,帮助教师有效组织课堂教学,给学生提供积极学习的平台。

问题式教学设计中,真实问题的情境创设能够为学生的课堂学习提供内在动力。以问题的提出开始,以学生运用所学知识进行问题解决为课堂学习过程,能使学生获得成就与喜悦。而学生在学习过程中获得的成就感与喜悦可以使他们保持持久的学习热情,帮助他们进入学习的良性循环。教学问题设置的针对性与探究性,可以吸引学生与教师进行积极的互动,学生之间进行合作与交流,实现充满内在活力的课堂教学。对于教学重点,教学问题的设置能够引起学生的关注与自主思考;而教学难点,则可以通过层次递进的教学问题设置,帮助学生充分应用已有知识,顺利实现突破。

总的来说,问题式教学设计,一方面能增强课堂教学对于学生的内在吸引力;另一方面,也能够给教师及时进行恰当的教学评价提供时间与空间。教师可运用问题的提出,引导学生解决问题,并对学生的思路与方法进行评价。互动中的交流与探索,评价中的启发与鼓励,教师对课堂教学的管理、组织与驾驭,对学生学习热情的调动与激励,都能通过教学流程的顺利推进而得以充分体现。

## （四）有利于学生素养培育实现于课堂教学

《普通高中化学课程标准(2017年版)》提出五大化学学科核心素养:宏观辨识与微观探析、变化观念与平衡思想、证据推理与模型认知、科学探究与创新意识、科学态度与社会责任。学科核心素养是高中化学教学的主要目标,高中化学课程要以发展学生的化学学科核心素养为主旨,重视学生素养的形成与提升、能力的培养与加强。但是,学科核心素养培育的教学目标,如何通过教学过程得以落实与实现? 如何与课堂教学融为一体? 也是很多教师困惑和亟待解决的问题,而问题式教学设计有利于学生素养培育实现于课堂教学。

在高中化学教学中,从宏观现象到微观分析或反之,以教学问题进行引导,是自然的过渡,也是思考的过程,更是思路的习得。对于证据推理与模型认知,教学问题的提出与解决,能使学生有明确的思考方向,提高学习效率;在问题中体会变化观念和平衡思想,能够有更为深刻和明晰的认识;科学探究是围绕问题解决的探究,创新意识更是在问题解决中得以发挥作用和不断强化的;将科学态度与社会责任渗透于学科知识学习与研究的过程中,以教学问题进行引导则更能使其得以升华与加强。总之,围绕问题解决的课堂教学,能以更富有思考性的教学和学习过程,将学科核心素养的培育实现于课堂教学。而教师在问题化呈现教学内容,并将其与学科核心素养培育相结合的过程中,对于素养为本的教学也能有更为深刻的理解与认识,能有意识、有方法、有能力,将学科核心素养培育与自己的教学更为紧密地融合。

## (五)有利于学生思维品质的训练与培养

我国教育工作的根本任务和教育现代化的方向目标是,培养德智体美劳全面发展的社会主义建设者和接班人。因此,高中阶段对于学生的培养,应是面向祖国未来建设者的培养,应面向学生的未来发展,着眼于学生的全面进步。高中阶段的教学,不能仅仅注重学生学科知识的学习,还应重视和加强学生学科核心素养的培育和发展以及学生能力的提升和思维品质的训练。

高中阶段,学生思维的有序性、灵活性、深刻性、严密性、发散性和批判性等决定了我们可以将问题式教学设计渗透于学科知识的教学中。我们在教学中,基于学生已有的认知基础,以教学问题的设置与提出来引发认知冲突,激发学生学习热情,同时训练学生思维的深刻性和批判性等。对于教学重点与教学难点,围绕探究活动的开展,以问题的提出与解决,以有序的、层次递进的方式进行突出与突破,在这样的过程中,学生思维的严密、发散、灵活、有序等品质得以强化。在学科知识学习中,以教学问题的提出与解决,形成充满思考性的教学互动,使得学生的思维训练得以落实在各个教学环节和教学流程的推进中。以教学问题的引导,凸显知识应用,关注社会与生活,形成体系化的认知,以多种方式和方法对学生的思维品质进行训练与优化。

简单来说,问题式教学设计,是围绕问题进行的教学。它摒弃学习过程中对化学知识的单纯记忆,以提出问题、研究问题和解决问题为课堂教学的"主旋律",能够引导学生体验和学习科学研究的基本方法,训练学生的化学思维方式;以化学问题解决的体验性和过程性,帮助学生建构化学认知,发展化学思维品质,促进学生形成主动探索的良好习惯。教学过程中,学生思维品质的训练和培养自然能得以体现与实现。

总而言之,高中化学的问题式教学设计,应以学科核心素养培育为方向和目标,广泛开发课程资源,充分进行课程资源的整合,以真实的问题为出发点,创设教学情境。将文本教材转化为人本教材,善于以问题的提出、问题的引导、问题的解决实现真正意义上的师生互动和生生互动。在教学中,恰当体现教师的引导作用与学生的主体地位,以教学实际需要为目的有序、有效设计、开展教学活动。教学始终以学生的思维训练、能力发展为中心,课堂要具有内在的吸引力,具有思考性和活力,要能够真正做到让学生自主学习、热情探究。问题式教学设计,有助于高中教师教学理念、教学设计、教学实施和教学评价等方面的提升。以精心完成的教学设计,促成教学实施的有效完成,有助于学生素养、能力和思维品质多方面的发展,进而将学科知识、原理的学习与化学学科核心素养培育实现有机融合。

## 二、教学设计的目的

关于教学设计的研究,是新课改中很多教师关注的重要方面。不同的教师,结合学科特点,对单元教学设计、项目式教学设计、主题教学设计和课堂教学设计等,从不同的角度进行日益广泛和深入的研究。但是,在真正的教学一线,不同教师对于教学设计的认识以及进行教学设计的意识和能力、完成的教学设计与教学需要的契合度等,都存在差异和许多需要加强与改进之处。总体来说,对于如何从认识、方法与能力等方面去提升教学设计,还有很多工作要做。

### (一)使教师的教学设计意识更强、更深入

教学一线的教师可能更为关注教学实践中的具体工作,如顺利地完成一节课、讲授学生作业中出现的问题、快速提高学生的成绩等。工作的琐碎与繁重,以及其他各种压力,常常使得一线教师对于教学研究的开展得不到落实与拓展。对于教学中出现的问题,常常不能透过表象分析深层原因。很多教师往往

通过加大作业量、延长学习时间等方式去提高学生的成绩。长此以往，不仅不利于学生的长远发展，教师的教学能力也得不到实质性的提升。对于教学设计，同样存在类似状况。尽管有很多的教育教学培训活动，但由于各种原因，还是存在教师的教学视野不够开阔、教学理念陈旧落后、教学能力不足等现象。

对于教学设计，有些教师认为就是以往的备课。这些认识体现在课堂教学中就是师讲生听，甚至照本宣科。而有些教师即使认识到了教学设计的重要性，对于教学设计的完成，也可能缺乏基本的思路与方法。他们的教学设计往往缺乏创造性和思想性，课堂教学相应地缺乏内在思考性和吸引力，难以实现对学生思维能力和素养的提升。

教学设计恰当顺利地完成，需落实在具体环节中，如课程资源的开发与整合、教学情境的创设、探究性活动的设计、教学重点的突出和教学难点的突破、"教学评"一体化的实现、课堂教学的回顾与反思等。逐一完成与优化教学设计的具体环节，才能真正对课堂教学起到促进作用。因此，教学设计意识的强化以及对教学设计全面、深入的认识，是很多一线教师亟待完成的工作。在这个过程中，既要有宏观的、理念的引导，又要有微观的、具体化的方法指导，还要有细节化的讨论分析。同时，需特别关注相关教育教学理论与教学实践有机结合、相互促进。这样，才能有意识的加强和认识的深入，才能推动教学设计能力的提高。

## （二）提升教师的教学设计能力，确保教学设计常态化

教学设计是实现课堂教学实效性的重要基础。因此，在高中化学及其他学科课程的教学中，应充分发挥教学设计对于教学的提升和促进作用，使得高中化学教学能真正实现其育人功能。在学科知识的学习中，应有学生必备品格和关键能力的形成与发展、学科核心素养的培育与积淀。但是，在实际教学中，多有教学设计不能常态化，不能落实于对学生而言更为重要的日常教学中的现象。对于教学设计，在参赛课或观摩课中会被用心对待，而在平素的教学中多不被重视，在课堂中较少体现。因此，借助多种教学活动的开展，通过意识的加强、方法的探讨、能力的增强等，将教学设计开展实现常态化，将其自然实现于平时教学中，是需要我们努力实现的。而之所以出现教学设计不能常态化的状况，重要的原因是教师教学设计能力需要增强。教学设计能力的欠缺使得教学

设计常需要花费较多时间和精力,久而久之,教学设计成为教学工作中的负担,影响教师进行教学设计的热情和信心。因此,要想使教学设计成为教师完成每一节课的常态工作内容,渗透于课堂教学的每个环节,教师教学设计能力的提升是很关键的因素。对于教师教学设计能力的提升,我们可从以下几个方面入手:① 教学设计的前期准备工作,如教学目标的确定、教学内容的分析和学生认知基础与认知能力的分析等;② 教学设计的主要内容,如从课程资源的开发、教学情境的创设和教学活动的开展等方面进行方法探讨;③ 重视教学设计的不断完善,与教学实施密切联系,以课堂教学的实际反馈进行不断改进。经过这样周而复始的学习、实践与反思过程,教师对于教学设计的认识能够趋于完整和深入,对于教学设计的完成能有方法、有思路。

### (三)使教学设计与学科核心素养的培育结合得更为密切

高中化学新课程实施中,应更为关注学科教学育人功能的充分体现与实现,其中,学科核心素养的培育是重要的教学目标。如何将核心素养的培育真正落实于课堂教学,对于教学设计的重视与不断完善是不可忽视的环节。作为课堂教学的基础与依据,在教学设计中,只有在每个教学环节注重与发掘学科核心素养培育,才能将其呈现于课堂流程的推进中,实现于课堂教学活动的开展。教学设计应以真实问题的提出与解决创设教学情境,精心设置与开展探究性活动,实现"教学评"一体化的教学过程,注重研究教学内容的特点和教学需要,外显与强化化学学科核心素养的培育与发展。例如,在元素化合物教学中,以教学设计强化"宏观辨识与微观探析""证据推理与模型认知";而在化学反应原理教学中,以教学设计对教学内容进行深层发掘,自然体现与实现"变化观念与平衡思想"。在化学实验原理教学环节,以问题的发现、问题的提出、问题的解决以及交流展示等探究性活动进行教学设计,可以凸显化学学科特点,密切联系生活、生产实践和前沿科学,引导学生以化学的视角观察世界、认识世界,进行学科融合,做到在化学教学中贯穿与渗透人文素养培育。结合化学知识和原理的学习,帮助学生树立正确的世界观、人生观和价值观,使学生学会发现化学中的美,关注人与自然的和谐相处,理解化学与传统文化内在的关联与一致性等,则是"科学探究与创新意识""科学态度与社会责任"等核心素养培育与发展行之有效的方法与途径。

总之，在新课程的实施过程中，很多教师都在积极思考与研究如何在课堂教学中真正落实与实现学科核心素养，而教学设计与学科核心素养培育的结合更为密切，以教学设计为切入点，有利于新课程教学目标的实现。

### 三、问题式教学的目的

问题式教学的核心是教学问题的恰当、合理设置。问题驱动在课堂教学中的运用，能帮助师生进行有效互动，引导学生在积极的思考中自主完成学习。同时，能强化学生的问题意识和探究意识，实现对学生能力的培养等。在实际教学中，问题式教学在很多方面还需进行认真探讨，如对于教学内容的深入理解、对于学生认知基础与能力的全面了解等，我们应努力改进，以达到应有的教学效果。

### （一）强化教师的问题化意识

在教学实践中，不同教师遇到的教学困难与困扰有所不同。总体而言，青年教师往往因为教学经验欠缺、课堂驾驭能力不足，难以将先进的教育教学理念在课堂教学中得到真正落实，课堂中经常出现"冷场"、教师唱"独角戏"的状况。而教学经验丰富的教师，又因为教学习惯，往往难以从"师讲生听"的过于传统的教学中跳出，人为地为新课程育人目标的实现设置了障碍。要改变教学中的这些状况，教师问题化意识的增强、问题化处理教学内容能力的加强，是可行的途径。要想以问题化的方式完成教学过程，首先教师需面对教学问题的设置，研究教学的方方面面，包括对教学内容的分析、对学生学习状况的研究；其次，教学过程中的问题解决能够帮助教师关注学生，自然实现师生互动，感受与增强课堂驾驭能力；最后，教学回顾反思环节，问题解决的状况分析有利于教师及时调整与改进教学。同时，以问题化的方式进行教学，也能帮助教师顺利改善单纯的"师讲生听"的状况，帮助教师发现更多的教学生成，有效地应用课堂的教学生成，完成更有益于学生成长的课堂教学。由此，教学中的问题化意识，对于新课程理念实现于课堂教学，更好地培育学生将产生极大的促进作用。但是，在教学实践中，很多教师的教学之所以有种种需要改进之处，是因为他们的教学方法陈旧、教学理念更新不及时且未能及时进行调整，结果造成了更多被动局面的出现。而问题化意识的加强，以问题式教学作为改进教学状况的入手点，在不断思考的教学推动中，可以衍生出很多有益于教学的良好方法。因此，对于教学中问题化意识的加强,我们应给予更多关注,并在教学中加以体现、尝试与改进。

## (二)提升教师的问题化教学能力

新课程倡导创设真实的问题情境,在教学中激发学生的探究热情,引导学生深入学习,培育和发展其学科核心素养。同时,注重发现和提出有探究价值的化学问题。因此,能够发现问题和提出问题,对于教师和学生来说都具有重要的意义。教师善问,是教学能力强的重要标志。高质量的教学设问、富于探究性的教学问题的提出,需要教师熟悉教学内容及其相互关联。只有明确教学目标,了解学生学习状况,才能有的放矢,恰当设置与提出问题。但是,在实际的课堂教学中,无效设问时有出现而教师却不自知,影响教学的实效性。例如,过浅、过易的问题会减弱学生的参与热情,而过深、过难的问题则会让学生难以找到问题解决的切入点,结果往往演变为教师的自问自答,久而久之,学生深度思考与主动学习的兴趣就会被消磨殆尽。类似地,在问题式教学中,无效设问不仅未能起到促进教学的作用,反而会给师生造成教学上的困扰。而要避免无效的设问,强化和提升教师问题化教学的意识和能力是关键,这包括教学内容的问题化呈现,教学问题的梯度恰当、层次合理的设置,以及通过问题提出来增强课堂教学评价的思考性和有效性,等等。结合教学实践实际状况,多角度、多层次和体系化地研究与分析问题的设置。同时,通过具体的策略与方法,帮助教师增强问题化教学的意识和能力,可以避免无效设问对课堂教学带来的不利影响。总之,问题式教学设计,可以提升课堂教学中学生自主参与的广度与深度,进而形成富于生机和活力的、促进学生高阶思维能力发展的、有益于学生全面成长的高中课堂教学。

## (三)增强学生的问题意识与探究能力

对于新课标倡导的"能发现和提出有探究价值的化学问题"等内容,我们应该如何去正确解读和理解呢?教师在教学过程中提出有研究价值的问题,可引导学生的深入思考与自主探究,对于学生的成长很重要。但在更多层面上,我们应将关注点落到学生身上,使学生能在学习中以化学的视角研究世界,研究生活和生产实践,从而联系所学化学知识和原理,提出有实践意义和实际应用价值的问题。这样,学生在学习化学原理和化学知识的同时,能够关注应用,完成内化，增强观察、思考与分析等多方面的能力。教学问题的设置与提出，根本目的在于促使学生积极思考，能自主发现问题，以问题解决为线索进行学习与探究活动。教师应关注学生问题意识的强化，努力提高学生发现问题、提出问题和解决问题的能力。特别是，教学评价一定要突出对高阶思维能力的培养，引导学生敢于质疑、勇于创新。对于新课标中的教学理念和学科教学的育人目标，要能在问题式教学中得到更为充分的体现与实现，要能促进学生学习方式的改变，引导学生积极开展建构学习、探究学习和问题解决学习。学生只有具有强烈的问题意识才能有浓厚的学习热情，才能在教师的引导中主动地进行与完成分类与概括、证据与推理、模型与解释、符号与表征等具有学科特质的学习活动，才能在真实情境下对所遇到的复杂的、陌生的问题，运用小组合作、实验探究、讨论交流等多样化方式予以解决，从而获得真正意义上的成长和进步。

综上所述，问题式教学中要关注和加强对学生问题意识、探究意识的培养。以问题化教学促进学生的学习，从而帮助其形成与发展学科核心素养，真正做到教学相长。

# 第三节　教学内容问题化策略的研究

《普通高中化学课程标准（2017 年版）》为一线教师带来了新的教育理念，全新的育人目标促使教师不断学习。对于教学实践中面临的问题，教师们展开了认真的研讨。特别是新课标倡导的真实问题情境中的教学，受到了广大一线教师的广泛关注。同时，新的教学理念使得大家对教学中的问题越来越重视：研究问题驱动应用于教学中的重要意义，研究依据教学内容，以开阔的教学视野及所学知识原理与生产、生活实际、高端前沿科学发展的密切联系，创设恰当的问题情境；研究课堂教学中每一环节、每一问题的设置与解决，以学生积极主动参与的教学流程，将学生学习方式的改变落在实处。以研究的方式完成高中化学的课堂教学，通过问题式教学与新课程教学理念、教学实施的有机结合，使素养导向的高中化学教学能得以真正实现。

## 一、教学内容问题化应着眼于教材

教学内容的问题化首先要着眼于教材，素养导向的教学，对于教材的使用不应是按部就班和照本宣科,而应是精心设计与整合。然后再依据教材的学习内容,创设真实的问题教学情境,从而开展多种方式的探究活动,促进学生转变学习方式,培养学生的创新精神和实践能力。同时,需重视对教学内容的结构化设计,从而使得教学更符合学生素养提升与能力提高的需求。课题研究从问题式教学的角度,以问题设置与问题解决为中心,提高教材应用的整合度,加强教学内容呈现的深度,体现教材知识体系的螺旋上升与广泛联系等。

以问题为中心进行教学实践与研究,从教师的角度而言,可研究易于入手和付诸教学行动的思路和途径。探讨以教学内容的问题化处理与呈现,增强课堂教学思考性和内在吸引力的方法,并且着眼于学生发展的不断改进和丰富完善。从学生层面上,可研究以问题式教学,激发与持久保持学生内在学习热情的教学问题设置。联系学习内容,研究与开发让学生体会和感悟高中化学学习方法的问题引导,启发学生深度思考,帮助学生有效地完成高中化学学习。课题的研究,对于高中化学教师来说,无论是新入职的青年教师,还是教学经验丰富的教师,都能帮助其在教学中真正落实新课程教学理念,实施素养导向的教学,更好地实现高中化学的育人目标。进而能对学生高中阶段的化学学习,提供良好的思路与方法;帮助学生在化学知识原理的学习中,体会化学的学科价值,学会以化学视角认识世界,增强知识应用能力;能够热爱化学,理解化学,运用化学,丰富素养,增强能力。

## 二、教学内容问题化应与教学设计深度融合

教学设计与问题式教学的深度融合,对于问题化教学意识有强化作用。研究发现,对于高中化学元素化合物、化学反应原理和实验,学生在学习时易出现困难。而问题设置能帮助学生厘清思路,采用恰当的方法进行有效的学习,并养成深入思考和严谨科学的学习态度。可见,问题式教学设计能促成师生的有效互动,强化学生的知识应用意识和能力。

当然,问题式教学与教学设计融合的前提还是以教材为基础,以问题呈现的方式进行教学设计,关注学生最近发展区,以知识生长点促成温故知新、自主探究,进行高阶思维能力训练。针对具有不同特点的教学内容、不同类型的课,研究课堂教学的每一环节,如教学引入、教学重点的突出、教学难点的突破、教学评价、教学的回顾与反思等,进行问题式教学与教学设计融合的思考与实践。

以教材为依据，以课堂教学为主体，以课堂示例开发为根本，完成问题式教学与教学设计的融合。

问题式教学与教学设计的融合始于教学设计，用于教学过程，融于教学研究。强化问题化教学意识，可更多、更广、更深地进行问题式教学与教学设计融合，进一步细致深入地探讨问题式教学与教学设计融合细节性和实用性的方法。例如，依据教学环节分层设置问题，围绕教学活动有针对性地设置问题，针对教学难点梯度性地设置问题等，形成具有较强实践指导性、富于借鉴意义的问题式教学设计。以富有思考性和实效性的教学设计为课堂教学的开端，多环节、多维度地将问题式教学与教学设计进行有机结合，将问题式教学的主导思想和目标贯穿和渗透于教学设计之中，完成深度融合，并完成相应的教学实施。

以问题式教学设计为基础，以问题式教学实施为进一步研究的导向，不断深入与延伸，不断改进与完善，可为实现素养导向的高中化学教学提供重要的教学实践应用性教学资源。同时，也能为高中阶段其他学科的教学提供通用的思路与方法。

### 三、教学内容问题化应突出实践指导性

教育教学理论对于很多一线教师而言非常重要。教学方向性的明确、教学困难的克服、教学疑难问题的解决，都需要理论的明确指导。特别是在新课改中，教师通过相关教育教学活动的参与和认真学习，才能逐步了解素养导向的高中教学的各种要求、策略与方法等，才能进一步将其逐步实现于教学实践中。但是，更多时候，身为一线教师，需要的是能直接应用的教学示例与课例。很多教师，对于新课程的教学理念能慢慢由初步了解到逐渐熟悉，能认识到学科核心素养培育与三维教学目标二者的联系与不同，能关注素养导向的教学，努力实现课堂教学中学科核心素养的培育与发展，努力将新课程理念付诸教学行动。然而，在真正落实过程中，往往会遇到很多操作层面上的实际困难。因此，为了实现新课程的育人目标，我们的研究将从改变学生学习方式、实现学生全面发展的教学需求出发，从教学实践中需要解决的问题入手，以问题式教学与教学设计的深度融合为基础，开发能够直接应用于课堂的问题式教学设计示例与课例。并将这些教学设计应用于实际教学，体会其优点，发现其不足，扬长避短，不断改进与丰富。在问题式教学设计开发与实践中，关注理论指导，注重教

学实践探究,真正做到理论与实践的密切结合,互为促进,并提供问题式教学设计开发的基本思路。例如,重视教学设计的前期分析,结合具体的教学内容与示例,给出进行教学设计前期分析的角度与方法;关注具体教学问题的设置,并进行相应的设计意图分析,使之更富于实践指导意义;注重教学设计的实践应用与回顾,对开发的教学示例与课例进行反思,由此及彼,拓展、延伸至整个高中化学教学,对问题式教学形成更广泛与更深层的认识。以此,使问题式教学设计对于新课程教学、学科核心素养培育和学生发展,能有更为深远的实践引导与促进作用。

通过问题化呈现教学内容,问题化推进教学流程,以增强课堂教学的思考性、探究性和实效性为主要的研究方向和内容,从不同教学内容、不同课型、不同教学环节,研究以问题设置和问题解决为中心的高中化学教学,将问题式教学思想和方法与教学设计密切联系、深度融合,开发丰富的、实用性强的、具有较好实践指导和借鉴意义的课例与示例,以此,对高中化学课堂教学中高阶思维的训练、学生能力的提高、学科核心素养的培育与发展,提供具体可行的策略与方法。

# 第二章
# 教学内容问题化对课堂教学的重要作用

问题式教学设计，能够结合教学内容的特点，依据教学的实际需要，将学习内容以梯度清晰、层次递进的问题化的方式进行呈现，使课堂教学以问题的解决逐步得以实施与推进。教学内容问题化对高中化学的课堂教学而言，能增强其思考性，使得课堂教学更富于内在吸引力。同时，能在强化教学深度、拓展教学广度等方面起到重要的推进作用。

## 第一节 问题式教学与教材应用

要想使问题式教学的重要作用充分体现于高中化学的课堂教学中，需将其与教材的应用全面、深入、广泛地有机结合。

### 一、问题式教学与教材应用的整合度

高中化学教学中，对于教材的应用，通常有两种倾向需要引起我们注意并予以改进。

其一，是教师对教材应用的重视程度不足。在课堂教学中，教学内容、教学过程与教材基本"脱离"。这种"脱离"，指的是在教学过程中，对于教材的阅读和使用不足。具体表现就是，课堂教学多为学生听教师讲解，记笔记，很少翻阅教材，学习过程不能充分体现教材的中心地位和指导作用。久而久之，学生甚至上课都不带相关课本。这种倾向，对于教师来说，可能导致教学重点得不到较好的突出，旁枝末节过多。而对于学生，会对他们明确学习方向、有效构建知识体系造成困难。对于学生正确体会和应用高中化学的学习

方法,也会造成不利影响。因而,无论是高中化学的教学还是学习,不重视教材的做法是不可取的。

其二,是教师对教材的应用过度重视。教学拘泥于教材,甚至"照本宣科",就挖掘不出教材内在的教育教学价值,不能充分体现其在育人方面应有的地位和作用。过度拘泥于教材,反映出教师对学科知识和学科体系缺乏宏观、全面和深度的认知,对于课程资源开发的重要意义、作用和方法的认识,亟待强化和提升。

基于以上两种倾向,我们可以从问题式教学的角度介入教材应用的整合。

## （一）对学习内容进行体系化构建

在教学中,教师对教材的应用,需要有全局化观念。教师应认真分析每一部分学习内容,认识其与前后知识的衔接与联系,清楚其在学科知识中的地位和作用,以避免断章取义,就"点"论"点"。从问题式教学视角对教学内容进行体系化构建,能有效地提高教材应用的整合度。而完整的知识体系,能使学生对化学原理和知识形成较为深刻和全面的认识。在学习中,强记硬背获得的只是被动的知识,缺乏能力的提高和素养的提升,而既知果又知因,有利于学生积极思考,主动探索,自主学习。因而,教师在教学设计中,应首先对教学任务进行全面分析,了解学生在知识、能力、素养等方面应达到的学习目标,以问题的设置构建知识体系,以教学问题的设置和解决引导学生主动学习,促使学生有效构建知识体系和方法体系。

**示例 2 – 1** 同分异构体

**教学设计前期分析:** 高中初始阶段有机化学的内容,一般而言较为基础,但也较零散。因而,在"同分异构体"教学中,教师往往"缩手缩脚",停留在浅层次的教学中。例如,只是局限于对 $C_4H_{10}$、$C_5H_{12}$ 的同分异构体的分析和了解。这样,有可能导致学生对同分异构体产生片面认识,认为同分异构现象只存在于有机物之间等。同时,对于同分异构体的形成等没有形成体系化认知,容易给后续学习带来困难。因而,尽管是有机化学在高中阶段的初步学习,也不应过度拘泥于教材所提供的内容,而可运用问题呈现的方式,引导学生对"同分异构体"进行较为全面的学习。

**问题式教学设计:**

基础性设问:

问题1:"同分异构体"中的"同分",指的是分子式还是相对分子质量? 为什么? 请举例说明。

问题2:由无机物合成有机物,如由 $NH_4CNO$ 合成尿素,在化学发展历史上有何意义? $NH_4CNO$ 与尿素是什么关系?

问题3:同分异构现象仅存在有机物之间吗? 无机物之间是否存在同分异构体? 有机物与无机物之间呢?

提高性设问:

问题1:正丁烷与异丁烷形成异构的类型及原因是什么?

问题2:乙烯与环丙烯属于哪种类型的异构?

问题3:1–丁烯与2–丁烯属于哪种类型的异构?

综合性设问:

问题1:烷烃存在哪种类型的同分异构体? 为什么?

问题2:若书写分子式为 $C_5H_{10}$ 的所有同分异构体,应按怎样的步骤进行?

问题3:以 $C_7H_{16}$ 为例,我们可以按照怎样的思路和方法书写烷烃的同分异构体?

**设计意图:**上述基础性、提高性及综合性的设问,层层递进,逐步提升,既有知识的了解、方法的学习,更有思维的训练。对于同分异构的学习,也是由点到面、由表及里,不断深入和综合。虽然是初步学习,但基于学生的认知基础和认知能力,通过教学设问逐层递进式引导,对教材内容进行了适度和有效的体系化构建,对于化学学习中方法的习得、思维有序性的训练、素养与能力的提升,能起到积极的推进作用。

**教学设计反思:**对于同分异构体的学习,以逐步递进的教学问题引导学生主动构建较为完整的认知体系。这样,学生不仅能够对初步学习的内容有清晰的认识,亦可为后续有机化学相应内容的学习提供应有的知识储备,从而打下坚实的基础。

**示例 2-2 金属 Na 的教学**

**教学设计前期分析**：在学习金属 Na 之前，学生对于 $H_2O$ 是极弱电解质已有初步认识；而对于金属 Na 与 $H_2O$ 的反应，很多教学过程侧重于对实验现象的描述与分析。例如，以"浮熔游响红"对实验现象进行概括，最后对相应的现象进行解释，等等。这样的教学，容易使学生对化学反应的学习停留在浅层认识上，对于内含原理缺乏深入发掘，不利于进一步学习 Na 与盐酸等反应的实质。教学中可进行适度拓展与整合，以 $H_2O$ 的电离为基础，通过教学问题设置，深入浅出，促使学生对 Na 与 $H_2O$ 的反应实质进行学习。

**问题式教学设计：**

体现"实质"设问：

问题 1：$H_2O \rightleftharpoons H^+ + OH^-$，从氧化还原的角度分析，$H^+$ 具有什么性质，$H^+$ 与 Na 可以发生怎样的反应？

问题 2：随着 Na 与 $H_2O$ 反应的进行，$H_2O$ 的电离会发生怎样的变化？

体现"数量关系"设问：以 $H^+ + e^- = H$ 为基础，分析 Na 与 $H_2O$ 反应的生成物是什么？ 化学方程式的计量系数可怎样确定？ 为什么？

知识延伸设问：

问题 1：若将少量 Na 投入盐酸中，Na 是先和水反应，还是先和盐酸反应？ 为什么？

问题 2：预测 Na 与盐酸反应的现象和 Na 与 $H_2O$ 的反应有何异同，为什么？ 如何书写 Na 与盐酸反应的化学方程式及离子方程式？

**设计意图**：以上教学问题的设置与解决，使得"宏观辨识与微观探析"有机结合，引导学生对相关反应的认识与方程式的书写有深度的认识。将氧化还原反应的原理、Na 的化学性质、$H_2O$ 的电离进行了由定性到定量的体系化构建，为后续对 Na 与酸的反应、$H_2O$ 的电离等的学习，提供了坚实的学习基础和丰富的知识储备。

**教学设计反思**：通过教学问题引导学生从实质上进行"量化"分析，教学过程有利于学生养成深入思考和积极探索的良好习惯，可实现学生对思维能力与素养的提升。

## （二）对教材内容进行有效梳理和重组

如何有效突破高中化学的教学难点，是教师经常面对和亟待解决的问题。从问题式教学的视角，以教学难点的学习和突破为契机，通过教学问题的设置和解决，对教材内容进行梳理整合和难点分解。在教学问题的引导下，能够引导学生迎难而上、逐步深入，进而帮助其学会方法、训练思维、提升能力。

**示例2－3** $H_2O$ 的电离

**教学设计前期分析：** 在通常的教学中，因为 $H_2O$ 的电离是盐类的水解之前的内容，因而对影响 $H_2O$ 的电离因素只讲两点：温度的影响及加酸、加碱的影响。这样，对 $H_2O$ 的电离的影响因素，学生的认知不够全面和深入，也不利于盐类的水解的学习中教学难点的突破。

**问题式教学设计：**

"突出要点"设问：由 $H_2O$ 电离的 $c(H^+)$ 与 $c(OH^-)$ 有何关系？

"实例分类"设问：

问题1：25 ℃，0.1 mol/L HCl 溶液与 0.1 mol/L NaOH 溶液中，由 $H_2O$ 电离的 $c(H^+)$ 与 $c(OH^-)$，分别应如何求？由计算结果可得出什么结论？

问题2：25 ℃，pH = 5 的 $NH_4Cl$ 溶液中，$H^+$ 与 $OH^-$ 来自哪种物质的电离？

问题3：25 ℃，pH = 5 的 $NH_4Cl$ 溶液中，由 $H_2O$ 电离的 $c(H^+)$ 与 $c(OH^-)$ 相等吗？$NH_4Cl$ 溶液中 $c(H^+)$ 与 $c(OH^-)$ 为什么不相等？

问题4：从 $H_2O$ 的电离平衡分析，pH = 5 的 $NH_4Cl$ 溶液中，由 $H_2O$ 电离的 $c(H^+)$ 与 $c(OH^-)$ 分别为多少？如何理解溶液中 $c(H^+)$ 与 $c(OH^-)$ 的关系？此过程对 $H_2O$ 的电离产生的影响是怎样的？

问题5：25 ℃，pH = 8 的 $CH_3COONa$ 溶液中，由 $H_2O$ 电离的 $c(H^+)$ 与 $c(OH^-)$ 为多少？二者相等吗？为什么？

**总结性设问：** 影响 $H_2O$ 的电离的因素有哪些？分别产生怎样的影响？水的离子积常数（$K_w$）发生变化了吗？

**设计意图：** 以上教学通过教学问题的设置，在 $H_2O$ 的电离的教学中，整合了盐类的水解等原理。通过问题的设置、分析和处理，使学生能够较为全面地认识到影响 $H_2O$ 的电离的因素，并且能认识到这些影响因素之间的异同。在问题设置中,体现对教材内容的适度重组。例如,在"总结性设问"的分析解决中,学生可联系已学的 Na 的化学性质,认识到发生化学反应也能促进 $H_2O$ 的电离。据此,学生对于 $H_2O$ 的电离的影响因素的认识,能够更为清晰和深入。同时,也能为后续盐类的水解的学习做好铺垫,有利于突破学习难点。

**教学设计反思:**对于高中阶段化学反应原理的教学,以问题式教学的视角进行梳理和重组,可以由浅入深,帮助学生形成体系化、结构化的认识,同时,也易于学生形成认知模式。学生在学习过程中能够举一反三、有效迁移,有利于能力的提升和素养的形成。

**示例 2-4　$SO_2$ 的性质**

**教学设计前期分析:**对于酸性氧化物的性质,学生已有初步认识。但是,相关认识可能比较浅显和凌乱,没有形成体系化的认知,不利于后期学习中相关知识的有效迁移。学生对于相应的化学反应及方程式的书写,单纯依靠记忆,难以形成从"定性"到"定量"的认识提升。

**问题式教学设计:**

总体引导设问:

问题1:从酸、碱性角度分析,$SO_2$ 具有怎样的化学性质? 如何判断?

问题2:酸性氧化物具有哪些共同的化学性质? 请以 $SO_2$ 为例,书写相关化学反应方程式。

深入分析设问:

问题1:$SO_2$ 与 NaOH 溶液反应,生成物可能是什么? 为什么?

问题2:对比 $CO_2$、$SO_2$ 分别与澄清石灰水的反应,请分析能使澄清石灰水变浑浊的气体成分可能是什么。

应用设问:请比较 $H_2SO_3$ 与 $H_2CO_3$ 的酸性强弱,思考可用怎样的方法除去 $CO_2$ 中的 $SO_2$,并说说依据是什么。

**设计意图:**在 $SO_2$ 的性质教学中,这组问题的设置由易到难,由定性到定量,由认识到应用,从而能够帮助学生对酸性氧化物的共同化学性质形成体系化的认知。

**教学设计反思:**教学中,对繁杂的化学反应的梳理、拓宽和加深理解,有利于帮助学生找到高中阶段学习元素化合物知识的切入点，形成基本的思路和方法，摒弃强记硬背的学习过程，增强学习能力。

## （三）体现教学内容的层次化

高中化学课堂教学中，教师对于教学内容的处理，需从学生的角度进行认真的思考与分析。众所周知，即使在同一个班级，学生的认知基础和认知能力也是存在差异甚至是较大差异的，而教学要兼顾不同层次学生的需求，力争让每位学生都能在课堂中有较多收获。问题式教学将教学内容以层次化的方式体现出来，有利于全体学生的学习，同时，也让"因材施教"的教学思想得以充分体现。教学内容的层次化，以层次递进的教学问题设置与问题解决来呈现，对于激发学生的认知热情和学习兴趣，锻炼和提升学生的思维品质，增强学生在学习中克服困难的意志力和决心，都有着潜移默化的作用。

**示例 2－5** $Fe^{2+}$ 的还原性

**教学设计前期分析：**我们提倡分层教学、因材施教，但要真正做到却存在许多困难。毕竟是班级授课制下的集体教学，本身就存在着"先天不足"，难以做到对每位学生的关注和及时有效的交流。怎样在现有的教学环境中，尽可能照顾到不同层次的学生，让他们在课堂中都能学有所获呢？以教学问题的层次体现与实现，是可行的方法。

**问题式教学设计：**

任务一：$Fe^{2+}$ 与 $HNO_3$ 的反应

基础问题：$Fe^{2+}$ 与稀 $HNO_3$ 可以反应吗？为什么？

提升问题：$Fe^{2+}$ 与稀 $HNO_3$ 反应的离子方程式如何书写？配平方程式的基本步骤是怎样的？

综合问题：$Fe^{2+}$ 与稀 $HNO_3$ 反应，说明 $Fe^{3+}$ 与稀 $HNO_3$ 的氧化性强弱是怎样的？若在足量的 NaBr 溶液中同时加入 $FeCl_3$ 与稀 $HNO_3$ 的混合溶液，会发生怎样的反应？若是加入足量的 KI 溶液呢？

任务二：$Fe^{2+}$ 与 $H_2O_2$ 的反应

基础问题：$Fe^{2+}$ 与 $H_2O_2$ 反应的离子方程式应如何书写？

提升问题：向 $FeCl_2$ 的溶液中加入 $Na_2O_2$ 固体，可能观察到怎样的实验现象？为什么？

综合问题：在实验中将 $Fe^{2+}$ 氧化为 $Fe^{3+}$，最佳的氧化剂是哪种物质？为什么？

任务三：$Fe^{2+}$ 与酸性 $KMnO_4$ 的反应

基础问题：请写出 $Fe^{2+}$ 与酸性 $KMnO_4$ 溶液反应的离子方程式并配平。请分析，相应的现象是怎样的？

提升问题：检验 $Fe^{3+}$ 常用什么方法？相应地，检验 $Fe^{2+}$ 可用怎样的方法？

综合问题：在 $Fe^{3+}$ 的干扰可能或一定存在的情况下，可用哪些实验方法检验是否存在 $Fe^{2+}$？相应的现象是怎样的？

任务四：$Fe^{2+}$ 与 $O_2$ 的反应

基础问题：书写 $Fe^{2+}$ 与 $O_2$ 反应的离子方程式，并思考如何配平。

提升问题：$Fe^{2+}$ 与 $O_2$ 在酸性条件下发生反应，那么，在 $FeCl_2$、$FeSO_4$ 等常见的亚铁盐溶液中，$Fe^{2+}$ 容易被氧化吗？为什么？

综合问题：保存亚铁盐溶液时，常采取什么措施？为什么？请分析相应的化学反应。

**设计意图**：以上教学问题的层次性设置与解决，给我们实现分层教学和因材施教提供了一种思路。从基础问题到提升问题，再到综合问题，体现的是从基本原理的学习到归类方法的探寻，再落脚于综合应用。不同的学生，从这些问题的解决中都能有所收获。例如，基础问题的提出与解决，对于学习能力和知识掌握相对薄弱的学生而言是认知与巩固，而对于另外的同学则是再现与深入。同一问题的解决，能使学生从不同的角度和方面获得相应的提高。而综合问题，对于基础薄弱的学生而言，能够促进他们积极思考，努力提升自我；而对于其他学生，则可以引导他们对所学的原理进行应用和升华，在原有的基础上进行进一步提高。当然，也为他们指明了全面提高应具备的能力、素养和努力的方向。

**教学设计反思**：在 $Fe^{2+}$ 还原性的教学中，选择具有代表性的化学反应，进行方程式书写方法的学习，在让学生关注相关化学反应在实验中的应用的同时，也强化了对氧化还原反应重要原理的回顾与巩固，并体现了知识学习的广度与深度，从而引导学生能够不断进行自主学习与思考。

总而言之，通过问题式教学设计，能够对教材和教学内容进行适度的拓展与整合，通过梳理、重组将其层次化呈现。在教学设计中关注与问题式教学的融合，可以有效提高教材应用的整合度，避免忽视不同学生的接受能力，对于教材过度依赖和盲从，不能进行和完成更符合学生真正需求的教学设计和教学过程。

## 二、问题式教学设计与教学内容的呈现深度

问题式教学对于教师合理、有效应用教材的促进作用，还体现在通过这种教学方式的引导，使教师能够面对教学的实际状况，及时、合理地调整教学内容的呈现深度。在课堂教学中，同样的教学内容，由于呈现的方式不同，教学效果和学生的收获也是不同的。教学内容过浅或教学语言过于直白，就会使教学过程缺乏探究性和思考性，也就会显得非常乏味，学生难以感受收获的喜悦，难以从学习中获得成就感，学习积极性就会下降；而教学内容过深，畏难情绪又会困扰学生。在学习中，若学生的思维和反应长期滞后于教师的教学节奏，则往往会导致学习效果欠佳，久而久之，就会使学生的学习信心大大降低，甚至逐渐失去学习的热情。因此，必须倡导"浅者深入、深者浅出"的教学原则，以保持学生对课堂教学的持久关注与积极参与。

在教学设计中，我们既要认真思考教学内容的呈现方式，又要及时调整和改进教学内容的呈现深度。问题式教学设计，正是通过问题的层次设置等方式，拓展浅显内容的深度和广度，增加其思考性和探究性，极大地提升了教学的有效性。

**示例 2 - 6** $Cl_2$ 的物理性质

**教学设计前期分析**：在高中化学元素化合物的学习中，对于物质物理性质的学习和了解，在教师和学生的心目中，属于比较简单、浅显的内容，认为无非就是颜色、状态、气味等，往往在教学中被一带而过，结果即使学生强记下结论，但随后也会很快就遗忘。事实上，对于物质的物理性质等貌似浅显易懂的学习内容，以问题式教学设计实现"浅者深入"，是非常重要和必要的，对于学生的后续学习、知识应用、思维品质优化都有着不可忽视的重要作用。因而，对于所谓

浅显知识的教和学,师生也不应忽视,而是要通过恰当的问题设置和问题解决,增强学习过程的思考性。总之,在教学过程中,只有借助问题式教学设计,才能做到温故知新、突出应用,结构化、体系化地完成教学。

**问题式教学设计:**

任务一:关于 $Cl_2$ 的颜色

扩展性设问:黄绿色气体一定是 $Cl_2$ 吗? 还可能是什么气体? 常见的有色气体还有哪些?

针对性设问: $Cl_2$ 是黄绿色气体,HCl 气体也是黄绿色吗? $Cl^-$ 呢?

任务二:关于 $Cl_2$ 的密度

应用设问:若 $Cl_2$ 泄漏,我们应该跑向高处还是低处? 为什么?

原理设问:已知空气的平均摩尔质量约为 29 g/mol,我们可利用什么原理来判断气体密度与空气密度的大小关系? 具体方法是怎样的?

实验设问: $Cl_2$ 在实验室可用怎样的排气法收集? 若用带有双孔塞、正放的集气瓶收集 $Cl_2$,应该是"长进短出"还是"短进长出"? 为什么?

任务三:关于 $Cl_2$ 易液化

铺垫设问:液氯是纯净物还是混合物? 组成液氯的粒子是什么?

强化设问: $Cl_2$ 易液化,说明它的沸点相对高还是低?

联系设问: $Cl_2$ 在生产实践中常用什么方法运输、储存? 与 $Cl_2$ 的哪些性质有关?

任务四:关于 $Cl_2$ 的水溶性

定性设问:常温常压下, $Cl_2$ 在水中的溶解度约为 1:2。定性的层面上, $Cl_2$ 在水中的溶解能力属于哪个范畴?

探讨设问:

问题1:若用排液法收集 $Cl_2$,能直接用排水法吗? 为什么? 常采用什么方法? 其原理如何理解?

问题2:怎样除去 $Cl_2$ 中的 HCl 气体,请分析其原理。可否改为"用水洗气"? 为什么?

**设计意图**:任务一,以"扩展性设问"开阔学生视野,完善学生的认知结构。以问题的解决,提出 $ClO_2$ 气体、$F_2$ 等,特别是通过对 $ClO_2$ 这种新型水处理剂的学习和了解，使学生体会化学知识与生活实践的密切联系。"针对性设问"针对学生常见的认知误区设置问题。在后续的学习中，学生常因为 $Br_2$ 呈深红棕色，$I_2$ 呈紫黑色而误认为溴化氢、碘化氢以及溴离子、碘离子也是有色的。而上述教学问题的提出与解决，可让学生明确：单质与化合物，即使含有相同的元素，也是不同的物质，具备完全不同的性质，从而避免认识误区，从基础层面提升学生的化学素养。

任务二，"应用设问"的提出，可以激发学生的兴趣，同时引导学生在学习过程中关注知识的应用。"原理设问"为了促进学生形成认知体系，以阿伏伽德罗定律的推论——同温同压下，气体的密度之比等于摩尔质量之比——帮助学生形成认知模型，掌握方法，使学生对于后续学习中的气体密度能够进行自主分析。在学习过程中，只有形成了方法，才能构建认知体系，才能提升化学素养。"实验设问"能够更好地引导学生进行积极的思维活动，引发内在的认知加工，使学生在获得新知的同时，形成方法，发展心智。

任务三，"铺垫设问"环节，通过与后续氯水的学习做比较，帮助学生对液氯和氯水之不同形成正确的认识。"强化设问"则以 $Cl_2$ 为例，针对学生常出现的认知误区设问：$Cl_2$、$SO_2$、$NH_3$ 等是常见的易液化气体，但其沸点都相对较高，因而很多学生误以为气体易液化，是因为其沸点低。通过问题设置帮助学生强化认识，可为后续学习打好基础。同时，对于问题的分析，也能在一定程度上显现物理和化学的学科融合，帮助学生充分认识各学科之间千丝万缕的内在联系，重视学科均衡发展，重视综合能力和综合素养的促进与提升。"联系设问"可让学生体会高中化学学习的重要思路：既要重视化学原理和知识的学习，更要重视其在生活实际中的应用。$Cl_2$ 以液氯的状态储存在干燥钢瓶中，又可引出问题：为什么是液氯？$Cl_2$ 与 Fe 在常温下反应吗？如何分析？为什么钢瓶是干燥的？这些问题的提出和解决，在增强学习过程中思考性的同时，也促使学生保持学习热情，在后续学习中继续自主探究。

任务四，利用"定性设问"拓宽学生视野，在教学中以此问题为起点，可对高中常见气体，如 HCl、$NH_3$、$SO_2$、$NO_2$、$Cl_2$、$CO_2$、$H_2S$、$H_2$、$O_2$、$N_2$ 等在水中的溶解性形成框架性的认识。同时，可具体了解气体溶解度与固体溶解度的共同点与不同点。在丰富化学学科知识的同时，使学生体会学习物理性质需从定性与定量不同层面入手,并将二者有机地联系起来。这种定性与定量相结合的学习思路有利于学生能力的提高,因而对于高中化学学习非常重要。"探讨设问"环节,从常见的化学实验问题入手进行探讨(如对 $Cl_2$ 水溶性的应用),可以培养学生积极思考的良好习惯,从而有利于学生的思维形成和能力发展。

**教学设计反思**:在 $Cl_2$ 物理性质的学习中,若直接告诉学生"$Cl_2$ 是黄绿色气体,能溶于水,密度比空气大……",显然缺乏思考性和内在吸引力。对学生而言,他们会觉得相关学习内容不重要,没必要认真学,有时还会造成误解。对于诸如 $Cl_2$ 物理性质的学习,可以通过问题设置,引导学生进行深度学习,充分体现"浅者深入"的教学思想,同时更有利于对学生全方位的培育。教学设计挖掘显性知识中蕴藏的隐性知识,能够更全面深入地应用教材。对于教师而言,能够赋予其教学以思考性和内在魅力;对于学生而言,能够使其学习远离平淡和乏味。学生在思考中学习,在探究中丰富知识,在应用中提升能力,从而避免了学习中的强记硬背。

### 示例2-7  盖斯定律

**教学设计前期分析**:盖斯定律的学习和应用,对于初学者来说是较为抽象的。如果不能真正理解规律的内涵,就会影响对热化学方程式的书写和 $\Delta H$ 的计算等重要内容的学习。因此,在教学中,可通过问题设置,充分利用学生熟悉的生活现象和已有知识储备,直观而富有启迪性地呈现教学内容,从而帮助学生轻松而又深刻地理解盖斯定律的内涵,认识盖斯定律的实践意义和价值,并能够熟练地运用盖斯定律解决相关的问题。

**问题式教学设计**:

任务一:盖斯定律的内涵

体验设问:从山脚到山顶,走大路,爬小路,坐缆车,垂直高度变吗? 即垂直高度与路径有关吗?

回顾设问:C 和 $O_2$ 反应生成 $CO_2$,请列举可能的反应途径有哪些。

类比设问:反应物(C 和 $O_2$)相当于山脚,生成物($CO_2$)相当于山顶,反应热 $\Delta H$ 相当于从山脚到山顶的垂直高度。所以,C 和 $O_2$ 以不同的途径反应生成 $CO_2$,其 $\Delta H$ 是否相同? 据此,盖斯定律可如何表述,怎样理解其内涵?

任务二：盖斯定律的应用

实例设问：若反应 $C(g) + O_2(g) = CO_2(g)$（$\Delta H$）分两步完成，分别是怎样的反应？请写出相应的化学方程式。

方法设问：两步反应 $C(g) + 1/2O_2(g) = CO(g)$（$\Delta H_1$），$CO(g) + 1/2O_2(g) = CO_2(g)$（$\Delta H_2$），实现了 $C(g) + O_2(g) = CO_2(g)$（$\Delta H$）这个总反应。则由盖斯定律可得，$\Delta H$ 与 $\Delta H_1$、$\Delta H_2$ 之间有怎样的关系？由此我们可以得到由盖斯定律求总反应 $\Delta H$ 的方法是怎样的？

实践设问：$C(g) + 1/2O_2(g) = CO(g)$（$\Delta H_1$）反应中，$\Delta H_1$ 的数值易通过实验测得吗？为什么？$\Delta H_1$ 的数值可以怎样获得？请由此谈谈盖斯定律的实践意义。

**设计意图：**任务一，"体验设问"充分体现"深者浅出"的教学思路，以学生熟悉的爬山经历提出问题，为后续学习打好基础。同时，化抽象为形象，降低了学习难度。"回顾设问"则为后续的迁移学习做了铺垫：注重教学问题设置的过渡，避免跨度大、问题过于突兀，不利于学生顺利有效地实现知识迁移。通过问题设置，既可帮助学生深刻理解盖斯定律，同时也能使学生对已有知识进行回顾与巩固，从而有利于后续盖斯定律应用的学习。"类比设问"结合学生熟悉的生活场景和生活体验进行类比，以问题设置的引导，降低认知难度，使学生能够比较清晰地认识到"反应物、生成物一定时，$\Delta H$ 一定，不受反应过程的影响"，即盖斯定律"无论化学反应是一步完成还是多步完成，其反应热是相同的"的含义。

任务二，"实例设问"围绕盖斯定律学习中常见的具体实例，通过问题设置，为学生建立认知基础。"方法设问"则由具体实例延伸至适用范围更广的思路和方法。对于抽象难懂的学习内容，为学生搭建认知的梯度与"台阶"，化难为易，将方法蕴含于浅显易懂的事例中，努力做到"深者浅出"。"实践设问"则引导学生深入盖斯定律的实践意义，通过问题的分析与解决，自然地过渡到方法层面和实际应用层面的学习。

**教学设计反思：**问题式教学设计将相对深奥的教学内容以问题提出与解决的方式进行分层次、分梯度呈现，帮助学生做到自主学习、思考和体会，有利于学生突破知识难点。

抽象、深奥、不容易真正理解的内容在高中化学学习中处处可见，对此，教师要善于换位思考,以学生的学习困难所在为入手点,在问题式教学设计中,对教学内容进行层次化处理,将难度分解,化抽象为直观。要善于利用学生已有的知识基础和生活经验,以"深者浅出"的教学思想,帮助学生增强学习信心,克服学习难点。

问题式教学设计能够以问题设置与调整的方式,做到对教学内容的"浅者深入、深者浅出"。这种思路和方法,适用于很多高中化学的学习,以及高中阶段很多学科的学习。但要注意,教学内容呈现的深度,需适合学生的认知基础;教学内容呈现的方式,需符合学生的认知特点;教学内容呈现的容量,需匹配学生的认知需要。这样,才有利于学生在课堂中真正成长。问题式教学设计灵活多变,赋予教学过程以探究性和思考性,无疑是值得我们重视、深入研究并广泛应用的。

## 三、问题式教学设计与知识体系的联系

在高中化学课堂教学中,努力完成有利于学科核心素养培育和适宜于学生能力提升、发展的教学设计,需要从全局的角度认识教材的编排特点、教材之间的联系与不同、教学内容之间千丝万缕的内在关联,充分认识到高中化学教学知识体系与教学目标等均呈现螺旋上升的特点。这样,在教学设计中,才能够针对不同阶段的学习内容,准确把握相应的教学和学习目标,并将其体现于教学设计和课堂教学中;也才能更加契合学生的认知基础和学习能力,能有更强的针对性、更为明确的层次性,做到因材施教,"以学定教",有的放矢。

## (一)对高中化学教学内容螺旋上升的认识

### 1.教材之间的螺旋上升

现行高中阶段的教材,编排互为关联,整体呈现螺旋上升的特点。作为高中化学教师,对于这些关联要熟悉,这样才能在教学设计与课堂教学中做到掌控有度,对于教学中应有的深度和广度做到应有的重视和体现。在问题式教学设计中,以问题设置等方式,更好地体现出教学的层次性和螺旋上升的特点,使教学更符合学生的认知规律和认知能力,更富有成效。

例如,金属 Al 的重要性质与铝热反应及金属的冶炼;Na 及其重要的化合物与碱金属及元素周期表学习,内容中涉及 $Cl_2$ 与卤族元素的学习及元素周期表的学习等;化学反应速率的相关学习内容,化学反应限度与化学平衡,原电池与

电解池等；元素周期表、元素周期率、化学键等结构化学相关知识的再现、深入与继续学习；有机化学的基础知识，如甲烷、烷烃、乙烯、乙醇、乙酸、乙酸乙酯、糖类等常见有机物；同系物、同分异构体、官能团等基本概念；取代反应、加成反应、酯化反应等有机基本反应类型，这些有机化学"入门"知识的学习是对有机化学形成较为完整的认识体系的基础。

以上的例析，可以帮助我们充分了解高中化学教材内容的联系与区别。因此，我们在进行教学设计时，必须认真分析阶段性的认知目标、能力目标与素养要求等，在教学设计中呈现与教材、教学、育人目标相匹配的广度与深度。在教学中，既不能急于求成，盲目进行拓展、加深与综合，给学生的学习造成困难；也不能匆忙应对，浅尝辄止，给学生的后续学习留下漏洞。对应不同教材的教学设计，需力求对应学生的最近发展区，既符合学科知识的学习要求，又符合学生的发展需求。

**2. 教学内容的螺旋上升**

高中化学学习内容所呈现的螺旋上升的特点，应在教学中得到体现。同一教材的不同学习内容之间有关联，有上升；同一内容，同一学习体系在不同的教材中，更明显地体现出螺旋上升。例如：

氧化还原反应教学：前期学习了氧化还原反应的相关原理，而在后续元素化合物知识的学习中，则是对所学的氧化还原规律、原理的应用。对 Na、$Na_2O_2$、$Cl_2$、$SO_2$、$H_2SO_4$、$HNO_3$ 等的学习，重点是从氧化还原的角度，学习化学性质、重要反应及应用等。高中阶段元素化合物知识的学习，在很大层面上与氧化还原原理密切相关，既是应用又是提升。

原电池教学：对原电池进行初步的学习后，在后续的学习中，由"单液原电池"过渡到"双液原电池"；对于各类化学电源，如一次电池、二次电池、燃料电池逐层分类学习。对于电极反应式的书写，由简单书写到系统的步骤、方法的学习，明显地体现出学习内容上的螺旋上升和学习目标上的逐步提升。

乙醇的学习：乙醇、乙酸等有机物，在不同的教材中，学习内容的深度、广度和体系等均呈现螺旋上升的变化特点。以乙醇的化学性质学习为例，前期重点学习乙醇与钠、乙醇的催化氧化等反应；而在后续的学习中，通过对乙醇的化学性质的学习，形成了较为完整的知识体系。学习乙醇与活泼金属反应，由 Na 扩展至 Mg、Al 等,由乙醇扩展至乙二醇、丙三醇等,从定性到定量,由现象的分析到结构的对比等。乙醇的氧化反应包括燃烧氧化、强氧化剂($K_2CrO_7$ 等)氧化,特别是催化氧化反应。而对于醇的催化氧化反应的学习,包括反应能否发生的结构分析、不同类型的醇对应的反应状况及产物,从醇转化为醛、由醛转化为羧酸的分析等。与前期学习对比,深度与广度均有较大提升。酯化反应,由乙醇到醇类,由一元醇延伸至多元醇;醇的卤代反应;醇的脱水反应,包括分子内脱水的"消去"反应,还有分子间脱水的"取代"反应,消去反应能否发生的结构分析,消去反应的产物种类,等等。显然,从乙醇到醇类的学习,知识体系和认知要求,从简到全,由表及里,由框架到分类细析,都体现出拓展、深入、上升这样的变化特点。教学目标、教学容量、思维深度与广度等都应有相应的调整,教学的方法和方式也要符合学生的认知能力与发展要求。

化学平衡教学:从化学反应的限度到化学平衡,实质上是针对同一内容的学习。而在不同的教材中,学习深度、广度的螺旋上升非常明显。限度的学习主要内容是化学平衡状态的初步认识、化学平衡状态的标志等,而后续学习的内容有化学平衡移动、勒夏特列原理、化学平衡常数、图像分析、等效平衡、平衡计算等,难度提升,容量扩大,思维强化。在学习中,结构化、体系化和深入化的目标要求变化非常明显。显然,从化学反应限度到化学平衡,对同一反应原理的学习中螺旋上升的特点是显而易见的。

总体而言,同一教材中的螺旋上升主要体现于从原理到应用;同一内容在不同教材中的螺旋上升,主要体现于从"点"到"面"、从易到难、从浅到深;同一体系在不同教材中的螺旋上升,主要表现为体系的完备与完善、方法的形成与提炼、认识的细节化与立体化。根据这样的特点,教师在教学目标的确定、教学方法的选择和教学活动的开展等方面,都要在教学设计中得以充分体现。而做到这些的前提和基础,是教师对高中化学的教材体系、教学内容体系、教学目标的层次化要求等要有充分而完备的研究、周密而细致的认识。这样,才能在相应的教学设计中有法、有序地呈现螺旋上升,使得教学更加切合实际。

### 3.认知要求的螺旋上升

高中化学的教材之间以及原理、知识体系之间的螺旋上升,在教学设计及教学实践中,主要体现在认知要求的螺旋上升。而核心素养背景下的高中化学学习，不能仅仅局限于对学科知识的表层化认识、记忆和理解，而要更多体现于方法的形成、思维品质的训练和核心素养的培育与积淀上。

在教学起点、教学内容、教学目标等螺旋上升的，不同层次、不同深度的教学中，认知目标也需通过多种学习方法和方式来逐步确定和实现。对于学习方法的形成，可由具体到概括，学生通过教师的主导及自主学习，逐步由认识到熟悉再到熟练。在教学中，需重视学生学习方法的习得，避免强记硬背、生搬硬套。因而，在教学设计中，可针对螺旋上升的、不同层次的学习内容，按照模仿、体会、体验这样的顺序，由个别到体系，由具体到一般，由基础到提升。相信教师的悉心引导结合学生的用心感悟，定能取得事半功倍的学习成效。

而思维品质锻炼的层次递进和螺旋上升，主要体现在由线到面的全面性发展、由现象到实质的深刻性训练以及由生疏到自如的敏捷性形成等。而这些，需要与教学内容的螺旋上升融合为有机整体。

同样，核心素养的培育与积淀，也要随着教学内容和教学目标的螺旋上升，通过开发与整合不同层次的课程资源，创设与教学目标紧密结合的适时、有序的教学情境，设置梯度合理、难易恰当的教学问题，创造性地开展富于针对性的教学活动。核心素养的培育与积淀，需要以这样的方法，落实于各部分教学内容的学习中，实现于每堂课的教学过程中。

## （二）对高中化学教学内容广泛联系的分析

对于高中化学教学内容之间的广泛联系的充分认识，也是做好教学设计，顺利达成教学目标的重要基础。以联系为"经纬"，教学才能是结构化的和立体的，才能促成知识的迁移和内化，学生能力的培养和素养的提升才能够在潜移默化中逐步完成。

### 1. 高中化学教学内容的纵向联系

如同高中阶段的其他学科，高中化学的学习内容很多时候也是纵向推进的。因而，在高中化学的学习中，知识与原理之间的纵向联系比比皆是。我们在进行教学设计时，要以这些纵向联系为起点、推进点和落脚点，认真分析和确定学生的最近发展区，以前期的知识储备和能力基础为开端，体现知识、思维能力的迁移和内化，更加有效地完成教学和学习。

例如：在 Na 的学习中，关于元素化合物，如 $Na_2O_2$、$Cl_2$、$SiO_2$、$SO_2$ 等的学习，

从知识体系到学习进程,有着纵向的、内在的联系。对于每种重要的物质,大多以结构特点、物理性质、化学性质、重要用途、生产方法等为线索进行学习,这就是常见的纵向联系。因此,我们常说"结构决定性质,性质决定用途"。而我们在教学设计和教学过程中,以这样的内在联系与因果关系进行引导,能够顺利推进学生自主探究与自主学习,促使其形成高中化学学习的基本思路,体会与感悟化学思想,积淀化学核心素养。

以 Na 的学习为例,其知识体系的纵向联系为:Na 的结构决定 Na 的重要性质,即强还原性;Na 的强还原性对应其重要的反应:Na 与 $O_2$、$Cl_2$、S 等非金属单质反应,与 $H_2O$ 反应。再由 Na 与 $H_2O$ 的反应纵向联系:Na 与酸(HCl)的反应,Na 与盐溶液($CuSO_4$、$FeCl_3$、$NH_4Cl$ 等)的反应。由 Na 的重要性质与重要反应,可纵向联系 Na 的保存方法、Na 着火的灭火方法、Na 的重要用途、Na 的工业生产等。Na 的结构特点和 Na 的重要反应,前者是因,后者是果,后者也是前者的重要体现。由因到果,由果析因,是教学的内在逻辑与线索。而 Na 的重要用途与保存方法,又归因于 Na 的重要性质与反应。在此基础上,Na 的工业制取等也呼之欲出。教学中因势利导,有利于学生的自主思考与认知,也是学生产生内在兴趣的学习过程。而这种结构决定性质,性质决定用途、保存与制备的纵向联系,是高中元素化合物学习的基本化学思想。以结构为出发点,纵深推进,教师主导与学生主体相结合,以能力和素养的培育为落脚点和抓手。

元素化合物学习中的纵向联系,不仅仅体现在同一物质的学习中,而且也体现在不同物质的学习中,即在知识框架的建构中,也应充分认识到纵向联系。例如,在硅和硅的化合物学习中,从硅的氧化物 $SiO_2$ 到含氧酸 $H_2SiO_3$,再到盐 $Na_2SiO_3$,继而到硅酸盐工业等,呈现的也是另一种角度的纵向体系。这种纵向联系的建立和应用,有利于学生结构化地自主构建认知体系。通过联系、组合和内化,学生可以思路清晰地进行学习。

**2. 高中化学教学内容的横向联系**

研究高中化学教学内容的横向联系,是对纵向联系不可或缺的补充和完善。教学内容横向联系的研究和应用,可使学生在学习中体会和应用归纳、比较和归类等方法,有利于学生在化学学科知识体系的形成与构建的基础上,将所学知识进行内化,转化为能力,有利于学生的思维发展。例如,$SO_2$ "漂白性"

的学习中，漂白性是重要的性质之一，学习过程中可寻找与梳理如下横向联系：

中学常见漂白物质归类与对比：物理变化漂白，如活性炭、木炭的漂白；化学变化中的强氧化性漂白，改变物质结构，不可逆，如 $Na_2O_2$、$H_2O_2$、$Cl_2$、$Ca(ClO)_2$、$NaClO$、$O_3$ 等的漂白；$SO_2$ 的漂白，属于化学变化，但又是非氧化还原，是可逆的过程。

$SO_2$ 与 $Cl_2$ 的漂白对比：$SO_2$ 与 $Cl_2$ 分别通入品红溶液，现象的相同点和不同点分析；分别通入紫色石蕊试液，现象的对比分析；$SO_2$ 与 $Cl_2$ 一起通入有色物质，可能的现象及原理对比探讨。

$SO_2$ 使有色溶液褪色原理对比：$SO_2$ 使品红溶液褪色是漂白性，$SO_2$ 使酸性 $KMnO_4$ 溶液、溴水等褪色是还原性，$SO_2$ 使含有酚酞的 $NaOH$ 溶液、氨水等褪色是酸性等。

以上以 $SO_2$ 的漂白性为中心，多角度、多层面地进行对比分析，充分体现了高中化学教学内容之间的横向联系。教学设计和课堂教学以这种"举一反三"的方法，可增强思维的全面性与深刻性，强化分类、比较、归因等重要的学习方法。从预测现象到分析原理，从定性认识到定量探究，都能对学生探究意识的强化、探究方法的体会和探究能力的提高起到重要的促进作用。横向联系中的对比认知，对于化学学科学习深度、广度等方面的加强及学生思维品质的提高都有着不可忽视的作用。

再如浓 $H_2SO_4$ "吸水性"学习：浓 $H_2SO_4$ 三大特性，即吸水性、脱水性和强氧化性，是浓 $H_2SO_4$ 的重要性质，也是重点学习内容。其中，吸水性决定了浓 $H_2SO_4$ 常可用作干燥剂。由于学习内容具有横向联系，教师可引导学生整合所学干燥剂，运用分类的思想，从不同的角度进行对比分析，提升认知。

从酸、碱性角度进行联系对比，酸性干燥剂有浓 $H_2SO_4$、$P_2O_5$、硅胶等，中性干燥剂如 $CaCl_2$，碱性干燥剂有碱石灰、$CaO$、$NaOH$ 固体，等等。

从实验装置角度进行对比，浓 $H_2SO_4$ 为液态干燥剂，装置为"洗气"装置，长进短出；其余为固态干燥剂，装置为干燥管，粗进细出，或 U 型管。

依据气体的性质选择干燥剂，$HCl$、$Cl_2$、$SO_2$ 等酸性气体，选择酸性干燥剂或中性干燥剂；氨气干燥选择碱性干燥剂，不可选择 $CaCl_2$，避免生成 $CaCl_2 \cdot 8NH_3$；干燥 $CO$、$H_2$、$N_2$ 等，上述干燥剂均可选；$HBr$、$HI$、$H_2S$ 等强还原性气体，不可选浓

$H_2SO_4$ 作为干燥剂,同时,又因为是酸性气体,不可选择碱性干燥剂。

以上横向联系,多角度、多层面地进行对比分析,能使学生对于中学常见干燥剂的选择依据有较为全面和深入的认识。例如,对于气体能否用浓 $H_2SO_4$ 干燥,既从酸性的角度,又从氧化还原的角度进行分析,能促使学生进行综合思考。同时,渗透对化学实验的基础认知。我们常说,在高中化学的课堂教学中,不能局限于学科知识的学习,更要进行思维的训练、素养的培育,那么如何才能得以落实和实现呢? 充分认识到高中化学教学内容之间的横向联系,在教学中借助多方比较、判断、选择,引导学生进行体会、思考和感悟,是容易实施且效果良好的途径与方法。

### 3. 高中化学教学内容动态的体系化构建

关注高中化学教学内容的纵向与横向联系,还要关注其动态的体系化构建,建立过去、现在和未来的时空体系。这样,不仅有利于学生对化学学科知识有较为完备的和深入的学习,也有利于学生在知识原理的应用中内化能力和素养。例如,在元素化合物知识的学习中,关注其在生活、生产中的重要应用,可形成历史发展、现实应用和未来变化这样的完整体系。学生从其历史发展中,可感受科学态度的熠熠光辉,了解沉重的历史教训,从而更加坚定地树立正确的价值观和人生观,增强社会责任感。了解化学反应及原理对于社会生活的重要影响,可以强化学生学习化学的内在热情和动力,促使学生能够更加积极地进行深入探索。亦可帮助学生全面、辩证地认识化学,认识到化学对社会发展和人类进步做出的贡献以及可能存在的负面影响等,将人文素养的积淀、科学态度与社会责任的培育渗透于化学的学习之中。

例如合成氨反应的学习:对于 $N_2 + 3H_2 \rightleftharpoons 2NH_3$ 这个重要反应,以历史发展、现实应用和未来变化等时间维度进行教学,可以充分体现其在化学学科知识学习和核心素养培育中的教学和教育价值。

从历史发展中,能正面了解合成氨反应对于人类的重要作用:$N_2$ 与 $H_2$ 的反应,在通常情况下进行得极其缓慢。1909 年,德国化学家哈伯首先找到了一种合成氨的催化剂,使 $H_2$ 和 $N_2$ 的化合反应有了工业生产的价值。哈伯的成功,使得当时德国的粮仓和弹药库有了保证,进而强化了威廉二世发动第一次世界大战的决心。

从现实应用中，可知道合成氨反应是人工固氮的主要途径。$NH_3$ 是重要的化工原料，常用于硝酸、颜料、化肥等的生产中，工业制硝酸的重要反应为：

$$4NH_3 + 5O_2 \xrightarrow[\triangle]{\text{催化剂}} 4NO + 6H_2O 、2NO + O_2 = 2NO_2 、NO_2 + H_2O = HNO_3 + NO \text{ 等。}$$

着眼于未来发展，结合化学反应速率、化学平衡的原理，可重点讨论合成氨的生产条件，如浓度的选择，不断补充 $N_2$、$H_2$，及时分离出 $NH_3$；温度的选择——500 ℃左右，并分析理由；对于压强，了解目前采用的数值，讨论未来随着工业发展和生产能力的提高可能的变化趋势；对于催化剂，了解和分析其重要作用。

纵观历史，知悉现今，预测未来，对于学生化学学习视野的拓宽、科学态度与社会责任的培育、应用化学原理解决实际问题能力的提高有着积极的作用。以这样动态的、体系化的知识体系构建，将化学知识、原理置于时空的变化之中，使学生可以感受和学习到动态变化的化学知识，同时其人文素养的提升、辩证观念的形成也能实现于化学学习中。在教学中，充分发挥隐性知识对学生全面成长和发展进步的提升作用，也可充分体现化学学习的育人价值。

总而言之，做好核心素养背景下的问题式教学设计，就不能忽视教学内容的纵向、横向联系，需重视在时空观念中动态、体系化构建与呈现教学内容，将文本教材转化为人本教材，将显性知识与隐性知识有机融合，使教学具有内在吸引力，富含育人价值和意义。

## （三）实现高中化学教学螺旋上升和广泛联系的重要途径

### 1. 在高中化学教学设计中关注教学的螺旋上升和广泛联系

课堂教学目标的确定，决定了教学设计是否符合学生的认知基础和认知能力，同时也决定了教学实施是否能顺利完成。因此，在高中化学教学设计中，教师必须要关注教学内容螺旋上升和广泛联系的特点。教学中对于广泛联系的体现，主要是突出学生的自主学习和主动探究，实现学生能力素养和思维品质的提升。如何在教学设计中，更好地体现高中化学教学的螺旋上升和广泛联系呢？问题式教学设计是重要途径。

问题式教学设计，以问题的深度体现教学内容的螺旋上升，而以问题的广度，体现教学内容的纵向、横向联系与动态体系化构建。同时，以问题的形式进行呈现,使教学过程具有能够吸引学生投入的内在思考性。学生在问题解决的过程中,要寻求新旧知识之间的联系与不同等,自然而然能体会和感悟螺旋上升与广泛联系。

**示例2-8　乙醇**

**教学设计前期分析:** 在教学过程中,促进学生自主学习和能力提高的重要方法之一,就是关注学生的最近发展区,凸显学习内容之间的关联,顺利实现迁移。以教学问题的设置,引导过渡和迁移,可降低学生对学习内容的陌生度,增强学习的自信心。

**问题式教学设计:**

初学设问:

问题1(关于实验现象):加热时铜丝变黑,原因是什么? 请写出相应的化学反应方程式。

问题2(关于实验现象):变黑的铜丝趁热放入乙醇中,为什么变红? 请写出相应的化学反应方程式。

问题3(关于反应分析):请写出总反应方程式,并思考铜丝在反应中起到了什么作用。如何分析? 该反应为什么被称为催化氧化?

联系设问:

问题1(复习回顾):乙醇能发生的常见氧化反应有哪些? 其中催化氧化的断键方式是怎样的?

问题2(复习回顾):乙醇催化氧化的方程式如何书写? 实验现象是怎样的? 分别对应怎样的反应?

问题3(复习回顾):以乙醇催化氧化为例,分析 $CH_3OH$、$CH_3CH_2CH_2OH$、$CH_3CH(OH)CH_3$ 催化氧化的产物分别是什么? 并总结反应的断键方式。

深入设问:

问题1(关于"断键"):是否所有的醇都能发生催化氧化? 为什么? 怎样结构的醇不能发生催化氧化反应? 请举例说明。

问题2(关于产物):是否醇催化氧化都能生成醛,为什么? 具有怎样结构的醇催化氧化的产物是醛?

问题3(关于产物)：醇催化氧化的产物还可能是什么？相应的醇应具有怎样的结构特点？请举例说明。

**设计意图：**"初学设问"中关于乙醇的催化氧化，针对学生初步学习时的认知基础而设置。通过问题的提出和解决，帮助学生认识实验现象与对应的反应，学会这类反应方程式的书写及配平，认识铜在反应中起到的催化作用等，为后续醇的催化氧化反应的学习做好知识及方法上的储备。

"联系设问"是关于醇催化氧化反应的学习，体现初步学习和后续所学内容相联系的问题设置，是凸显"温故知新"和"知识迁移"的过程，由学生已有知识开始，教学问题设置目标性强。由乙醇切入，突出"断键"相似和"结果"的不同，顺利引出对醇类催化氧化规律的学习和探究。

而"深入设问"是对于醇的催化氧化而设置的教学问题，从乙醇迁移至醇类，是针对反应规律的继续学习。通过问题的提出与解决，学生对于反应发生的结构要求及对应产物进行分析，学习的深度与广度与初步学习时完全不同。初步学习侧重于现象分析及化学反应的学习，而深入学习侧重的是方法的习得和规律的发现。从初步学习到深入学习，是从一种物质到一类物质、从一个反应到一类反应、从表象到实质。

**教学设计反思：**在很多高中化学的学习中，教学的深度和广度，以教学设问层次体现，可引导学生思考和关注学习的侧重点，教学过程能更加符合学生的认知能力和教学目标。

**2. 教学问题设置充分体现认知广度的拓展**

在高中教学中要依据学生的学情适度增加知识的广度和深度，问题的设置尽量不要局限化，要给学生自由发挥的空间，从而凸显问题的探究性。为提高教学成效，突出学生的主体地位，将"大问题"教学融入高中化学教学中，有利于创新课堂教学，解决学生的学习困境，引导学生进行自主探究学习，积极思考如何解决难题。

**示例 2-9  元素周期律**

**教学设计前期分析：**关于"元素周期律"，初步学习时，主要了解原子半径、主要化合价、金属性与非金属性的周期性变化，以及核外电子排布的周期性变化是决定因素等。而在深入学习中,拓展、加深对元素周期律的认识。因此,教学问题的设置随着教学内容的深入而拓展,在一般规律的基础上,关注特殊点和应用。

**问题式教学设计:**

初学设问:

问题1(总体设问):元素周期律如何表述? 其中,元素的性质指的是什么?

问题2(具体分析):随着原子序数的递增,原子半径、主要化合价以及元素的金属性、非金属性是如何周期性变化的?

问题3(关注实质):元素周期律的实质是什么?

联系设问:

问题1(自主学习引导设问):请阅读教材相关内容,分析电负性和元素第一电离能的含义。

问题2(温故知新设问):第一电离能与元素非金属性递变基本一致,请分析第一电离能总体上是如何体现周期性变化的? 同一周期总体如何递变? 同主族如何递变?

问题3(温故知新设问):元素电负性的周期性变化与元素非金属性递变是一致的,电负性如何周期性变化? 同周期如何递变? 同主族如何递变?

深入设问:

问题1(关于第一电离能 $I_1$):对于同一周期元素而言,$I_1$ 有哪些反常? 为什么?

问题2(关于第一电离能 $I_1$):$I_1$ 周期性变化包括稀有气体吗? 同一周期,$I_1$ 最大的是哪个族的元素? 所有元素中哪种元素 $I_1$ 最大?

问题3(关于电负性):电负性周期变化包括稀有气体吗? 为什么?

问题4(关于电负性):同一周期,电负性最大的是哪个族的元素? 所有元素中哪种元素电负性最大?

问题5(关于电负性):电负性1.8,通常可用来判断什么? 电负性差值1.7呢?

回顾反思设问:元素周期律包含了哪些周期性变化? 哪者是决定性因素?

**设计意图:**"初学设问"对于元素周期律的学习是初步的,因此,教学设计中的问题围绕教学目标,依据学生认知基础而设置。学生相对容易找到问题解决的切入点,教学问题的设置,能够引导学生自主思考,发现规律、表述规律和理解规律。

而"联系设问"是体现内在关联的教学设问,依据学生的知识储备,充分利用学生已知的有关元素金属性、非金属性周期性变化的规律,引导学生进行回顾与应用,顺利完成深入学习。以"迁移"帮助学生体会知识体系的内在联系,体会高中化学学习的方法,强化学习能力。

"深入设问"突出应用,如应用电负性初步判断元素分类,应用电负性差值初步判断化学键类型等。关注分析范围,如从"同周期"到"所有元素"等。教学问题设置引导学生认识与理解"范围的不同决定了结论的不同"。

**教学设计反思**:显然,深入学习与初步学习相比较,同样是元素周期律,涵盖内容的广度、深度是拓展延伸的。同时,学生的认知基础和认知能力,也是不同的。对于更高的教学目标,课堂教学设问也体现出更高的能力和思维要求。

**3.问题设置充分体现化学原理的应用及体系化关联**

在教学过程中,教师要吃透教材、把握核心内容,问题的设置要围绕核心内容,且应简洁明了,针对性强;问题的设置要有目的,且问题要层层递进,这样才能够让学生更好地理解、掌握知识。

**示例2-10 原电池、电解池与氧化还原反应**

**教学设计前期分析**:原电池、电解池学习围绕的核心是氧化还原反应,而氧化还原反应的实质是电子转移。因而,在原电池与电解质的教学中,要抓核心、抓实质,即以电子的流动来学习相关原理。在教学中,应避免学生不求甚解,强记硬背。例如,负极——氧化反应,正极——还原反应;阴极——还原反应,阳极——氧化反应等。如果缺乏真正的理解,即使记住了一些知识,也容易混淆或不会应用,不能够自主、顺利解决问题,容易让电化学的学习成为学生学习的困难所在。

**问题式教学设计:**

**任务一:原电池**

**围绕核心设问:**

问题1：原电池工作时，电子从哪个极流出？流入到哪个极？请描述电子流动的方向。

问题2：原电池工作时，从氧化还原的角度分析负极、正极分别发生什么反应。

问题3：请分析"电子不下海，离子不上岸"的含义。

任务二：电解池

围绕核心设问：

问题1：电解时，电子从外加电源的负极流出，到达电解池的哪个极？发生怎样的变化？

问题2：电解时，哪个电极失电子？可能是什么失电子？回到外加电源的哪个极？

问题3：请描述电解过程中，电子流动的方向是怎样的？从氧化还原的角度分析，阴极发生什么反应？阳极发生什么反应？

任务三：氧化还原反应规律的应用

原电池：

问题1：原电池的正负极是由什么决定的？通常如何判断？

问题2：原电池的电池反应有什么特点和要求？

问题3：从氧化还原的角度分析，Fe 直接放入稀 $H_2SO_4$ 中，Fe 与 Zn 用导线相连放入稀 $H_2SO_4$ 中，Fe 与 Cu 用导线相连放入稀 $H_2SO_4$ 中三种条件下，Fe 分别对应着怎样的反应状况。由此我们可得出怎样的结论？

电解池阴极：

问题1：分析阴极的电极反应是否需要考虑电极材料？为什么？

问题2：阴极的放电顺序是在比较什么性质？可依据什么规律来判断？

问题3：依据常见金属活动性顺序表，可得阴极的放电顺序是怎样的？在此基础上如何进行补充和完善？

电解池阳极：

问题1：分析阳极的电极反应，是否需要考虑电极材料？为什么？

问题2：阳极的放电顺序是在比较什么性质？可依据什么规律来判断？

问题3：常见非金属单质的氧化性为 $F_2 > Cl_2 > Br_2 > I_2 > S$，由此可得对应简单阴离子还原性顺序是怎样的？请给出电解池阳极的放电顺序。

**设计意图：**氧化还原反应是高中化学核心概念之一，也是电化学原理的基础，而电化学原理又在体现氧化还原反应的本质。在教学中，需重视氧化还原反应与电化学原理之间内在的、本质的和不可分割的联系，抓住氧化还原反应的实质——电子的转移，帮助学生形成原电池、电解池工作过程中的"电子流动方向图"。用这条主线引导学生学习电化学原理，可化难为易、化繁为简，避免学生在学习过程中囫囵吞枣、强记硬背、事倍功半。对于电化学的核心学习内容，如电极的判断、放电顺序和电极反应分析等，以教学问题设置进行引导，充分调动学生应用已有知识展开深入细致的讨论与学习，真正做到温故知新。

**教学设计反思：**在高中化学教学设计中，要关注化学原理的应用，充分体现教学内容间的内在联系，在教学中有效地降低学生认知上的难度，帮助学生做到由此及彼、积极思考、自主学习。

# 第二节 问题式教学对学生的促进

高中化学教学要对学生的学习真正起到促进作用，这种促进作用，不仅仅是使学生学习和掌握化学原理和知识等，而是在知识、原理的学习中使学习能力、思维品质、核心素养等方面都能有长足的进步。高中化学的学习，能对学生的终身学习和未来发展发挥潜在的影响，使得他们能以丰厚的化学素养、坚忍不拔的勇气和精神、严谨细致的习惯，在人生旅途中持续进步，不断获得发展与提升。

## 一、激发学生的内在学习热情

在课堂教学中，学生内在学习热情的激发，是我们在教学中需要关注的重要方面。由于缺乏内在的学习热情，学生很容易出现"人在神散"的状况，课堂教学常常会演变成教师的"独角戏"。缺乏学生的真正参与，良好的教学效果等也无从谈起。

问题式教学，以需要专注思考、认真探究的问题吸引学生自然投入学习，使其不会游离于课堂之外。同时，学生在学习过程中内在热情的持久保持，对教学的顺利完成和良好效果的取得也是至关重要的。高中阶段，课堂教学内容之间的关联往往特别密切,若有中断,重新衔接需要时间,势必造成学生学习过程中顾此失彼,效果欠佳。教学过程中问题的设置,以其趣味性、探究性和层次递进性,对学生产生持久的吸引力,使学生专注于问题解决,在持久的热情中,兴味盎然地完成学习。

## (一)充分体现学科特点,注重实验观察中的问题设置

化学教学中的实验现象本身对于学生就有着强烈的吸引力,在好奇和期待中,学习热情自然得到激发。但若不能引导学生在实验过程中深入思考,这个重要的学习环节,可能就在表面的热闹中草草结束。而且,缺乏教师必要的引导,就实验观察本身而言,学生也有可能由于观察目标性不强,只是泛泛看过,不能达到课堂实验对学生应有的激发和启迪作用,易对后续的原理学习造成困难。因而,运用问题式教学思想,在化学实验教学过程中,以问题引导学生仔细观察实验现象,认真分析实验现象,深入探究实验现象中蕴含的化学原理,能充分发挥化学实验的独特作用,激发学生内在的学习热情,促进学生的实验观察及分析能力,提升后续学习效果和未来发展。

**示例2-11** 铝热反应

**教学设计前期分析:**铝热反应以其光芒四射的实验现象,往往令学生惊奇欢呼。但是,学生仅仅是惊叹于耀眼的光芒、绚丽的火花,在热闹的欢呼中,对化学原理的学习和探究反而会淡化,不能达到化学实验的真正目的。因而,在实验前、实验中和实验后,我们都要以问题设置引导学生进行观察与思考,对实验装置、实验方法和实验现象,做到全面深入的分析与认识。

**问题式教学设计:**

实验前的问题设置:

问题1:纸漏斗如何制作? 为什么要这样做? 为什么要湿润? 为什么要在下端剪一个小口?

问题2:为什么要在纸漏斗的下端放置一个沙盘?

问题3:在铝热剂上方放入适量 $KClO_3$(或 $Na_2O_2$)的作用是什么? 插入镁条的作用可能是什么?

实验中的问题设置:

问题1：引发铝热反应的实验操作是怎样的？

问题2：铝热反应名称的含义是什么？哪些实验现象可以说明其含义？

实验后的问题设置：

问题1：如何描述铝热反应的实验现象？

问题2：哪些实验现象可以说明放出了大量的热？沙盘中的产物可能是什么？铁珠能说明什么？

**设计意图：**实验前的问题设置，增强了实验观察中的思考性。学生带着问题去观察，不再是漫不经心地看看而已，所以会专注于对实验装置的观察、猜想与分析，自然被学习过程所吸引。实验中的问题设置，避免实验观察的盲目性和表层化，使学生能够在积极深入的思索中期待实验现象的出现，认真观察实验现象。而实验后的问题设置，对现象蕴含的化学原理进行深入剖析，避免分析的表层化。例如：铝热反应会放出大量的热，哪些实验现象可以说明？学生往往仅能答出"火花四射、耀眼的光芒"等，对于铁珠形成的原因，常需通过师生互动和深入分析得知。

**教学设计反思：**通过实验前、实验中和实验后的教学问题设置，促使学生去认真观察和深入思考，保持探究热情。我们在教学中，对于化学实验的完成和分析，需要与问题相结合，避免只是徒有表面的热闹，保持自始至终的思考性和内在吸引力，充分发挥化学实验应有的直观、趣味和对教学的推进作用。

## （二）深入引导探索与回顾，注重化学原理学习中的问题设置

在高中化学的学习中，对貌似简单的学习内容，更要注重探索性，以问题引导深层次的学习，避免遇到所谓"简单"内容时，学生自然放松，缺乏学习热情，缺少深度思考。教师要认识到，不同层次的教学内容都蕴含着需要发掘的教学和育人价值；学生探索精神的培育、认真态度的养成、研究习惯的培养，需在教学中时时注重，更要通过教学付诸实施。

**示例2-12** Mg、Al 的抗腐蚀性

**教学设计前期分析：**对于 Mg、Al 的抗腐蚀能力，结合学生已有生活经验，辅之以实验演示及分析，学生学习与理解起来通常不会有太大困难。但是，若能以教学问题设置引导学生进行全面、深入的思考，则对学生认知程度的加深、学

习态度和探索精神的培养、保持学习热情都有积极的促进作用。

**问题式教学设计：**

对比设问：Mg、Al、Fe 表面都生成了氧化物，为什么 Mg、Al 抗腐蚀能力强？而 Fe 容易生锈呢？

应用设问：

问题 1：对于铁制品，常采取什么方法防锈？请举例说明。

问题 2：除去铝表面的氧化物薄膜可用什么试剂？为什么？

**设计意图：**"对比设问"引起学生疑惑，使学生在比较中对相关原理能有更深刻的认识。"应用设问"发散思维，通过探索相关方法的共同本质，引导学生以化学视角再认识生活中的常见现象，对化学知识在生活、生产实践中的重要作用能有真切体会，激发学生的探究热情。

**教学设计反思：**在化学原理的教学中，不能是简单的陈述与讲解，而应通过问题设置与问题解决引导学生进行学习与积极探索。在自主思考的过程中，学生的学习热情能激励他们对所学内容形成更为深入和全面的认识。而在深度学习中，养成认真探索的习惯对于学生的学习和成长有着长远的影响。

## （三）善于运用知识生长点，注重辨析问题设置

在教学中，知识和原理的学习是学生成长和发展的载体，我们不能仅仅关注知识和原理的学习，而应更加注重学生问题解决能力的加强和思维品质的提升。在高中化学的学习中，要想使学生能够积淀素养，形成关键能力和必备品质，以所学化学知识积极应对和改变生活实践中遇到的种种问题，需要我们善于运用知识生长点，以问题设置启迪学生的思维，使其学会进行证实与证伪相结合的辨析，以科学研究的态度对待学习中出现的问题。这样，学生才会养成有利于进步的态度，形成有利于问题解决的思想方法，才能不盲从、不武断，才能严谨、细致、自信、从容地对待学习和生活中的种种问题。

**示例 2-13**　Al 的教学

**教学设计前期分析：**关于 Al 的学习，可以结合生活经验、实验演示和原理分析，讨论其抗腐蚀能力的强弱及原因。而通过"长白毛"等补充实验，能够激发学生的深入思考和知识应用。在课堂探讨交流的过程中，常常发现学生在分

析和解决问题时，容易出现不求甚解和表达随意的情况。因此，教学问题设置可强化辨析意识，引导反向思维，使学生学会应用"证伪"的方法解决问题。学生需要在学习中进行回顾、思考和分析，有动力、有热情，有知识的应用和方法的获得，能够积极投入学习，有效进行交流互动。

**问题式教学设计：**

实验现象设问：在 $Hg(NO_3)_2$ 溶液中浸泡铝条，置于空气中，可观察到什么现象？

实验分析设问：

问题1："白毛"的成分是什么？认为是 Hg 或 HgO 是否正确？如何辨析？

问题2："白毛"的主要成分是 $Al_2O_3$，说明了铝的什么性质？如何理解？

**设计意图：**在课堂教学中，学生首先被意想不到的"长白毛"实验现象所吸引，兴味盎然，激起探究热情。对于"白毛"的成分，为什么不可能是 Hg，也不可能是 HgO，需要运用逆向思维，在"证伪"的同时，铺垫了"证实"的基础。学生经过教师的引导，运用已有知识，否定不合理猜想。这样的思路和方法，对于高中化学及其他学科的学习，都是非常有意义的。问题设置突出重点知识回归和学生思辨能力训练，对已有知识的巩固和应用即为新知识的生长点。

**教学设计反思：**以辨析式的问题设置，引导学生应用所学知识解决问题，学生的主体地位得以充分体现。教学中，学生通过思考分析辨别"正误"，学习热情得以持久保持。

## 二、帮助学生感悟学习方法

问题式教学对于学生而言，亦可帮助他们更好地体会和感悟高中化学的学习方法。

在高中化学教学中，教师可能更多关注学生的认知程度，关注他们的考试成绩，即更多着眼于学习的短期结果。当成绩欠佳时，更多归因于学生的学习态度以及付出的时间和努力程度等等。事实上，很多时候，我们应更重视学习过程，特别是高中化学学习的思路和方法。没有过程就没有结果，没有方法就没有效果。很多学生对于高中化学学习心生畏惧，觉得物质的化学性质特别乱，化学反应方程式特别多，化学原理不好理解，也记不住，即使记住了，也不知怎么用……久而久之，失去学习热情，学习中积累的问题日益增多，越来越觉得学习困难,甚至到了积重难返的地步,即使想好好学,都不知道从哪里做起,应该怎么做。为什么会出现这种状况呢? 为什么密切联系生活和生产实践,丰富有趣、有益有用的化学课程,学生却学得如此被动和吃力呢? 这是我们高中化学教师应该深思的重要问题。

## (一)引导学生对学习形成正确认识

之所以存在学习事倍功半、困难重重,逐渐对学习失去热情和动力的状况,很多时候,是因为学生对高中化学缺乏正确认识,对于高中化学的学习方法缺少体会和感悟。学习处于类似"盲人摸象"的状况,"东抓一下,西摸一下",碎片化,凌乱化。学习没有明晰线索,不能形成体系化和系统化的深刻认识;无序、杂乱的学习内容越多,困难也越多,就会举步维艰,收获远小于付出。我们应认识到,学习状况欠佳,过多抱怨和责备毫无意义,学生更需要方法指导,重树信心。

对高中化学学习缺乏正确认识,学习方法不得当,多源于学生初中入门阶段所形成的化学学习方法欠妥。在初中化学的学习中,需要识记的内容多,如元素符号、简单化学式等。虽然很多学习内容也是有规律可循,有方法可用,但常有人片面认为化学是理科中的文科,言下之意,只要记住即可。还有部分教师,经常抛开规律和方法,采用背诵、听写化学反应方程式等方式进行教学。这样强记硬背、囫囵吞枣的学习过程,往往会使学生对化学学科和化学学习产生误解,认为能够记住,学会"套用"即可,从而给后续的化学学习埋下隐患。

### 1. 避免强记硬背

因为对高中化学学习缺乏正确认识,很多学生在高中阶段,依然沿用初中单纯记忆的学习方法。但是,高中化学学习内容的广度和深度,与初中不可同日而语,强记硬背,只能是事倍功半。没有理解的记忆,即便勉强记住也不会应用,遇到问题依然束手无策。很多学生常常不解:"我上课明明听懂了,为什么遇到问题还是不会?"就是因为他们没有真正掌握相应的学习方法,所学知识缺乏内化,没有转化为能力和素养。可见,强记硬背学化学,是不可取的,也是行不通的。

### 2. 不生搬硬套

对高中化学学习缺乏正确认识和正确学习方法,采用强记硬背的方式学习，必然导致在问题解决的过程中生搬硬套、错误百出。学习是循序渐进的过程，久而久之，有可能因为积累的认知盲区和认识误区越来越多，学习愈发困难，最后造成一系列问题，影响未来的学习和发展。

可见，指导学生形成正确的学习方法具有重要性和必要性。以怎样的方式帮助学生理解高中化学的学习任务和学习目标，明确学习方法呢？通过问题式教学可以引导学生解决问题，使其慢慢体会和思考方法在学习中的重要性。认识到在高中化学学习中，必须理解基本概念和原理的含义和实质，了解知识体系及其内在关联，学会以化学视角认识和分析生活现象和生产实践等。通过在课堂教学中的点滴引导与渗透，使学生对高中化学的学习形成正确的认识，深刻感悟学习方法，体验知识获得的喜悦，感受知识应用的重要意义，进而在学习中渐入佳境。

## （二）引导学生形成正确的学习思路和方法

运用问题式教学，教会学生学习高中化学的思路和方法，对于高中化学教学非常重要。我们要深刻感悟"授人以鱼，不如授人以渔"对于学生学习的重要意义。在教学过程中，不能只是教给学生化学知识和原理，而是要引导学生学会获得化学知识和原理的方法，强化学生自主解决问题的意识和能力。总之，学生在高中化学学习中，要知方法、懂原理、重应用，要能锻炼思维品质，积淀化学素养，增强信息获取、信息加工和问题解决等能力。这样，高中化学的学习，才能有利于学生的未来发展，有助于学生的全面成长。

### 1. 以问题式教学厘清学习思路

在学习的过程中，厘清思路对于较为繁杂的学习内容尤为重要。思维的有序性，不仅有利于高中化学学习，还可以帮助学生从容应对问题和困难。结合高中化学的很多教学内容，运用问题式教学，引导学生思路清晰地进行学习，必然有利于学生内在能力和素养的提升。

**示例 2-14** **水溶液中的离子平衡**

**教学设计前期分析**："水溶液中的离子平衡"教学内容多且相对抽象，是教学难点，也是很多学生学习困难所在。怎样做到化难为易呢？以教学中的内容来设置问题，可帮助学生了解关键点，有条理地进行学习，这也是突破难点的重要方法。

**问题式教学设计：**

任务一：强、弱电解质

"证据推理"设问：25 ℃,0.1 mol/L 的 $CH_3COOH$ 电离度为 1%,HF 电离度为 8%,可知弱电解质部分电离是怎样的程度?

分析"变化"设问：向 $CH_3COOH$ 溶液中滴加 NaOH 溶液,$CH_3COOH$ 的电离平衡如何移动? 由此可知,在发生化学反应的过程中,弱电解质的电离程度发生怎样的变化?

形成"对比"设问：25 ℃,等体积 0.1 mol/L 的 HCl 溶液与 $CH_3COOH$ 溶液,等体积 pH = 1 的 HCl 溶液与 $CH_3COOH$ 溶液,分别与足量的 NaOH 溶液反应,消耗的 NaOH 溶液的量是怎样的关系?

任务二：水的电离

突出"关键"设问：由 $H_2O$ 电离的 $c(H^+)$ 与 $c(OH^-)$ 一定相等,这句话对吗? 为什么?

数据分析设问：

问题 1：25 ℃,0.01 mol/L HCl 溶液中,$c(H^+)$ 为多少? $c_水(H^+)$ 与 $c_水(OH^-)$ 分别为多少? 如何确定数值?

问题 2：25 ℃,0.1 mol/L NaOH 溶液中,$c(OH^-)$ 为多少? $c_水(H^+)$ 与 $c_水(OH^-)$ 分别为多少? 如何确定数值?

问题 3：影响水的电离的因素有哪些? 分别是怎样的影响? $K_w$ 发生改变吗?

**设计意图：**关于强、弱电解质的学习,通过以上三个递进问题的分析和解决,学生可以认识到：弱电解质绝大多数未电离;弱电解质在发生化学反应的过程中,电离平衡正向移动,"一边电离,一边反应";解决问题时,要辨析溶液浓度与离子浓度之不同。

关于水的电离的学习,学生往往感觉困难,也容易出错,没能认识与区分溶液中的 $c(H^+)$ 与 $c(OH^-)$ 以及 $c_水(H^+)$ 与 $c_水(OH^-)$ 是原因之一。以上的教学问题设置,可以帮助学生明确认识：$c_水(H^+)$ 和 $c_水(OH^-)$ 相等;酸碱溶液中,

$c(H^+)$ 与 $c(OH^-)$ 和 $c_水(H^+)$ 与 $c_水(OH^-)$ 之间的关系，以及确定上述数值的思路和步骤。同时，对于水的电离的影响因素及变化，有了数据等"证据推理"，形象直观，能帮助学生顺利学习、透彻理解。

**教学设计反思：**对于强、弱电解质的学习，学生只有厘清思路，抓住关键点，才能够思路清晰、有序地进行学习，突破难点。教学中的问题设置蕴含着教学思路，也引导着学生的学习思路。学生在解决问题的过程中，学习相关的化学知识和化学原理，同时体会"证据推理"和"模型认知"，感悟高中化学学习中认知、内化和应用的学习要求。在学习中有清晰的思路、明确的方法、深刻的理解、体系化的认知，才能步步为"赢"，才能有条不紊地学好高中化学。同时，也能将化学核心素养的培育、学生能力和思维品质的提升落实于高中化学的教学和学习过程中。

**2. 以问题式教学引导学生重视学习方法**

高中化学的学习中，很多问题需要以正确的方法，才能得到恰当处理。例如，化学学习中最基本的化学方程式的书写，不能依靠学生的单纯记忆去学习，而是要让学生学会相应的步骤和方法。因此，在教学中，教师要重视学生对解决各类问题的方法的学习和体会。而在学习方法的过程中，问题式教学能够发挥引导作用，促使学生在解决问题的过程中认真思考，在思考中领悟方法，进而帮助学生更好地将方法转化为能力。

**示例2-15 陌生方程式的书写（复习课）**

**教学设计前期分析：**陌生方程式书写，是高考中常常出现的考查内容，通常在课本上没有现成答案。但是，相关方法在教学中常常会涉及。在元素化合物学习中，需要书写的化学反应方程式很多，教学中以问题的方式呈现书写的方法，可引导学生多方体会，帮助其自主、顺利地书写高中化学学习中众多的化学反应方程式，进而引导其逐步领会陌生方程式的书写。学会了方法，对于教材中的化学反应方程式和陌生方程式的书写，均可结合所学原理和方法顺利完成。这里我们以 $Fe^{2+}$ 与酸性 $KMnO_4$ 反应的离子方程式书写为例。

**问题式教学设计：**

"铺垫"设问：$Fe^{2+}$ 与酸性 $KMnO_4$ 反应，氧化产物是什么？还原产物呢？依据哪些规律进行判断？

体现"方法"设问：

问题1：氧化还原反应离子方程式配平，首先可依据什么规律得到相关化学计量系数？具体方法是怎样的？

问题2：对于离子方程式，"电荷守恒"的含义是什么？通常如何实现？请结合本例进行分析。

问题3：请回顾氧化还原反应离子方程式配平的主要步骤，通常怎样排序？若是氧化还原反应呢？

**设计意图**：化学反应方程式的书写，特别是氧化还原反应方程式的书写，是学习高中化学的基础，但往往也是学生感觉困难或易出错之处。究其原因，主要在于方法的欠缺。教学问题的设置，是相应方法、步骤的具体体现：从电子转移守恒到电荷守恒，再到原子守恒，逐步完成方程式的配平。教学问题的设置，有逐层分析，也有整体梳理，解决问题的过程能帮助学生对原理和方法形成深刻、明晰的认识。

**教学设计反思**：学习过程具备相应的深度和广度，原理和方法有机结合，能够促使学生进行积极思考和探索。由一个方程式书写，学生可以体会和感悟一类问题的解决方法。而方法的习得，是重要的化学素养，也能帮助学生形成自主解决问题的能力。

### 3. 以问题式教学有效实现迁移

高中化学教学中，有很多知识体系和处理方法之间存在着内在的相似性。例如，可逆反应的化学平衡、弱电解质的电离平衡、盐类的水解平衡、难溶电解质的溶解平衡间的共性；弱电解质电离的影响因素与盐类的水解的影响因素之间的共同点；$SiO_2$、$SO_2$ 同为酸性氧化物的化学性质的相似之处；离子方程式与电极反应式书写方法、步骤的一致性等。以问题式教学发掘共性，比较不同，可有效实现迁移，对于提高教学效率，推动学生自主学习，实现能力提升，都能起到促进作用。因此，教师在研究教学内容的过程中，需"站得高，看得远"，要有整体架构的意识，引导学生在学习过程中通过思考与研究，寻找相似之处，发现不同之处。学生应用已有知识和方法解决问题，学习过程自主有效，信心倍增，也能感悟类比迁移这种重要的学习方法。

示例 2-16　**原电池电极反应式的书写**

**教学设计前期分析**:原电池电极反应式的书写,对于多数学生而言是学习难点。如何突破这个难点? 对比电极反应式与离子方程式书写的"相通"之处,通过问题设置与解决,进行实例分析,帮助学生应用已学离子方程式书写的思路和方法,循序渐进、有条有理地熟悉电极反应式书写的步骤、方法和注意事项,顺利学会电极反应式的书写。

**问题式教学设计**:

回顾设问:氧化还原反应离子方程式书写中,常用什么方法实现电荷守恒?一般需要判断什么?

迁移设问:原电池电极反应式书写,类似于离子方程式书写,常采用怎样的方法满足"电荷守恒"? 若是熔融盐燃料电池呢?

强化方法设问:书写电极反应式的基本步骤是怎样的? 与离子方程式书写有哪些共同之处?

**设计意图**:对于学生学习中存在的困难,最终的解决方案是引导学生学会方法。而方法的学习,通过"迁移"的方式完成,常常可以事半功倍。因此,通过教学问题进行引导,由离子方程式的书写方法迁移学习电极反应式的书写,可有效降低学生的畏难情绪,顺利推动学习进程。而教师对教材的深入研究、重组和建构是基础,只有这样,才能设置有利于引导、促进学生感悟方法的问题,更好地做到教师主导和学生主体的结合,从而实现全面提升学生能力和素养的课堂。

**教学设计反思**:通过迁移作用,降低学习中的陌生度和难度,能够增强学生的学习信心,提升学生的学习热情和参与度。这种思路和方法,在很多高中化学的教学过程中都有体现。教师需要建构和呈现这样的教学过程,以使学生更深刻地体会和感悟高中课程学习中应有的学习方法。

**4. 以问题式教学引导学生悟核心**

正确的学习方法,对于高中化学的学习非常重要。在纷繁复杂的学习内容中,善于抓重点、悟核心,也是高中化学学习中的关键所在。对于初学的学生来说,感悟每个知识体系的核心,往往难以做到敏锐、准确。教师要有意识地去引导和强化,循序渐进,才有可能帮助学生逐步加深体会,加强其对高中学习方法的重视,有效完成高中化学的学习。同时,这种思路和能力的形成,也能为学生的终身学习和全面成长提供有力保障。

**示例2-17** **溶液酸碱性的分析**

**教学设计前期分析:**关于溶液的酸碱性,学生容易出现认知误区。例如,无论溶液是酸性还是碱性,都是 $H^+$ 与 $OH^-$ 共存;pH=7 的溶液也不一定是中性,pH<7 的溶液也不一定是酸性;pH=0 的溶液不一定酸性最强,pH=14 的溶液不一定碱性最强;等等。在以上内容的学习中,学生常有不够正确和准确的认识。对于如何判断溶液的酸碱性以及酸碱性的强弱,有很多方法可应用,但常有限定的前提条件,而学生在分析时常常顾此失彼,易出现错误判断。因而,教师要以问题引导学生领悟核心原理,认清本质。对相关内容的学习,以核心为思想,以原理为依据,有理有据地完成认知。

**问题式教学设计:**

分析性设问:25 ℃,酸性、中性和碱性稀溶液,从离子的角度分析有哪些共同点? 又有什么不同之处?

辨析性设问:若溶液 pH=7,一定为中性吗? pH=6 的溶液可能为中性吗? 由此分析,我们以 pH 判断溶液的酸碱性需特别关注什么?

突出核心设问:若溶液中 $c(H^+)=\sqrt{K_w}$,溶液一定为中性吗? 为什么? 由此可知确定溶液为中性的最根本依据是什么? 酸性呢? 碱性呢?

**设计意图:**对于溶液酸碱性的判断,要抓住核心,即 $c(H^+)$ 与 $c(OH^-)$ 的相对大小。这样在应用其他方法,如 pH 等进行判断时,自然会关注方法的应用前提,以避免出错。而对于其他的变式,如 $c(H^+)=\sqrt{K_w}$ 或 $c(OH^-)=\sqrt{K_w}$ 时溶液是否为中性,也可以做出迅速而准确的判断。对于后续的学习,如强酸与强碱混合时溶液 pH 计算等,也是重要的判断依据。

**教学设计反思:**无论是元素化合物知识的学习,还是化学反应原理的学习,对于繁杂、难度高、容量大的学习内容,学实质、悟核心,都能够帮助学生学会举一反三,帮助其以不变应万变,顺利分析,准确判断,优化思维能力,有效提高学习效率。在这样的学习过程中,学生也能慢慢体会和感悟高中化学的学习方法,进而通过发现关联、认识本质、关注应用进行重思考、乐探究的深度学习,避免强记硬背、生搬硬套的表层化学习。以这样的方法进行的高中化学学习,才能对学生的成长产生更为深远、全面的促进作用。

总之,问题式教学通过问题化呈现教学内容,问题化推进教学流程,问题化提炼和展示教学成果,使得高中化学教学能够更直观地呈现学习深度和广度的要求,使教学过程更具思考性。而学生在学习的过程中,能够逐步感受高中化学学习与初中的不同,在教师引领下,不断体会、学习和应用更科学、更合理和更有效的学习方法。而学习方法的改进和完善,能够帮助学生徜徉在绚丽多彩、趣味横生的化学世界中,流连忘返,乐在其中。

## 三、促进学生的深度思考

问题式教学对学生的促进作用,也体现于学习中的深度思考。

### (一)高中化学学习中深度思考的意义及实现途径

#### 1. 有深度思考才能形成深度学习

在高中化学中,学生能否在学习知识和原理的过程中获得能力、思维品质和化学核心素养的提升,深度学习是重要的方面,而深度学习,又源于学习中的深度思考。泛泛而过的浅层化学习,缺乏思考,缺少收获,学生难以真正体会到学习中的乐趣。而缺少内在吸引力的学习,会导致学生的兴趣减弱,热情日渐消退。学习没有向上的动力,日积月累,可能会给学习造成种种障碍和困难,阻碍学生的进步和发展。因而,我们需在高中化学的教学中,激发学生的深度思考,促成深度学习。在深度学习中,学生方可品味化学的神奇、有趣和重要,方可体会化学的内在魅力,感受化学对生活和生产实践无可替代的重要作用。在化学的世界中,学生徜徉其中,迷恋直观现象,探究神秘本质,感受多种多样但又有规律可循的变化。在这样的学习中,学生能以化学知识明亮双眼、丰富心灵、拥有能力、积淀素养,能从化学的视角认识世界,看待世间万象,发现生活和生产中的种种问题,以化学原理解决问题,感受化学的力量所在。而这些,只有通过深度思考、深度学习,才能体验和收获。我们要认识到,在高中化学学习中,只有深度思考和深度学习,才有可能让人真正体会学习化学的乐趣,真正得以进步和成长。因此,我们必须重视教学中学生的深度思考。那么,通过哪些方式可以促进学生的深度思考呢?

### 2. 由定性到定量,促进深度思考

高中阶段对于化学反应的学习,由定性到定量,即从量化的角度进行分析,学生运用已有知识进行认真探究。在这个过程中,学习自然由表层深入到实质,促成深度思考。

**示例2-18  实验室制备 $Cl_2$**

**教学设计前期分析:** 实验室常用 $MnO_2 + 4HCl(浓) \xrightarrow{\triangle} MnCl_2 + Cl_2\uparrow + 2H_2O$ 这个反应制备 $Cl_2$,如果只是了解反应的发生,学生对反应的学习只能是浅层的。若能从量化的角度设置问题,引导学生进行深层次的思考,则有助于学生思维和能力的提升。

**问题式教学设计:**

对比设问:

问题1:足量的 $MnO_2$ 与含 4 mol HCl 的浓盐酸反应,产生的 $Cl_2$ 在标准状况下的体积为多少?

问题2:1 mol $MnO_2$ 与足量浓盐酸反应,产生的 $Cl_2$ 在标准状况下的体积为多少?

继续设问:含 0.4 mol HCl 的浓盐酸,与 0.1 mol $MnO_2$ 充分反应,则反应后的溶液中,$n(Cl^-)$ 为多少?

**设计意图:** 教学问题的难度是递增的。“对比设问”可帮助学生认识 HCl 在反应中能表现还原性和酸性双重性质,在此基础上,进一步引导学生体会化学方程式计量数“关系式”法的应用,学习和掌握同类问题的解决方法。同时,通过“继续设问”引导的量化分析,渗透方法的学习和掌握。反应中存在动态变化,在高中化学教学中很常见。例如,Cu 和浓 $H_2SO_4$、Zn 与浓 $H_2SO_4$、Cu 与浓 $HNO_3$ 反应等。因此,对于 $MnO_2$ 与浓盐酸反应的量化分析,是对一类问题的研究和讨论。对 $MnO_2$ 足量或浓盐酸足量时的不同反应状况的分析,能够帮助学生从变化的角度深层次了解化学反应,使得学习过程更具思考性和内在吸引力。问题设置中的数据处理,对学生也具有一定的挑战性,需要学生对化学原理有清晰的认知,且要在认真深入思考中,才能顺利解决问题。学生在这个过程中,能体会和掌握高中化学学习中常用的思想和方法,对于后续学习和成长

发展均能有所促进。

**教学设计反思:**很多高中化学的学习内容,都可以应用定量或量化分析的方法,激发学生的探究意识,引导学生的深度思考和深度学习。教师要善于对教学内容进行综合分析,找到量化认识的切入点;善于以问题设置,引导学生能够从定性到定量去认识化学反应,从表面深入到本质,养成深入思考的好习惯。

### 3. 以原理的应用促进深度思考

促进高中化学学习中的深度思考,也可着眼于化学原理的应用。从书本知识延伸至生活实际和生产实践,学生可在应用中体会化学知识的重要性,深入理解原理,开阔视野,构建立体、全面的认知体系。

**示例 2-19** $SiO_2$ 的化学性质

**教学设计前期分析:**在自然界中,石英、水晶、玛瑙、碧玉等的主要成分是 $SiO_2$,学生熟悉的玻璃和陶瓷等,其成分中也有 $SiO_2$,而很多化学仪器是玻璃制品。因而,在 $SiO_2$ 化学性质的学习中,能够自然地将其与化学实验、生活实际相联系,拓展学习的广度,增加学习的深度。同时,引导学生对熟悉的现象究其原理,也是重要的化学学习思路和方法,有利于激发和保持学生的化学学习热情。

**问题式教学设计:**

问题1(以 $SiO_2 + 2NaOH = Na_2SiO_3 + H_2O$ 的反应,联系实验设问):实验室试剂保存中的哪些做法与此类反应有关?酸式滴定管和碱式滴定管的构造和使用呢?

问题2(以 $SiO_2 + 4HF = SiF_4\uparrow + 2H_2O$ 的反应,联系实验设问):实验室制备 HF 气体通常使用什么器皿?氢氟酸通常如何保存?

问题3(以 $SiO_2 + 4HF = SiF_4\uparrow + 2H_2O$ 的反应,联系应用设问):在玻璃器皿上雕刻美丽的图案,可用什么方法?

问题4(应用概念设问):已知 $SiO_2 + 2NaOH = Na_2SiO_3 + H_2O$,$SiO_2 + 4HF = SiF_4\uparrow + 2H_2O$,能由此认为 $SiO_2$ 是两性氧化物吗?为什么?

**设计意图:**对化学实验常识,能以所学知识给出解释,学生的喜悦之情可想而知。问题的呈现,自然引发学生的好奇心,促使学生进行深度学习。而同一个反应在实验室、生活实际中的重要应用,可使学生体会化学反应的应用与避免的两面性,从而引发辩证、全面的认识。对 $SiO_2$ 特性及两性氧化物概念的继续学习,能够对学生可能存在的认识误区加以辨析。

**教学设计反思**:高中化学元素化合物、化学反应原理等的学习中,着眼于应用,以问题设置自然引发学生学习的好奇心和热情,能够有效促成学生的深度思考与深度学习。

### 4.以"变式对比"促进深度思考

新课程理念下的高中化学教学,倡导教学过程不能是学生被动接受,而是应引导学生自主思考,使其思维能力得到训练和提升。思维训练,意味着学习过程不能流于形式,需关注深刻性。深刻,才能真正产生影响,学生对所学知识才能顺利内化。在教学中,我们可以结合教学内容的特点,以"变式对比"促进深度思考,凸显思维训练的深刻性。

**示例 2 - 20** **弱电解质的电离**

**教学设计前期分析**:对于强弱电解质的学习,尽管反复强调,学生往往还是认知模糊,屡屡出错。如何解决呢?学生对原理的深刻理解,应准确抓住关键点,这应是教学中需要强化的。通过"变式对比"设置系列问题,可引导学生细致入微地深入认知。

**问题式教学设计:**

问题 1:25 ℃ ,0.1 mol/L 的 HCl 溶液和 $CH_3COOH$ 溶液中,$c(H^+)$ 是怎样的关系?

问题 1 变式对比设问:25 ℃ ,pH = 1 的 HCl 溶液和 $CH_3COOH$ 溶液,物质的量浓度是怎样的关系?

问题 2:25 ℃ ,等体积 0.1 mol/L 的 HCl 溶液和 $CH_3COOH$ 溶液,分别与足量的 NaOH 溶液反应,消耗的 $n(NaOH)$ 是怎样的关系?

问题 2 变式对比设问:25 ℃ ,等体积,pH 均为 1 的 HCl 溶液和 $CH_3COOH$ 溶液,分别与足量的 NaOH 溶液反应,消耗的 $n(NaOH)$ 是怎样的关系?

问题 3:25 ℃ ,100 mL 0.1 mol/L NaOH 溶液,分别被 0.1 mol/L $V_1$ L HCl 溶液与 $V_2$ L $CH_3COOH$ 溶液恰好中和至 pH = 7,则 $V_1$ 与 $V_2$ 的大小关系如何?

问题 3 变式对比设问:25 ℃ ,100 mL 0.1 mol/L NaOH 溶液,分别被 pH 均

为 1 的 HCl 溶液 $V_1$ L 与 $CH_3COOH$ 溶液 $V_2$ L 恰好中和至 pH = 7,则 $V_1$ 与 $V_2$ 的大小关系如何?

**设计意图:**以上三组问题设置,本身存在着由易到难的递进关系。在问题解决中,思维训练的深刻性是自然显现且逐步加强的。而每一组的"变式对比设问",能促使学生进行比较分析和深度思考,从而进一步认识到关键点:强弱电解质之间的差异,归根结底是由是否存在电离平衡决定的;由于弱电解质存在电离平衡,因而弱电解质大部分未电离等。而由此又可知物质的量浓度相同时,弱电解质离子浓度小很多;相反,在 pH 相同,即离子浓度相同时,弱电解质物质的量浓度要大很多;在发生化学反应的过程中,弱电解质电离平衡正向移动等。在问题解决的过程中,学会辨析题设条件的重点:是物质的量浓度,还是离子浓度;是由水电离的离子浓度,还是溶液中离子总浓度等。以"变式对比设问",能够促使学生自主思考、对比探究、深入学习。同时,教学中"变式对比"问题的设置,能够引导学生关注细节,有效完成思维训练。在学生易产生困惑之处、易错之处,以问题设置进行"变式对比",帮助学生在解决问题的过程中,不断对比、思索。

**教学设计反思:**在学习的过程中,"变式对比"往往能够引导学生深刻体会细节不同导致的结果不同,帮助其能够以敏锐的眼光、严密的思维进行深度思考,从而使思维训练的深刻性得以实现。高中化学教学中,对于学生易产生困惑之处和易错之处,以问题设置"变式对比",使学生在问题解决的过程中进行对比、思索,在深度思考中锻炼思维的深刻性,逐步形成思维方式和行为习惯。而缜密的思维、严谨的态度,不仅有利于学生高中阶段的学习,而且能使其终身受益。

### 5. 以辩证思想促进深度思考

在高中化学的学习中,辩证、全面地进行分析和认识,是以深度思考为前提的。这对于化学学科的整体认知,对于化学物质及其性质的了解,以及辩证思想的形成重要而有益。对于很多化学物质,我们不能过于大意,以致缺乏防范意识;也不能过于畏惧,以致产生片面认识。结合教学内容,以教学中的问题设置和问题解决,帮助学生在化学学习中进行全面思考,应是教师在高中化学教学中贯穿的思想和方法。

**示例 2 – 21**　$SO_2$

**教学设计前期分析**：对于 $SO_2$，学生印象深刻的是其为有毒气体，能够形成酸雨，造成环境污染，等等。类似地，对于苯、$Cl_2$、甲醛等很多化学物质，人们常过多地停留在负面认识中。例如，自来水苯超标，苯蒸气有毒，使得人们谈苯色变，而忘记了苯的出现成全了人类的很多梦想，忘记了苯是重要的化工原料，以苯为原料生产的药品、合成纤维、合成树脂、食品添加剂等，与我们的生活息息相关。同样地，谈到 $Cl_2$，就想到 $Cl_2$ 泄露造成的危险；谈到甲醛，就会想到房屋装修甲醛超标带来的危害。事实上，我们要认识化学物质使用不当带来的危害，同时，我们也要认识包括 $SO_2$、$Cl_2$、甲醛等在内的化学物质给人类的生产、生活带来的便利。在 $SO_2$ 的学习中，贯穿辩证思想，一分为二地看待问题，才是在深度思考中进行全面学习。

**问题式教学设计**：

从 $SO_2$ 有害的角度可设置问题：

问题 1：空气质量预报 $SO_2$ 含量吗？为什么？其中的化学原理是什么？

问题 2：实验室、大气中、硫酸厂尾气中的 $SO_2$，分别常用怎样的方法除去？为什么？

从 $SO_2$ 有益的角度可设置问题：

问题 1：葡萄酒中含有 $SO_2$，为什么？我们由此可知 $SO_2$ 的什么重要性质和用途？

问题 2：在化工生产中，$SO_2$ 还有什么重要用途？

总体设置问题：对于 $SO_2$ 等化学物质，我们应该怎样看待和使用？

**设计意图**：关注化学原理与生活实际的密切联系，是从化学视角去认识生活的深度学习。对 $SO_2$ 相关知识及原理的综合应用，需要学生思考和回顾 $SO_2$ 的重要化学反应，这也是锻炼学生思维，开阔学生视野，培养学生分析问题、解决问题能力的好方法。

**教学设计反思**：对于高中化学元素化合物知识等内容，需辩证地、一分为二地去学习和认识。而对于化学反应原理，同样需贯穿辩证的思想，进行深度思考和学习。

**示例2-22** $H_2O$ 的电离平衡

**教学设计前期分析:**化学反应原理的学习内容本来就抽象,深度思考在学习过程中更是不可或缺。当然,这些教学内容,也是实现思维训练深刻性的良好载体。教师在教学中,要善于发现,善于应用,以辩证、全面的视角完成知识体系的构建,帮助学生形成缜密思考的良好习惯。在 $H_2O$ 的电离学习中,对由水电离的 $c(H^+)$ 与溶液中 $c(H^+)$ 的关系要有清晰的认识,在加水稀释酸碱溶液过程中的变化等,很多时候需要辩证分析,避免思维定式。

**问题式教学设计:**

辨析 $c(H^+)$ 与 $c_水(H^+)$ 设问:

问题1:25 ℃,pH=2 的 HCl 溶液中,$c(H^+)$ 为多少? $c_水(H^+)$ 为多少? 分别如何分析? 二者之间的关系我们应该如何理解?

问题2:25 ℃,pH=2 的 HCl 溶液稀释 100 倍,pH 为多少? 此时溶液中 $c(H^+)$ 为多少? $c_水(H^+)$ 为多少?

问题3:通常情况下,酸溶液中的 $c(H^+)$ 应如何计算?

辩证分析 $c(H^+)$ 与 $c_水(H^+)$ 关系设问:

问题1:酸溶液中,酸电离的 $c(H^+)$ 一定大于 $c_水(H^+)$ 吗? 为什么?

问题2:请分析将 25 ℃,pH=5 的 HCl 溶液稀释 1000 倍时溶液的 pH,由此我们可得出什么结论?

**设计意图:**关于 $H_2O$ 的电离,核心问题之一是要明晰溶液中的 $c(H^+)$、$c(OH^-)$ 与 $c_水(H^+)$、$c_水(OH^-)$ 的关系。通常情况下,酸溶液中 $c(H^+)$ 主要是酸的电离,$H_2O$ 的电离往往可以忽略。但是,在学习的过程中,不可以形成"绝对化"的认识。事实上,在稀释的过程中,就存在着"有限稀释"与"无限稀释"的差异。辨析 $c(H^+)$ 与 $c_水(H^+)$ 的问题设置,可使学生通过具体的数据认识溶液中的 $c(H^+)$ 与 $c_水(H^+)$ 的关系,同时理解酸溶液的"有限稀释"。学习过程中,学生可能会认为酸溶液中酸电离的 $c(H^+)$ 一定大于 $c_水(H^+)$。如何引导学生辩证、全面地理解相关原理呢? 辩证分析 $c(H^+)$ 与 $c_水(H^+)$ 关系的教学设问,先提出问题,学生可能会心生疑问,产生认知冲突,从而增强学习过程中的探究性和思考性。再以"无限稀释"的具体数据,形成证据推理下的明确认知。

至此,对于酸溶液中的 $c(H^+)$ 与 $c_水(H^+)$ 形成完整的认识,避免产生认识误区。

**教学设计反思**:与上述过程相似,在高中化学反应原理的学习中,我们可以运用问题设置,引导学生从通常状况到特殊状况,辩证认识一般规律,进行深入学习,实现思维训练的深刻性。以问题式教学,促进学生深度思考,从而引发深度学习,从内在激发学生对化学的浓厚兴趣、学习化学的无尽热情;在化学学科知识和原理的学习中,贯穿素养提升,思维启迪,是高中化学教学的重要目标,也是其不断发展的动力源泉所在。

## (二)以深度思考帮助学生体验高中化学学习的真正乐趣

学习的真正乐趣,在于通过学习仿佛又打开了看世界的一扇新窗户。透过这扇窗,可用新的视角看到世界的另一面,新奇有趣,五彩缤纷;可以让世界的奥秘,以一种新的方式呈现于眼前,帮助我们更好地认识世界、发现世界,与世界和谐相处;可以让人们以更智慧和合理的方式,探索自然,改造世界。而化学能够帮助人们透过现象看本质,从多彩的宏观走向奇妙的微观,从繁华现世的期许进到未来的无穷变化。化学学科的学习内容、知识体系和研究方法,取决于学科特点,这也决定了学习的要求和深度。在化学的学习中,只有在宏观变化、实验现象等的基础上,进行深度学习与思考,才有可能探索微观奥秘、实质和深层原因。这样,才有可能帮助学生真正体会到化学学习的乐趣所在,感悟化学的内在魅力和吸引力。

### 1. 体验高中化学学习的探索之乐

在高中化学的学习中,化学学科以实验为基础的特色是鲜明的,而且是贯彻始终的。对于化学实验,教学中绝不能只是体验热闹、新奇等外在的乐趣,而是要认识到实验对于化学学习的重要作用,养成认真、仔细观察现象,深入、细致探究实验原理的好习惯。这样,才能促使学生进行深度思考,体验高中化学学习的探索之乐。而对于大多数学生而言,往往在学习过程中,特别是在高中化学学习的初始阶段,并没有深入研究的意识和行动。对于化学实验,很多学生在满足了对实验现象的好奇心之后,往往不会细细思索现象中隐含的原理和体现出的规律。因而,通过问题式教学,教师一方面要引导学生准确描述实验现象,另一方面,要引导其对实验现象进行深入分析和思考。对于化学实验,学生既要有观察的新奇之乐,更要有探索的收获之乐。

示例 2-23　$NH_3$ 的化学性质

**教学设计前期分析**：$NH_3$ 是极易溶于水的气体，是碱性气体，合成氨是对人类有着重要意义的反应……$NH_3$ 是高中化学中的一种重要物质，教学中常有非常有趣的实验，如"喷泉实验"、氨气的制取实验等。如分别蘸有浓氨水和浓盐酸的两根玻璃棒相互靠近，在玻璃棒之间产生大量白烟的实验，学生往往会感到十分新奇，兴趣盎然。对于这个实验，教师不能满足于学生由此知道：$NH_3 + HCl = NH_4Cl$ 及对应的现象，而应进行多角度的问题设置，引导学生进行独立思考，从而使其能够感受高中化学学习中真正的、内在的乐趣，即学习中的探索之乐。

**问题式教学设计**：

深入性质设问：

问题 1：一根玻璃棒蘸有浓氨水，另一根玻璃棒蘸有浓盐酸，相互靠近会产生怎样的现象？对应的是怎样的反应和性质？

问题 2：若将浓盐酸换为浓硝酸，有无类似的现象？换为浓硫酸呢？为什么？由此可知，实验中要想出现"白烟"现象，所用的酸应具有什么性质？

问题 3：若将 $NH_3$ 通入 $H_2SO_4$ 溶液中，有无反应发生？其反应实质是什么？

延伸应用设问：我们可用怎样的方法证明 $NH_3$ 是否收集满？请说明其原理。

**设计意图**：对于"深入性质设问"的解答，学生不仅要了解 $NH_3 + HCl = NH_4Cl$ 反应的发生，还要清楚"白烟"的成分以及酸的挥发性在这个实验中的作用。学生可通过对比，总结规律，加深对高沸点酸与低沸点酸的认识。针对可能的认识误区设问：一是，学生会认为 $NH_3$ 与 $H_2SO_4$ 溶液不反应；二是，哪些反应可用 $NH_3 + H^+ = NH_4^+$ 来表示反应的实质，以此强化对离子反应及离子方程式书写的认识。"延伸应用设问"是对学生课堂所获原理的应用，通过对这个问题的分析和解决，学生可认识到两根玻璃棒相互靠近产生白烟，亦是实验室检验 $NH_3$ 及验证 $NH_3$ 集满的方法之一，同时，可拓展至 $NH_3$ 的其他性质及气体的验证集满方法，形成比较完整的认知体系。

**教学设计反思**：以上的问题式教学，对于看似简单的化学实验，进行了深层次分析:由现象到原理和规律,再到应用。同时,对学生常见的认识误区进行了纠正。在学习过程中,由实验现象展开,启发学生进行深度思考和深度学习,使其对实验的认识不再仅停留于表层,而是进行深层次探索,进而帮助其体会到高中化学学习中真正的乐趣所在。

**2. 体验高中化学学习的顿悟之乐**

在学习的过程中,顿悟之乐是长时间的思索探究之后,才有可能产生的一种体验,是一种只有在持久努力之后,才能感受到的快乐。很多高中化学的学习内容,对于初学者而言,并非轻而易举就能达到应有的认知要求。甚至,也有可能出现学生苦苦思索后,依然是不甚明了的状况。因而,教师的启发和引导往往能发挥重要的作用。但是,值得我们注意的是,越是这种状况,教师越不能急于求成,代替学生思考,代替学生深入学习。而教师运用问题式教学,能够做到适度、恰如其分的指导。同时,学生在自主思考、解决问题的过程中,也能获得启迪,体验"顿悟"。

**示例 2 - 24**　CH₃COOH 与 NaOH 反应呈中性的学习

**教学设计前期分析**:盐类的水解相关学习内容,对于很多学生而言具有难度,特别是多种平衡体系,如电离平衡、水解平衡及水的电离平衡共存时,有关溶液的酸碱性判断、离子浓度大小分析等。学生常常苦苦思索,但不得要领。例如,以 CH₃COOH 与 NaOH 反应为例,恰好完全反应与反应后溶液恰好呈现中性是否相同? 它们之间是怎样的关系? 这是初学者常见的困惑之处。如何帮助学生厘清关系? 以教学中的问题设置,带领学生"剥茧抽丝",慢慢感悟,直至顿悟,使学生能够感受学习中收获的乐趣,逐步得到能力提升。

**问题式教学设计:**

引入设问:若 CH₃COOH 与 NaOH 溶液恰好完全反应,溶液中的溶质是什么? 溶液酸碱性如何? 为什么?

深入设问:

问题 1:溶质恰好为 CH₃COONa 时,溶液显碱性,则 CH₃COOH 与 NaOH 溶液反应;若 CH₃COOH 过量,溶液有无可能为中性? 为什么?

问题 2:CH₃COONa 与 CH₃COOH 共存的溶液可能显中性,此时 CH₃COOH

的量是怎样的？为什么？$CH_3COOH$ 起到了哪些作用？

问题 3：$CH_3COONa$ 与少量 $CH_3COOH$ 共存显中性的溶液中，离子浓度的大小关系是怎样的？如何理解？如何应用电荷守恒进行分析？

**类比应用设问：** 若 HCl 与 $NH_3 \cdot H_2O$ 溶液反应后显中性，请分析反应物量的关系，溶液中离子浓度由大到小如何排序。

**设计意图：** "引入设问"是整体问题解决的基础，可使学生认识到 $CH_3COOH$ 与 NaOH 的反应中恰好完全反应与恰好显中性是不同的。"深入设问"帮助学生认识 $CH_3COONa$ 水解与 $CH_3COOH$ 电离程度大小的可能状况，进一步思考 $CH_3COOH$ 量多量少的影响。例如，与 $CH_3COONa$ 共存的溶液中，若 $CH_3COOH$ 量较多时，溶液亦可能呈现酸性。同时，进一步明确在通常情况下，盐类的水解程度是比较小的。"$CH_3COOH$ 起到了哪些作用"设问的思考与解决，是分析此时溶液中离子浓度关系的关键。而电荷守恒方法的应用，也是教学中应渗透的重要教学思想。对同一个问题，多维度思考，多方法解决，有助于学生的思维训练和化学素养的提升。"类比应用设问"既是教学延续，又是思路和方法的进一步明晰，可引导学生举一反三，体会思路和方法在高中化学学习中的重要性。

**教学设计反思：** 要想让学生在问题解决的过程中顿悟，教学问题的设置就要相应地体现出层层递进的引导作用，要针对学生的困惑之处，精心设疑解惑，形成对一类问题分析、解决的思路和方法。对于学习难点，在学生无头绪、无思路和不理解之时，可应用教学设问带领学生慢慢梳理、细细对比，层层厘清关系，直至"顿悟"。在这个过程中，学生可以感受高中化学学习中真正的乐趣，能够在习得方法的同时，以更饱满的热情投入学习之中。

## （三）问题式教学与深度思考

问题式教学与高中化学学习中的深度思考密切联系，互为促进。对于很多教学内容，以恰当的问题呈现，在问题解决的过程中，能够自然引发学生的深度思考。而深度思考，又有利于学生在顺利解决问题的同时，发现新的问题，提出新的问题，解决新的问题，从而进行更深层次的学习。高中化学的教学和学习，在问题解决和深度思考的相辅相成中得以进行和完成，实现问题解决中的深入学习。这样的学习，学生在收获知识的同时，能够形成认真思考的习惯、发现问题的"眼睛"和丰富的心灵，能不断获取积极向上的动力和能力。

**1.问题的深度促进思考的深度**

在学习过程中,教师的教学设问引导学生思考的方向、内容和深度。深度思考必然对应相应的问题,因此,要想促成学生的深度思考,教师的教学设问也应有相应的精心安排。教学中,应充分研究学生的最近发展区,研读教材,发掘教学中深层的、具有思考价值的内容,并以恰当的问题进行呈现,使教学中的问题解决与深度思考能够自然融为一体。

**示例2-25** $NH_3$ 与 $Cl_2$ 的反应

**教学设计前期分析:**对于 $NH_3$ 与 $Cl_2$ 的反应,浅层次的学习中,学生只是了解了反应的发生、方程式的书写等,会很快遗忘。而以教学问题的设置,引导学生进行深度学习,则能帮助学生对反应中蕴含的原理、性质和用途等形成系统的认识。同时,能对学生掌握高中化学的学习方法进行潜移默化的指导,对学生的全面发展和未来进步具有促进和提升作用。

**问题式教学设计:**

基础引导设问:$NH_3$ 与 $Cl_2$ 在常温下反应,是因为它们的什么性质?请预测会生成什么物质,为什么?

深度思考设问:

问题1:请大家分析反应 $2NH_3 + 3Cl_2 = N_2 + 6HCl$ 发生之后,有无可能的后续反应?在什么情况下发生?为什么?

问题2:$NH_3$ 与 $Cl_2$ 反应,生成物有几种可能?分别是怎样的?

问题3:$NH_3$ 与 $Cl_2$ 的反应,可用来做什么?方法是怎样的?会有怎样的现象?

**设计意图:**高中对于化学反应的学习,往往以性质为出发点,以应用为落脚点。这样,教学内容不但有内在的逻辑关系,而且还富于探究性和创造力,能帮助学生开阔视野,进行思维品质的锻炼和提升,培养和强化学习能力,使学生在深度思考中有真正的进步。"基础引导设问"引导学生以 $NH_3$ 和 $Cl_2$ 各自的性质为学习出发点,预测产物,是对已有知识的回顾和应用。对化学反应从定性到定量的学习,也是加强学习过程中思维含量的常用方法。"深度思考设问"引入 $NH_3$ 和 $Cl_2$ 反应的定量分析,应用已学过的反应 $NH_3 + HCl = NH_4Cl$ 进行分析，使学生能认识到 $NH_3$ 和 $Cl_2$ 的反应与各自的量有关。而以教学设问继续引导具体的量化分析，学生自主进行思路和方法的构建，学习中的所思所获，适用于高中阶段同类问题的解决，可帮助学生形成深入学习的重要能力。教学设问延伸至 $NH_3$ 和 $Cl_2$ 反应的应用，从化学反应过渡至反应现象的分析，至此，在不断思考和逐步解决问题的基础上，对 $NH_3$ 和 $Cl_2$ 的反应形成了深度学习，形成了体系化、系统性的认识。

**教学设计反思**：以问题的深度促进学生思考的深度，教师在问题设置中要特别关注学生的最近发展区，努力做到教学设问与学习深度相匹配。教学设问深度的欠缺，不利于学生的积极探索；而教学设问过难、过深，学生难以通过自主学习和应用已有知识解决问题，则完全或大部分依赖于教师的点拨和启发，结果有可能造成学生实质上的被动学习，学习中的深度思考也无法实现。因此，教师对学生的了解，对教材的研究，对教学内容的解析、解读及教学问题的设置能力，就显得非常重要。因而，教师的学习和钻研，对于教学也是非常重要和必要的，我们只有持之以恒进行教学研究，日益提升教学能力，才能推动学生的深度学习。

**示例2-26** 氧化还原的"价态归中"规律

**教学设计前期分析**：氧化还原反应"价态归中"规律的学习，是从具体的反应入手的，如利用反应 $KClO_3 + 6HCl(浓) = KCl + 3Cl_2\uparrow + 3H_2O$，从规律的内容到应用，从氧化剂、还原剂、氧化产物和还原产物等的确定到量化分析，从个别到一般，再由一般进行扩展，问题的难度逐步提高，思考的深度也逐步增加，对原理的学习也能逐步深入和全面。

**问题式教学设计**：

铺垫设问：用双线桥法表示反应 $KClO_3 + 6HCl(浓) = KCl + 3Cl_2\uparrow + 3H_2O$ 的电子转移方向和数目。

探究原理设问：

问题1：反应中只有氯元素化合价升降，其反应前的高价态为 $+5$ 价，低价态为 $-1$ 价，生成物中氯元素价态应在反应前的高价与低价之间，则电子转移的方向和数目是怎样的？

问题2：什么是"价态归中"？在什么状况下应用？请从"互不换位"的角度说明其含义。

原理应用设问：

问题1：请以 $KClO_3 + 6HCl(浓) = KCl + 3Cl_2\uparrow + 3H_2O$ 为例，概括"归中反应"的特点。在该反应中，氧化产物与还原产物的量的关系是怎样的？应怎样进行分析？

问题2：硫元素的常见价态为 $-2$、$0$、$+4$、$+6$，请分析 $H_2S$ 与 $SO_2$ 反应，产物是什么？为什么？$H_2S$ 与浓 $H_2SO_4$ 在常温下的反应呢？遵循怎样的规律？

**设计意图**：氧化还原反应的"价态归中"规律，对初学者来说，学习和应用往往存在困难，只有经过深度思考，才能明晰规律的含义，学会规律的应用。因而，在围绕规律的学习中，教学设问的深度应逐步增加，引导学生逐步深入学习。"铺垫设问"能激发学生的认知冲突，在不了解"价态归中"规律时，学生往往得出反应中电子转移为 $6e^-$ 的结论。这个结论，符合电子转移守恒规律，表面合理，实则错误，能激起学生的好奇心和探究热情。"原理应用设问"以具体实例阐述"价态归中"的含义，在此基础上，由个例到一般，自然形成对"价态归中"规律的认识。而"原理应用设问"则是进一步的定量认知，侧重于学生问题解决方法的形成。以硫元素为例，在应用"价态归中"规律解决实际问题的基础上，加深和拓宽对规律的认识。每个教学设问的解决，都需要学生认真思考，全面分析，有效实现学习中的深度思考。从认知矛盾开始，到认知矛盾结束，对于氧化还原"归中反应"特点的分析，对"价态归中"规律的内涵及应用方法的学习，学生经过自主深度探究，都能获得深刻体会。

**教学设计反思**：教学问题的设置在层次递进的基础上，关注认知深度，注重方法的形成和应用，能够加强认知体系的构建。以问题的深度，促进思考的深度，在教学中得以充分体现，能够发挥对学生学习和成长的重要促进作用。

**2. 问题呈现有助于规律的发现和学习**

在高中化学教学中，对于规律的发现和学习，往往伴随着深度思考，而深度思考又对规律的发现和学习有着不可替代的推动和促成作用。所谓规律，主要是指事物之间内在的必然联系。其中的"内在"，意味着只有透过表象进行深层探究才有可能发现规律、学习规律和认知规律。而高中化学学习中的规律，同样有着"内在"这个特点,也是需要学生在深度学习中透过表层才能达到的认知。因而,以问题的方式呈现教学内容,能够自然促使学生深度思考,发现和学习化学规律。

**示例 2 - 27** **盐类水解的规律——谁强显谁性**

**教学设计前期分析:**盐类的水解基本规律之一是"谁强显谁性"。在教学过程中,学生能对这句话了然于心,也能够脱口而出。但是,需注意两个方面:一是对规律的学习,若是教师直接讲解,会缺乏思考性,学生也可能只是简单记住而已,对于学生探究意识、探究精神的形成和发展不利,也不利于学生探究能力的提高。二是对规律的深入认知,学生往往只知道"谁强显谁性",而对其中的原理缺乏深入的认识和理解。这样,在规律的应用过程中,遇到陌生度高、需要深入思考的问题,学生就可能束手无策,难以自主解决和正确处理。针对以上两个方面,教学中以问题设置,引导学生自主发现规律、深入思考规律的实质,在深刻、富于思考性的教学过程中达成深度学习,有利于学生素养的培育和积淀及能力的培养和提高。

**问题式教学设计:**

发现规律设问:

问题 1:从对应酸碱的角度分析 $NH_4Cl$、$Fe_2(SO_4)_3$ 有什么共同点。实验测得的相应溶液的 pH 又说明它们具有什么共同点?

问题 2:同样,$CH_3COONa$、$K_2CO_3$ 有哪些共同点?

问题 3:由以上分析可知,正盐溶液的酸碱性与其对应酸碱有何关系? 我们可以如何概括?

分析规律设问:

问题 1:"谁强显谁性",对于 $CH_3COONH_4$、$(NH_4)_2CO_3$ 这样的弱酸弱碱盐适用吗?

问题 2:已知相同条件下,$CH_3COOH$ 和 $NH_3 \cdot H_2O$ 电离常数几乎相等,请判断 $CH_3COONH_4$、$(NH_4)_2CO_3$ 水溶液的酸碱性。

问题 3:请从 $H_2O$ 的电离角度分析,$NH_4Cl$ 代表的强酸弱碱盐为什么显酸性? 是 $H_2O$ 电离的哪种离子全部留下来?

问题 4：$CH_3COONa$ 代表的强碱弱酸盐呢？对于 $(NH_4)_2CO_3$ 这样的弱酸弱碱盐，"谁强显谁性"又应如何理解？

**设计意图：**对于"谁强显谁性"这句话，大多数学生在"盐类的水解"学习中耳熟能详但又不求甚解。以问题引导学生自主发现规律，自主探究实质，学习过程更具内在吸引力和深入的思考性，可以帮助学生真正理解规律。"发现规律设问"以代表物质为研究对象，结合实验测定结果，学生可在分类寻找共同点的过程中初步发现规律。教学设问需要学生表述规律，实际上是引导学生明晰规律，是进一步的学习。而通过师生互动，将其简练概括为"谁强显谁性"，也是思维提升的过程。"分析规律设问"是对规律认识的拓宽，而学生运用已学电离常数进行 $CH_3COONH_4$、$(NH_4)_2CO_3$ 水溶液酸碱性判断的过程，是对"谁强显谁性"规律的应用，也是进一步的深入。以 $NH_4Cl$、$CH_3COONa$、$(NH_4)_2CO_3$ 为例，从盐类的水解实质认识为什么"谁强显谁性"，这个问题的解决，能够将学生从不求甚解、强记硬背的学习习惯和思维层次中解放出来，有益于学生的学习与未来的发展。

**教学设计反思：**高中化学对于基本规律的学习，从"是什么"的探究开始，到"为什么"的探索结束，学习过程中的问题引导，既有助于规律的发现和学习，也有利于学生的进步和成长。而教师对有关规律的教学，也要特别关注教学过程的思考性，关注学生对规律的自主发现、理解深度的强化以及应用规律解决问题的方法习得，实现规律教学中学生思考力等的加强。

**示例 2-28** **盐类水解的规律——越弱越水解**

**教学设计前期分析：**盐类水解的另一个重要的规律——"越弱越水解"，内容似乎不难，但应用其解决问题时，学生往往难以很快得出正确解答。究其原因，一方面是对规律内涵没有形成真正深入的认识；另一方面，是对酸、碱的相对强弱及其判断方法等以往所学知识的遗忘，造成了学习上的困难。另外，学生的信息提取及信息加工能力也有待加强和提高。很多时候，面对相关信息时，学生不明白其中的含义，不能将其与"越弱越水解"规律相联系，不会运用规律分析和解决问题，这也是造成学习困难的原因。因而，在规律教学中，需要了解学生真正的困难所在，有针对性地进行问题设置，使学生能在学习中思考规律的含义,学会规律应用的思路和方法,联系和运用已有知识解决问题。在探究和感悟中,达到知规律、用规律,提升问题解决能力。

**问题式教学设计:**

实例分析设问:

问题1:常温,浓度为 0.1 mol/L 的 NaClO 溶液,pH 为 10.3;0.1 mol/L CH₃COONa 溶液,pH 为 8.8,为什么? 如何理解"越弱越水解"?

问题2:以同温同浓度 NaClO 溶液与 CH₃COONa 溶液为例,谈谈为什么"越弱越水解"。

原理应用设问:

问题1:25 ℃,浓度均为 0.1 mol/L 的 CH₃COONa 溶液与 Na₂CO₃ 溶液,pH 的大小关系是怎样的? 如何分析? 实际上是在比较什么?

问题2:对比 CH₃COONa 溶液与 NaClO 溶液,NH₄Cl 溶液与 AlCl₃ 溶液两个组合,请谈谈应用"越弱越水解"规律分析溶液的 pH 大小关系时应先分析什么。

**设计意图:**对于"越弱越水解"规律的学习,学生的困难之一是无法迅速提取有用信息,在信息处理、加工的基础上,联系规律解决问题。因而,实例分析设问以问题的形式,呈现关于"越弱越水解"规律应用的常见信息,引发学生思考,激发探究热情,结合具体实例学习和体会"越弱越水解"。这样的教学,更容易引导学生主动思考,主动参与学习过程。同时,熟悉相关信息的呈现形式及内涵,初步学会以规律解决问题的方法。高中化学的学习中,学生若不能真正理解和认识规律的内涵与实质,就有可能生搬硬套,出现错误。教学设问引导学生结合具体物质,尝试表述为什么"越弱越水解",学生只有在真正理解的基础上,才能完成问题解决,而在问题解决的过程中,对于规律也能有进一步的认识。"原理应用设问"帮助学生在应用中厘清思路,体会和总结方法。针对学生在应用"越弱越水解"规律时常出现顾此失彼的状况,教学设问强化水解显碱性的盐,"越弱越水解"对应 pH 增大,而水解显酸性的盐则相反。对于初学者的易错点,引起重视,进行认知强化。问题引导"越弱越水解"规律的学习和应用,以问题的提出与分析解决,加深认识,提升能力。

**教学设计反思:**以问题呈现的方式,帮助学生进行化学规律的发现和学习,要特别关注问题设置的针对性。教师要清楚学生在认识和应用规律中的困难所在,有的放矢,进行教学问题的设置。通过问题的分析和解决,使得学生得以克服困难,熟练应用规律。

### 3.问题呈现达成探求本质的学习

本质的含义之一是指"根本性质,事物固有的内部联系"。本质,可使人们脱离具体的形象进行创新活动。因而,在高中化学的学习中,探究本质的学习,自然伴随深度思考和深度学习。

很多化学现象和规律,在探寻本质的学习中,我们能够发现它们之间内在的、不可分割的联系。而这些联系,可以帮助我们找到教学难点的切入点,明晰学习脉络,对于相对浅显的学习内容,也可以做到温故知新,对其进行有序拓宽与加深。针对高中化学学习本身的特点和要求,面对新课程理念下高中化学教学的育人目标,探求本质的学习是必要的,也是重要的。而在学习伊始,要求敏锐发现、认识本质,对于大多数学生而言存在困难。但是,教学中若只凭借教师阐释和讲解,学生只是被动接受,不利于学生能力的发展和提高。怎样做到教学中教师主导作用和学生主体地位的有机统一呢?学生能在主动思考、积极投入中探寻本质,获得多方面的长足进步和发展呢?教师以问题的发现,启发学生进行探索;以问题的提出,启示学生明确方向;以问题的解决,启迪学生敏锐思维。同时,能够锻炼学生深入分析的能力,养成学生勤于思考、乐于思考的习惯。因此,问题式教学是我们应多方探索和细致研究的教学思路和方式。

**示例 2 - 29** **化学平衡与速率的关系**

**教学设计前期分析:**化学平衡的学习,是高中化学的重点和难点。很多学生,在学习中难以理解化学平衡的含义和相关原理、规律。事实上,对于化学平衡的学习,若从其实质,即速率的角度进行学习,可达化抽象为直观、化难为易的教学和学习效果。教师在教学中,恰当设置问题,由浅入深,切入实质;学生在教学互动中,以问题解决感悟化学平衡的内涵,顺利展开对其原理和规律的学习。

**问题式教学设计:**

感悟实质设问:

问题1:以反应 $N_2(g) + 3H_2(g) \rightleftharpoons 2NH_3(g)$ 中的 $N_2$ 为研究对象,则 $v(正) > v(逆)$ 的含义是什么? 抵消后的"净"结果是什么? 以生成物 $NH_3$ 为研究对象呢?

问题2:若 $v(正) = v(逆)$,则对于 $N_2$ 而言,可能的"不变量"有哪些? 对于 $NH_3$ 呢? 对于 $H_2$ 呢?

理解概念设问:

问题1:请谈谈什么是化学平衡状态,其实质是什么?

问题2:"不再改变"与"相等"的含义相同吗? 请以反应 $N_2(g) + 3H_2(g) \rightleftharpoons 2NH_3(g)$ 中的 $N_2$ 与 $H_2$ 为例说明。

**设计意图:**对于化学平衡状态及其规律,学生初学时感觉困难,往往是因为内容抽象,而学习未能从实质上进行。因而,教学设问中须抓住两点:一是"具体化"。以具体反应"合成氨"为例,以反应中的具体物质为研究对象,化笼统为具体,使学生易于入手和学习。二是紧扣实质,从速率的角度认识化学平衡,可以化难为易。"感悟实质设问"是学习化学平衡内涵的铺垫,通过问题的设置与解决,可明确互为相反的两个过程的发生,理解"净"结果的含义。在此基础上,点明平衡的实质,同时锻炼学生的发散思维,对于 $N_2$、$H_2$、$NH_3$ 分别分析"不再改变"的种种含义,对于化学平衡状态形成具体、深刻而全面的认识。"理解概念设问"引导学生自主表述化学平衡状态的概念,对学习所获进行梳理,突出平衡的实质:$v(正) = v(逆)$。至此,学生能够对化学平衡状态形成深入认识。教学设问还针对学生常见误区,避免对"不再改变"和"相等"的含义混淆,以具体实例进行分析,易于学生辨析,明确认知。

**教学设计反思:**以问题呈现探求本质,教师对于教学问题的设置,应注重围绕核心,层层梳理。以具体化的方式呈现实质,深入浅出,使学生对抽象的学习内容,在探求本质的过程中,能够豁然开朗、清晰明了。

**示例2-30** **化学平衡移动与速率的关系**

**教学设计前期分析:**关于平衡移动,学生可能会出现不能真正理解的状况,对于平衡"正向"移动、平衡"逆向"移动、平衡"不移动"缺乏清晰的认识,在问题解决中往往出现错误。例如,未建立平衡就应用勒夏特列原理进行平衡移动分析等。究其原因,关键是对平衡移动缺少本质的、深层次的认识。事实上,对于平衡移动及相关原理,需要从速率的变化入手,即通过探究平衡移动本质进行学习。教学中,以问题设置引导学生从速率的角度分析平衡移动,能帮助学生认识其本质,明晰模糊认知,这样的学习深入且清晰。

**问题式教学设计:**

体现本质设问:

问题1:反应 $N_2(g) + 3H_2(g) \rightleftharpoons 2NH_3(g)$ 达平衡,以 $N_2$ 进行分析,加入铁触媒作催化剂,$v($正$)$ 与 $v($逆$)$ 发生改变吗? 怎么改变? 平衡是否发生移动? 为什么?

问题2:改变条件,速率如何变化平衡才会发生移动? 平衡移动的方向与速率有怎样的关系?

明晰认知设问:以反应 $N_2(g) + 3H_2(g) \rightleftharpoons 2NH_3(g)$ 中的 $N_2$ 为研究对象,请谈谈平衡"正向"移动能产生哪些变化。"逆向"移动呢? 平衡"不移动"呢?

**设计意图:**这组探究本质的教学问题设置,体现了"深入浅出"的教学思想,环环相扣,层层分析。以具体反应与物质为研究对象,能够降低学习内容的抽象程度,利于学生的自主分析与解答,能增强学生的信心,使其以持久的热情进行探究。"体现本质设问"回顾化学反应速率的相关原理,针对学生对"平衡不移动"与"速率不发生改变"常常不能明辨而设置。同时,明确平衡之所以发生移动,归因的落脚点应是速率的变化,平衡移动的方向是由 $v($正$)$ 与 $v($逆$)$ 的相对大小决定的。以此为基础,对于勒夏特列原理的学习与理解、平衡移动方向与速率相对大小的关系等内容进行深层次学习也能够水到渠成。"明晰认知设问"则是对平衡移动内涵的具体化阐述,是对学生所学知识的内化,同时,也可锻炼学生的发散思维能力。对于平衡移动的本质认识,可以帮助学生有条理地、自主地推进后续学习。

**教学设计反思:**高中化学中对本质的探求是一个追本溯源的过程。从本质上进行认识,可以帮助学生自然养成深度思考、深入学习的良好习惯,在日积月累的学习中,学生的思考能力、思维品质和自主学习能力能得到逐步提升,对于他们的未来发展和进步具有深远的影响。对于教师而言，以问题呈现引发学生对化学原理、理论的本质进行探究，是在用心研究教学内容的基础上，将自己的教学思想体现于教学设计和教学实施的具体途径。以此，为教学研究和教师提升教学能力提供思路和载体。很多教师，特别是青年教师和年轻学子，在思考教学问题设置等过程中，能够全面深入研究教学内容，熟知高中化学的学科体系，在此基础上教学能力得以日益精进，教学方法得到逐渐丰富，教学过程也变得精彩纷呈。

# 第三节　问题式教学的实效性

　　教学最终的落脚点是实效性。如何评价课堂教学是否具有实效性呢？着眼点不应在教师层面上。至今，还有很多教师认为，顺利完成教学计划，课堂中没有"磕磕绊绊"，就是成功的教学。因此，经常在比赛课或观摩课中，听到参赛教师与同伴之间这样的对话："怎么样？""挺好的！挺顺的……"。这些对话，反映出教师对教学实效性认识的片面和偏差。课堂教学的实效性，落脚点应在于学生的认真思考，即通过课堂教学，学生获得了什么？在化学学科知识的学习中，是否得到了核心素养的培育？是否得到了思维品质的训练与提升？是否在信息获取与加工能力、问题思考与解决能力等方面得到了强化与提高？学生的发展与进步，是我们分析课堂教学实效性时应重点思考的，也是我们在课堂教学中应努力践行和落实的方面。将问题式教学融于高中化学的课堂中，在富于思考性和探究性的过程中更好地完成化学学科知识的讲授，实现更多维度的育人目标，应是我们广大教师的具体追求。

## 一、培育学生的化学学科核心素养
### （一）培育化学学科核心素养的努力方向

　　高中化学新课标明确化学学科核心素养为"宏观辨识与微观探析""变化观念与平衡思想""证据推理与模型认知""实验探究与创新意识""科学态度与社会责任"，提出教学中要实现化学学科核心素养的培育。这意味着高中化学教学需从"知识与技能""过程与方法""情感态度与价值观"的三维教学目标，过渡到更为全面和具体的化学学科核心素养的培育。那么，作为高中化学教师，我们需要做什么？我们努力的方向应该是什么？

**1. 落实理念**

对于高中化学教学中学科核心素养培育的教学目标,在各种学习和交流中,大家的了解越来越全面,认识也越来越深入。同时,对于学科核心素养培育与三维教学目标之间的联系与区别,也有了比较清晰的认识。但是,由于教师自身能力素养等的差异、教学环境不同等客观原因,对于化学学科核心素养培育的教学目标,存在未能真正落实于教学实践的状况。有些教师,多年来形成了教育教学的习惯,遵循"根深蒂固"的教学方式和方法,如果没有强烈的教学改进意识,很容易自认为教学经验丰富,实质则是墨守成规,"吃老本,走老路"。因而,对于化学学科核心素养培育的教学目标,要想在教学理念上真正落实,在教学实施中真正融合,还需我们认真学习,深刻领会其意义。我们要充分地认识到,于国家而言,需要优秀的未来建设者和接班人,因而,我们培养的学生,要具备关键能力和必备品格;于学生个体而言,高中阶段的学习更需要获得促进其终身发展和进步的思维、能力和素养。因此,高中阶段的化学教学,不能是日复一日的简单重复,需要我们静心思考,清楚地认识到身上肩负的责任与重任。在教学中,潜心研究,不断提升自我,真正做好教学工作,既教书又育人,努力实现"为党育人,为国育才"的目标。结合教学实践不断进行学习、研究和反思,以内在动力和热情,将现代教学理念植根于教学思想深处,将化学学科核心素养的培育落实于课堂教学设计、实施的各个环节。

**2. 研究实施方法**

对于化学学科核心素养的培育,我们要学习其内容,领会其精神,更为重要的是,要将其实施于课堂教学中。对很多教师而言,以怎样的方法将新课程的育人目标真正落实于教学中,同样是需要静心思考、潜心研究的问题。对此,我们可以从哪些方面做起呢?具体来说,可研究不同的教学内容、不同的课型、不同的教学环节;研究教学设计的思想、教学实施的方式方法;研究课程资源的开发、课程资源的整合;研究教学情境的创设、教学活动的开展;研究课堂教学中的师生互动、生生互动;研究教学预设与课堂生成的关系;研究教学评价……总之,我们要充分认识到,仅有新课程的教学理念是不够的,我们要在理念的基础上研究方法,从教材、教师、学生等不同维度、不同层次上有序、细致、耐心地进行研究。在教学中研究,在研究中教学;在思考中获得,在获得中思考;在试验中改进,在改进中试验。以坚持不懈的对教学的深入思考,以持之以恒的对教学的不断打磨,点滴积累,丰富积淀,获得方法,这是我们教学的重要内容和职责所在。

### 3. 提升融合能力

我们倡导新课程的教学理念,研究各种各样的教学方法,以期将化学学科核心素养培育与高中化学的课堂教学做到真正的融合。但是,在教学实践中,往往存在着各种困难和各种各样的不尽如人意之处,细细思考发现,根源多在于教师能力的亟待提高。教师对化学学科知识和体系的构建能力、教学设计能力、课堂驾驭能力、教学评价能力和沟通能力等,都是影响和制约学科核心素养培育能否与课堂教学真正融合的因素。特别是在信息化的现代教学中,对教师能力的要求更多、更高、更全面,教师的各种能力,对教学效率、学生培育和教学实效性的影响更大、更深远。因而,身为教师,要清晰地认识到自身能力的不足和欠缺,特别是面对新课程的育人目标,教师各方面能力的迅速加强,是重要而且必须的。因此,用心学习,教学相长,不断强化与发展能力,需要每一位教师的努力,以此,为化学学科核心素养培育与高中化学课堂教学的有机融合提供有力的支撑。

## (二)不同内容的问题式教学中化学学科核心素养的培育

要想在高中化学课堂教学中实现对学生学科核心素养的培育,我们首先要有先进的教学理念、娴熟的教学方法、全面的教学能力。在此基础上,将问题式教学广泛运用于课堂,使教学理念能以恰当的教学实施得以充分体现、教学互动能够得到有效开展、教学过程富于思考性且宜于探究,利于学生的成长。在此过程中,教师需要精心设问,善于引导学生去解决问题。这就要求我们对教学倾注更多的心血,通过学习、思考与研究,进而使得教学能力日益精进。

高中化学的教学内容各有其特点和侧重点,设置与教学内容相呼应的问题,可充分发掘其内在的教学和育人价值,实现与学习内容、教学过程有机融合的核心素养培育。

### 1. 元素化合物教学

高中元素化合物教学中,贯穿学科核心素养培育,是由学习内容、学习过程本身的特点决定的,可谓其天然属性。众所周知,化学是以实验为基础的学科,特别是在高中元素化合物的学习中,有各种演示实验、学生实验和探究实验。透过丰富有趣、缤纷多彩的实验现象,学生需要知道什么呢? 那就是实验现象中蕴含的化学原理,自然地进行宏观辨识与微观探析。同时,教学中时时可以体会"变化观念""证据推理与模型认知"等。因此,很多时候,化学学科核心素养的培育是在高中课堂教学中自然形成和体现的,我们要做的是使其更加外显,使其在教学中得到更为充分、全面的体现,使学生能够通过感受、感悟进行内化。问题式教学,是教师易于实施、学生乐于参与,凸显元素化合物教学与化学学科核心素养培育相结合的重要方式。

**示例 2-31**  **碱金属的化学性质**

**教学设计前期分析:** 高中元素化合物教学内容丰富,因而,常采用这样的学习方法:学一种物质,推及一类物质;学习一个反应,推及一类反应。这一点,在有机化合物的学习中尤为明显和突出。换个角度,我们也可以视其为一种"模型认知"。在无机物的学习中,也应该多应用这种思路与方法。例如,学习碱金属,以 Na 为代表,找相似,认识递变;学习卤素,以 Cl 为代表,类比相似,比较不同和递变。由此及彼,举一反三,提高学习效率。性质的相似,是因为原子结构具有共同点,而递变,则是因为结构不同,这一过程自然体现出"宏观辨识与微观探析"。而从 Li→Cs,从 F→I 的变化,有结构的递变,相应地,也有单质物理性质的递变、化学性质的递变,也是"变化观念"的自然渗透等。而结构与相应化学反应的对应,亦是"证据推理"的体现和应用。由此,我们可以充分地认识到,化学学科核心素养的培育,在高中化学教学中是可以得以体现的。而问题式教学中不同问题的设置思路和形式,可以将核心素养培育与教学内容紧密结合。

**问题式教学设计:**

建构"模型"设问:请大家回想,Na 主要的化学性质是什么? 能发生哪些反应? 与 Na 原子的结构特点有什么关系?

宏微结合设问:

问题 1:碱金属原子结构的共同点是什么? 它们化学性质的共同点是什么?

问题2：以 Na 为参照，请谈谈碱金属共同的化学性质。具体的反应有哪些？

问题3：分析 Na、K 分别与 $H_2O$ 反应的现象，由此我们可以得出怎样的结论？如何从 Na、K 的结构分析其原因？

问题4：从 Li→Cs，碱金属原子结构的主要变化是怎样的？它们的化学性质发生了怎样的递变？为什么？用哪些实验事实可以说明？

**设计意图：**在碱金属化学性质教学中设置的"建构'模型'设问"，一方面是应用学生已学 Na 的相关知识为学生认识其他碱金属的化学性质提供"模型"；另一方面，则充分体现"宏微结合"的化学思想与素养培育。"宏微结合设问"，由 Na 的化学性质过渡到碱金属单质的化学性质，凸显结构的共同点决定了化学性质的共性，由此及彼，体会"结构决定性质"，自然而然地实现"宏微结合"。由实验现象入手，设置疑问，而得出的结论，又与 Na、K 原子结构的相似与不同相联系，从而使宏观与微观在学习中形成整体。同时，相关结论的得出来自"证据推理"的过程。之后的教学设问，主要侧重于"变化观念"——从结构的变化到化学性质的变化，以实验事实证明。通过教学问题的设置和解决，多维度培育学生的化学学科核心素养。

**教学设计反思：**从教学内容的体系入手，充分发掘隐性知识和内在的教育价值。以问题呈现的方式，将化学学科核心素养培育与教学内容有机结合，与教学过程融为一体，是我们在教学中应努力加以强化的。

### 示例2－32 $Cl_2$ 与 $H_2O$ 的反应（复习课）

**教学设计前期分析：**对于"变化观念与平衡思想"的核心素养培育，在可逆反应的化学平衡、弱电解质电离平衡、盐类的水解平衡、难溶电解质的溶解平衡等内容的教学中，常能得到充分体现和实现。同时，高中化学的很多内容，特别是在元素化合物教学中，对于化学反应的发生及原理的深入认识往往与平衡原理相关联，贯穿"变化观念与平衡思想"。例如，对 $N_2(g) + 3H_2(g) \rightleftharpoons 2NH_3(g)$，$2SO_2(g) + O_2(g) \rightleftharpoons 2SO_3(g)$ 反应的分析及其生产条件的选择，$Na + KCl \rightleftharpoons K + NaCl$ 的反应原理及其应用，如何从水的电离平衡的角度认识 $2Na + 2H_2O = 2NaOH + H_2$ 的反应实质等，不一而足。虽然高中化学的不同教学内容，与学科核心素养培育结合的角度、方式和方法等可能有所不同，但也不是截然分开的，而是相互渗透,形成有机整体。

**问题式教学设计:**

引入"平衡"设问:请认真思考,氯水中有哪些平衡体系,分别属于哪种平衡?

应用"平衡"设问:

问题1:从 $Cl_2 + H_2O \rightleftharpoons H^+ + Cl^- + HClO$ 分析,新制氯水中存在哪些离子? 请列举新制氯水能发生的常见反应。在反应的过程中,平衡体系发生了怎样的变化?

问题2:从 $Cl_2 + H_2O \rightleftharpoons H^+ + Cl^- + HClO$ 的平衡移动可知,可用哪类物质增强新制氯水的漂白能力?

问题3:新制氯水久置,可能发生的化学变化是什么? 氯水的 pH 将会如何变化? 氯水的氧化性呢? 为什么?

**设计意图:**在初步学习 $Cl_2$ 的化学性质及氯水的相关知识时,学生还未学习化学平衡的相关原理,因此,很难形成深刻认知。而在高三复习的过程中,可充分应用学生已有的关于平衡的相关知识和原理,使其对元素化合物性质及其反应再次进行深入学习。关于氯水的学习,可采用这样的方法和思路,对于很多化学反应的学习,都能与平衡原理相结合,换个角度学习和思考,更能做到深刻认知。将"变化观念与平衡思想"的核心素养培育渗透于元素化合物教学,有助于知识的应用、"联网"和体系化,更有利于学生将化学反应原理内化为问题解决的能力。同时,在化学学习中,联系与认识生活和生产实践,视野更为开阔,方法更为灵活多样,角度更为多维和立体化,有利于学生的未来发展与成长。关于氯水复习课的教学设问,"引入'平衡'设问"发散思维,引导学生全面分析氯水中的平衡体系,锻炼学生全面思考问题的能力,强化可能存在的认知薄弱之处。"应用'平衡'设问"通过分步设问,突出"宏微结合",从微观粒子和平衡移动的角度认识氯水中可能发生的化学反应,能够使复习课起到提升认知、深入本质、开阔思路的作用。教学设问还包含很多隐性知识,如酸性强弱的比较、反应规律的复习等,对这些隐性知识的挖掘能增强学生综合分析、解决问题的能力,以及体会"变化观念"、抓主要矛盾解决复杂问题的重要思想方法。

**教学设计反思:**结合 $Cl_2$ 与 $H_2O$ 的反应,在复习课中对相关问题的设置和分析，能够使我们清晰地认识到，在高中化学的学习中处处能体会到"平衡思想"。从平衡的角度来分析，往往可以从本质的层面上加深对化学反应的理解和对化学原理的认识。因此，化学学科核心素养培育与课堂教学的融合，是能够结合教学内容而自然实现的。教师需对教学内容细心揣摩，以教学问题恰当有效地加以引导与强化，通过各个教学环节以及教学的方方面面，点滴渗透对学科核心素养的培育。

**2. 化学反应原理教学**

相对抽象的化学反应原理的学习，结合相应的教学内容，通过对学生"证据推理与模型认知""宏观辨识与微观探析"等学科核心素养的培育，一方面可以化抽象为直观，帮助学生克服畏难情绪，增强学生学习自信心，在主动探究中顺利完成学习；另一方面，可以通过化学反应原理的学习，利用难点内隐的教学和育人价值，充分锻炼学生的逻辑思维能力及周密分析问题的能力，使学生养成在学习中进行深度思考的良好习惯。以这样的教学和学习，帮助学生既收获化学学科知识，更获得思维深刻性、敏捷性等品质的提升以及化学学科核心素养的形成与强化，使学生能够在学习中勇于克服困难，富于探索和创新精神，具有灵活多样的解决问题的思路和方法。总而言之，教师要认识到，越是难点内容的学习，越有利于学生的成长与进步。我们要做的事情，就是以恰当有效的引导，充分发掘学生的内在潜力，这对他们的未来成长和发展能起到推动和促进作用。而问题式教学，可使教学过程更具探索性，教学方法更有利于培养学生的思维能力，是我们在化学反应原理教学中，将化学学科核心素养培育落实于课堂教学中的重要教学思想和教学方式。

**示例 2-33** 氧化还原反应

**教学设计前期分析：**对于初学者而言，氧化还原反应的难点在于概念学习、实质理解和规律应用等。教师若直接讲解概念，学生对微观过程的理解全"凭空"想象，会造成学生被动接受的局面。学生被动地从文字中认识氧化还原反应、学习概念，难以将化合价升降与电子转移结合起来。而思维衔接的不足以及被动接受的状态，往往会为后续氧化还原反应的学习埋下隐患。通过学生熟悉的由化学反应 $Zn + H_2SO_4 = ZnSO_4 + H_2\uparrow$ 设计的原电池，结合教学问题设置，以"证据推理与模型认知"化抽象为形象，引导学生进行自主思考与探究，帮助其从本质上去认识、学习氧化还原反应，使其对于化合价升降与电子转移之间的关系能有深刻的认识，从而为后续学习打好认知基础。

**问题式教学设计：**

基础设问：$Zn + H_2SO_4 = ZnSO_4 + H_2\uparrow$ 反应中，元素化合价升降是怎样的？化合价升降的内在原因是什么？

模型认知设问：请大家观察原电池装置，电流计指针发生偏转是为什么？在铜电极上有大量气泡，又是为什么？

宏微结合设问：请结合实验现象，谈谈 Zn 的化合价为什么升高，H 的化合价为什么降低，并从电子的角度说说什么是氧化还原反应。

**设计意图：**"基础设问"是引入、设疑的问题，可引导学生初步感受氧化还原反应的基本特征：化合价升降。同时，化合价为什么升降的疑问，能促使他们积极、主动地思考。"模型认知设问"，让学生分析两个现象，即电流计指针偏转、铜电极 $H_2$ 的生成，可使学生直观认识到 Zn 与 $H_2SO_4$ 反应过程中的电子转移。而"宏微结合设问"指向明确：从电子转移的角度进行分析，引导学生从实质上认识氧化还原反应，认识化合价升降的原因。以"证据推理与模型认知"核心素养培育为内在目标的教学过程，避免对氧化还原反应概念及实质抽象烦琐的叙述和讲解，避免教学过程的"无凭无据"，以学生的直观体验促进对概念的形成和理解，对学生高中化学学习方法能有重要启示。

**教学设计反思：**利用高中化学相对抽象的教学内容进行学科核心素养培育，可将培育过程与教学内容有机结合。教师的教学思想和教学意识、对教学内容开发重组的能力、课堂驾驭能力、与学生交流沟通的能力、教学问题的设置能力等，都会影响学科核心素养培育在高中化学教学中的融合与落实。因此，我们要从提升自身的教学素养做起，加强化学学科核心素养的培育与化学教学内容的结合，以教学内容为依据和基础，在课堂教学中自然地实现新课程的育人目标。

**示例 2-34　原电池**

**教学设计前期分析：**原电池原理被广泛用于生产和生活实践，根据这一原理人们制造出了各类化学电源,如一次电池、二次电池、燃料电池等。而燃料电池,又分酸性电池、碱性电池、熔融盐燃料电池等,不一而足。如果教学中无方法可循,学生往往会忙于应对,顾此失彼,事倍功半。而将"证据推理与模型认知"等核心素养培育与教学内容相结合,学习中由此及彼,找实质、抓核心,有参照对象可模仿,有方法可遵循,则可事半功倍,化难为易,高效学习。

**问题式教学设计:**

"模型"建构设问:以锌铜原电池为例,请回顾原电池工作过程中电子的流动方向。如何从电子的流动方向确定负极与正极? 与化合价升降有何关系?

"模型"应用设问:

问题1:利用锌铜原电池的相关原理,类比分析二次电池(充电电池)。

问题2:在 $Pb + PbO_2 + 2H_2SO_4 \underset{充}{\overset{放}{\rightleftharpoons}} 2PbSO4 + 2H_2O$ 的反应中,何为负极? 何为正极? 判断方法是什么?

问题3:两个电极均为石墨,电池反应为 $CH_4 + 2O_2 + 2KOH = 2K_2CO_3 + 3H_2O$,分别通入 $CH_4$、$O_2$,哪者为负极? 哪者为正极? 以此为例,分析燃料电池中哪者为负极,为什么?

**设计意图:**"'模型'建构设问"以学生熟悉的铜锌原电池为例,构建认知模型:从电子流动的角度确定正负极,从化合价升降入手进行分析。在此基础上,"'模型'应用设问"起导向作用,促使学生应用学习所得对二次电池进行初步学习。教学设问进一步分析燃料电池,构建新的模型认知:通入燃料者为负极,探究原理,进行深度学习。在原电池的学习中,电极反应式的分析和书写是解决问题的基础,而正负极的判断是前提,学习中以化学学科核心素养培育为目标,以问题设置实现迁移,举一反三,从而完成有效学习。

**教学设计反思:**在高中化学的学习中,"证据推理与模型认知"等核心素养的培育,常与相对抽象的学习内容相结合。我们可以运用数据、实验等在推理中完成学习,这样的过程学生易学好懂,能帮助其内化素养、转化能力。在化学的发展历史中,模型认知帮助科学家们攻克难题,取得辉煌成就。例如,原子结构的发现,从道尔顿到卢瑟福等,各种假说、模型,精心设计的实验,智慧与毅力并存,孜孜以求、永无止境的探索精神,严谨的科学态度,严密的科学思维,都是我们教学中的宝贵财富。再如,曲曲折折的苯分子结构的发现过程,神奇有趣的传说,艰苦思考之后的顿悟,"凯库勒式"得出之后继往开来的真知探求,带给我们心灵的启示、精神的激励。化学的神奇与奥妙,决定了"证据推理与模型认知""实验探究与创新意识"等核心素养的培育,是蕴含于化学学习中不可分割的部分。我们要做到将其以各种方式、多样方法进行强化,以核心素养培育中富含的化学思想,使教学满足学生发展的需求,焕发化学学科应有的奇妙光彩。

### 3.化学实验教学

新课程理念中的化学实验教学,不能满足于学生按照既定方法和步骤,按部就班、亦步亦趋地完成实验,观察实验现象,完成对反应原理的验证等。更多时候,我们要关注实验教学中"实验探究与创新意识""科学态度与社会责任"等化学学科核心素养的培育。以问题设置等方法,通过学生自主进行实验方案的设计、实验方法的选择和优化、实验数据的获取和处理,促进学生对化学实验形成正确认识,真正体会化学是以实验为基础的学科,实验对于化学学习和发展有着的不可替代的重要作用。以此,引导学生重视化学实验,使其在实验学习中能做到认真耐心、严谨缜密、灵活创新,切实将实验教学与学科核心素养培育紧密结合。

**示例2－35**　$Al(OH)_3$ 的制备

**教学设计前期分析:**对于 $Al(OH)_3$ 制备方案的选择,按照教材已有的实验方案和步骤,学生只需"照方抓药",训练实验技巧,观察实验现象。而提供备选原料,让学生自主设计可能的方案,就需要学生运用已有知识,发散思维,全面思考与探究,并从实验操作、原料用量的角度进行比较,优化选择。这样的实验教学,有利于学生的知识应用,能增强学生的探究创新能力,培养学生的科学态度与社会责任。

**问题式教学设计:**

发散设问:以 Al、$H_2SO_4$ 溶液、NaOH 溶液为原料制备 $Al(OH)_3$,可能的途径有哪些?

对比分析设问:

问题 1: $Al \xrightarrow{H_2SO_4} Al^{3+} \xrightarrow{NaOH} Al(OH)_3 \downarrow$ ; $Al \xrightarrow{NaOH} AlO_2^- \xrightarrow{H_2SO_4} Al(OH)_3 \downarrow$ ;

$Al \xrightarrow{H_2SO_4} Al^{3+}$，$Al \xrightarrow{NaOH} AlO_2^-$，$Al^{3+} + 3AlO_2^- + 6H_2O = 4Al(OH)_3\downarrow$，从原料用量、实验操作等方面分析哪种方案最佳，并说明理由。

问题2：应用 $Al \xrightarrow{H_2SO_4} Al^{3+}$，$Al \xrightarrow{NaOH} AlO_2^-$，$Al^{3+} + 3AlO_2^- + 6H_2O = 4Al(OH)_3\downarrow$ 这一方案制备 $Al(OH)_3$，理论上分别与 $H_2SO_4$、$NaOH$ 反应的 Al 的质量比应为多少？如何分析？

延伸设问：实验室制备 $Al(OH)_3$，还有哪些常用方法？相关试剂如何选择？请分别说明理由。

**设计意图**：面对多种实验方案的优化选择，学生需要思考相应的方案在实际操作中存在的困难，体会理论与实践之间的"距离"，有助于他们科学态度的培养和形成。而制备 $Al(OH)_3$，还要考虑原料的用量，对于学生的知识应用也是一种导向，对于"社会责任"素养的培育，是意识启示、行动指南。"发散设问"中各种方案的设计，是对所学知识多方面的回顾和思维多角度的训练。"对比分析设问"指向性明确，学生易于入手，能够深入思考和探究。而后续的量化分析，学生体会和运用重要的化学思想——"守恒"。"延伸设问"开阔学生视野，拓宽学生思路，对于 $Al(OH)_3$ 的制备，多种可能的试剂选择和实验操作，能帮助学生形成相对完备的知识体系。

**教学设计反思**：实验教学是高中阶段化学教学的重要组成部分。教学中，既有关于物质性质的定性实验，也有"一定物质的量浓度溶液配制""酸碱中和滴定"等定量实验。我们要重视实验教学中学生基本技能的形成、实验素养的积淀与丰富，更要重视以教学内容为基础，以化学实验为核心的课程资源的开发与整合，通过富有探究性、思考性的教学问题设置与解决，使"实验探究与创新意识"等学科核心素养的培育落到实处。

## （三）不同课型的问题式教学中化学学科核心素养的培育

化学学科核心素养培育与不同的教学内容可以融为一体，而在不同课型中，我们也能以适合的方式与方法，落实学科核心素养的培育。高中化学常见课型有新授课、复习课、实验课等，各种课型的教学任务和教学目标各有不同，教学环节和流程亦存在差异。要想在不同课型中实现化学学科核心素养培育，教学问题设置的角度、梯度和目标指向都应有所不同，也更应与教学内容、学生的认知基础和认知能力,特别是育人目标紧密结合。

### 1. 新授课

新授课的教学内容对于学生而言陌生又新鲜,更富于吸引力。新授课的教学问题设置,应更多着眼于学生知识体系的构建,及与学生已有知识的广泛联系。通过"宏观辨识与微观探析""证据推理与模型认知"等学科核心素养的培育,学生能有知识收获,也能有方法习得和能力的形成与加强。基于新授课学生的认知基础和学习要求,教学问题的设置要有层次性,由易到难,梯度分布。教学设问要有内在吸引力,通过认知冲突的形成,激发学生的探究热情;要有广泛联系,需进行课程资源的开发与整合。问题设置与化学实验、日常生活、生产实践等密切联系,帮助学生对于化学反应、化学原理从现象到本质、从本质到应用、从应用回归原理等,形成完整的认知体系。对于学习内容,需多角度发散。例如,学习化学反应的同时,要联系其在化学实验和生活中的应用,寻找同类反应进行对比,探讨反应中重要的数量关系等。学习化学反应原理时,需联系化学发展历史,了解原理的发现历程,探讨原理在生产实践中的应用,进行相似原理间知识框架的分析对比,在对比中实现迁移等。新授课的问题式教学,重基础、重方法、重应用,突出学生的自主学习,帮助学生温故知新,学会举一反三,对学习内容进行深层挖掘,在教学的各个环节渗透学科核心素养的培育。

**示例 2-36** $Cl_2$ 的性质

**教学设计前期分析:**关于 $Cl_2$ 的物理性质学习,以教学问题的设置和解决逐步进行,而不是教师一一罗列,学生按"套路"逐条陈述颜色、状态、气味等,能够突出学生的自主性,强化学生的思考力和知识应用能力。核心素养包括学生学会学习,具备探索、求真等科学精神。而"宏观辨识与微观探析""证据推理与模型认知"等化学学科核心素养的培育,对于高中化学教学而言不能空有理念,而应将其与教学内容密切结合,落实于教学的各个环节和推进过程中。在元素化合物的新课学习中,物质的化学性质往往是学习的重点和难点,因此,更要充分发掘其内在的育人价值,以问题式教学充分实现对"宏微结合""证据推理""变化观念"等化学学科核心素养的培育。$Cl_2$ 的实验室制取,从原理、装置、除杂和收集等方面进行综合设问探究,对于学生"实验探究与创新意识""科学态度与社会责任"等核心素养的培育能起到积极的推动作用。

**问题式教学设计：**

任务一：$Cl_2$ 物理性质学习

联系实验设问：观察盛放 $Cl_2$ 的集气瓶，我们可知 $Cl_2$ 有哪些物理性质？新制饱和氯水呈浅黄绿色，请推测 $Cl_2$ 在水中的溶解性。

联系规律设问：盛放 $Cl_2$ 的集气瓶正放，可说明 $Cl_2$ 的什么性质？空气的平均摩尔质量为 29 g/mol，可应用什么规律判断 $Cl_2$ 的密度？

联系应用设问：

问题 1：若 $Cl_2$ 泄露，紧急疏散时人应跑向什么位置？

问题 2：液氯要储存在干燥的钢瓶中，与 $Cl_2$ 的哪些性质有关？

任务二：$Cl_2$ 化学性质学习

宏微结合设问：从 Cl 原子的结构分析，$Cl_2$ 主要的化学性质有哪些？为什么？

变化观念设问：$Cl_2$ 的强氧化性体现于哪些反应中？请分类列出。

证据推理设问：$Cl_2$ 的强氧化性，在 $Cl_2$ 和金属的反应中是如何体现的？请举例说明，并表述规律。

任务三：$Cl_2$ 的制备

探究设问：

问题 1：$Cl_2$ 的实验室制备原理常为 $Cl^- \rightarrow Cl \rightarrow Cl_2$。我们常以浓 HCl 提供 $Cl^-$，对应的反应物应具备什么性质？为什么通常不用更易获得的 NaCl 提供 $Cl^-$ 呢？

问题 2：我们常以反应 $MnO_2 + 4HCl(浓) = MnCl_2 + Cl_2\uparrow + 2H_2O$ 在实验室制备 $Cl_2$，请思考：若要得到纯净、干燥的 $Cl_2$，需除去哪些杂质气体？如何除去？请列出所需试剂，然后排序。

强化"意识"设问：若用排空气法收集，$Cl_2$ 的收集装置与 $CO_2$ 相同吗？为什么？$Cl_2$ 与 $CO_2$ 哪者需要尾气吸收装置？为什么？通常是怎样的装置？

**设计意图：** 任务一，"联系实验设问"直观呈现，学生可多角度描述，印象深刻。"联系规律设问"多用证据推理：盛放气体的集气瓶"正"放，说明气体密度大于空气密度，进一步应用阿伏伽德罗定律推论进行分析，回顾气体密度的常用判断方法,建立认知模型。由直观现象到数据分析,学生在思考和判断中,获得多方面进步。"联系应用设问"是在观察现象和了解事实的基础上反推 $Cl_2$ 的相关性质的思维训练。以上对于 $Cl_2$ 的学习,学生通过观察、推理和辨析,使化学学科核心素养培育落实于课堂之中。

任务二,"宏微结合设问"从 $Cl$ 原子的微观结构分析到 $Cl_2$ 化学性质的整体认识,体现"结构决定性质"的化学大概念的学习。问题设置指向性明确,利于学生思考,自主解决问题。"变化观念设问"从氧化还原反应发生的普遍规律构建 $Cl_2$ 化学性质的认知体系,在认知体系构建的基础上进行具体学习,脉络清晰,思维有序,避免学习过程中出现不利于学生真正成长的单纯记忆。"证据推理设问"体现的是"实验探究"基础上的"证据推理",同时也是"宏微结合"。从 $Cl$ 原子结构的微观分析,推测出 $Cl_2$ 具有强氧化性,辅之以宏观实验事实的证明,形成了完整的、规律性的认识。问题引导下的 $Cl_2$ 化学性质的学习,贯穿了化学大概念——"结构决定性质",落实了核心素养的培育。学习过程中潜移默化的积极影响,能够引导学生学会学习、认真探究。而这些良好素养的形成,也能对学生的整体学习和未来发展产生持续的促进作用。

任务三,"探究设问"是对 $Cl_2$ 的实验室制备原理的探究学习,不仅要求学生知道教材介绍的常用方法 $MnO_2 + 4HCl(浓) = MnCl_2 + Cl_2\uparrow + 2H_2O$,还要从氧化还原的视角形成总体认识。从学生可能忽视的角度继续设问,以加强对氧化还原规律的认识。教学设问针对学生的认知基础进行分解,提供解决问题的思路和梯度,使学生易于参与问题解决。"强化'意识'设问"以 $Cl_2$ 与 $CO_2$ 的对比,找异同,强化实验或生产实践中的尾气处理意识,使学生在学习化学原理的同时,受到"科学态度与社会责任"核心素养的培育。

**教学设计反思:** 在高中元素化合物的学习中,对于物质物理性质的学习,往往重视程度不够,教师常以直接讲述的方式一带而过,而学生也只是单纯记住颜色、状态、气味等物理性质。教学只是学生单纯识记和记忆的过程,显然不利于学生的发展和成长。在新授课中,对于类似物理性质的相对简单的学习内容,要充分体现"浅者深入"的教学思想,以教学问题设置联系学生已有知识,重视应用和迁移,加强对学生观察和分析等能力的培养。以这样的方法,"证据推理与模型认知""宏观辨识与微观探析"等核心素养培育,也能够在浅显教学内容的深度发掘中得以实现和强化。

在高中化学的新课学习中，特别是在元素化合物的教学中，物质的化学性质是重要的学习内容，对整个高中的化学学习具有重要影响。简言之，化学性质、化学反应是高中化学学习的基础。因此，教学中很多教师会对其进行详细的讲解，逐条罗列，逐一分析，不厌其烦。而学生常常忙于记笔记，一个个反应，一条条规律，在笔记本上写得满满当当。但是，这样的教学，往往是徒增学生记忆重负，事倍功半。学生遇到问题时，可能依然束手无策，不能应用所学知识自主解决问题。核心素养的育人目标，决定了对于化学性质等难度高、容量大而又重要的学习内容，我们更要注重学科思想的渗透、知识体系的构建。相信，在教学问题的引导下，在教师的指导中，学生能够学得轻松而丰实。

学生对相关原理的学习，是通过积极的自主探究完成的，而不是单纯依靠教师讲解和强记硬背。问题的设置具有一定的发散性，有利于教学互动过程中，教师及时发现学生可能的认知误区，并及时改进。同时，问题设置的方式，也能帮助学生建立解决同类问题的思维模式。

在新授课中，我们要认识到不同教学内容，虽各有其特点，但都从不同层面上与核心素养培育有着内在关联，应以问题式教学加强对化学学科核心素养的培育。我们要善于发现，善于发掘，善于以恰当的呈现方式，实现不同教学内容与核心素养培育的联系。同时，我们也要关注新授课的特点，以教学设问的层次性、梯度性、指向性等，帮助学生主动参与问题解决过程，使学生能够在学习中进行自主发现与探究，强化"宏微结合""证据推理""创新意识""科学态度"等核心素养的形成。新授课的学习内容，要成为为学生"打开一扇窗，推开一道门"，认识新世界的通道。教学中，要伴随学生思考能力的不断加强适当设置问题，要充分利用学生对教学内容的期待和渴望，使教学过程成为探索之旅、成长之旅。

## 2. 复习课

复习课的特点是容量大、综合性强，同时，教学过程容易变成新授课的重复。因此，对于复习课，我们要以教学内容和教学目标为依据，突出更多的知识体系的自主构建、更高层次的思维训练，强化学科核心素养的培育。同时，要凸显问题设置的高度、深度和广度，通过学生对知识的应用，完成对化学原理的复习、巩固和升华,而不是把新授课所学内容——列举、重复记忆。

**示例 2 - 37** $SO_2$ 的复习课

**教学设计前期分析**:复习课与新授课的问题式教学存在较大差异。复习课的教学问题设置,更注重学生知识应用能力的培养、综合能力的加强和思维训练的强化。因而,所设置的问题在难度、深度和跨度等方面都应比新授课有所提高。复习课的教学内容和教学目标的特点,决定了其对学科核心素养培育的重要作用。复习课教学容量大、综合性强,是在已学基础上的回顾与提高。因此,借助复习课与新授课的不同之处,对于"证据推理与模型认知""实验探究与创新意识""科学态度与社会责任"等核心素养的培育,以问题式教学容易得到实现与强化。

**问题式教学设计**:

任务一:$SO_2$ 物理性质的复习

实验探究设问:

问题1:若在胶头滴管中盛放水,我们能够以 $SO_2$ 完成"喷泉实验"吗? 为什么?

问题2:用倒置的干燥烧瓶收集 $SO_2$ 气体,进气的导气管接近烧瓶底部,而出气的导气管则相反,可否? 为什么? 应如何改进?

问题3:从理论上讲,$CO_2$ 与 $SO_2$ 气体能否用闻气味的方法鉴别? 为什么?

回顾对比设问:$SO_2$、$Cl_2$、$NH_3$ 在物理性质方面有哪些共同点?

任务二:$SO_2$ 化学性质的复习

总设问:实验室尾气处理、空气污染治理、硫酸厂尾气处理等不同情况下,常分别采用怎样的方法除 $SO_2$?

分组设问1:关于 $SO_2$ 酸性的复习

问题1:实验室尾气中的 $SO_2$,常用 NaOH 溶液除去,是利用了 $SO_2$ 的哪一性质? 请写出 NaOH 足量和 NaOH 不足时分别对应的离子方程式。

问题2:$SO_2$ 主要的污染来源是什么?"钙基固硫"与 $SO_2$ 的哪些性质相关? 请写出可能发生的化学反应方程式。

问题3:能否用澄清石灰水鉴别 $SO_2$ 与 $CO_2$? 为什么? 请写出 $SO_2$ 通入澄

清石灰水至过量分步的化学反应方程式。

分组设问2：关于$SO_2$还原性的复习

问题1：利用$SO_2$的还原性，常用哪种试剂除去$CO_2$气体中的$SO_2$？请写出$SO_2$与酸性$KMnO_4$反应的离子方程式，$SO_2$与$X_2$反应的化学方程式。

问题2：$SO_2$用于工业制硫酸，对应的化学反应方程式如何书写？硫酸厂尾气中的$SO_2$常用氨水除去，目的是什么？请分析相应的化学反应。

问题3：将$SO_2$通入$FeCl_3$和$BaCl_2$的混合溶液中，有什么现象？请写出对应的离子方程式。

问题4：请回顾$SO_2$分别与$Na_2O_2$、$H_2O_2$反应的化学方程式如何书写，梳理体现$SO_2$还原性的常见反应。

分组设问3：关于$SO_2$漂白性的复习

问题1：$SO_2$使酸性$KMnO_4$溶液、品红溶液、滴有酚酞的$NaOH$溶液褪色，分别体现了$SO_2$的什么性质？其中，哪者是漂白性的体现？

问题2：$SO_2$、$Cl_2$分别通入品红试液、紫色石蕊溶液，现象是怎样的？请比较现象的异同，并分析原因。

问题3：$SO_2$和$Cl_2$共同通入，漂白能力增强还是减弱？为什么？在什么状况下漂白能力消失？如何操作可实现？

回顾小结设问：请回顾实验室、工业制硫酸、"钙基固硫"除去$SO_2$的相应原理和方法。除去大气中的$SO_2$还有哪些方法？请从理论上分析相应方法的优点。

**设计意图**：与新授课相同，元素化合物复习课，化学性质依然是重点，内容繁杂，在问题式教学中，需脉络清晰、层次递进。对于$SO_2$化学性质的复习，还是应更多着眼于知识的应用，依据"总—分—总"的形式进行问题设置。

"总设问"以对不同情况下除去$SO_2$的相应方法的回顾，从总体上形成框架性的认识；而分组设问分别对应$SO_2$的酸性、还原性和漂白性三个方面的重要性质、原理和应用。

"实验探究设问"是从"喷泉实验"的角度，强化对$SO_2$水溶性的认识，对比教师直接讲解，更能加强对学生核心素养的培育。更进一步的实验探究，通过对问题的解答，一方面复习了$SO_2$的密度，一方面对高中化学气体收集方法进行了分析,对此亦可理解为实验探究基础上的"模型认知"。对 $SO_2$ 气味的复习,也是以教学问题设置与解决来完成的,借以增强教学过程的思考性。而回顾对比设问可引导学生发散思维,从不同的角度加以对比,对于 $SO_2$ 物理性质的复习则更为全面。在复习课中,类似于对 $SO_2$ 物理性质的复习,"平铺直叙"地罗列很可能与新授课雷同或重复,增加学生的记忆负担,降低学生的学习热情,也不利于学生核心素养的培育。而复习课的问题式教学,能体现出对学生思维、知识应用能力等方面的训练与强化,能充分利用复习课综合性强的特点,实现教学内容在深度、广度等方面的跨越及对核心素养培育的加强。

关于 $SO_2$ 酸性的分组设问,难易结合,从量化的角度对离子方程式书写进行了强化;以生活实际中的应用为背景,凸显对"科学态度与社会责任"素养的培育;以常见的实验问题,突出了探究能力的加强。

关于 $SO_2$ 还原性的学习,以实验探究为核心,关注化学原理在实验、化工生产等方面的应用,强化学科知识理解的深度;将探究意识的加强、思考能力的强化、"科学态度与社会责任"核心素养的培育融合于教学过程中;以常见的"除去 $CO_2$ 气体中的 $SO_2$ 气体"设问,引发学生从多角度进行分析;将化工生产中的重要反应和尾气处理结合起来,形成全面、辩证和综合的认识;以实验为核心,使得学生知识应用能力、思维能力、化学核心素养得以提升;帮助学生自主梳理,对 $SO_2$ 的还原性形成完整的认知体系。

关于 $SO_2$ 漂白性的分组设问,以实验现象与化学原理相联系,将"宏微结合""变化观念""科学态度"等核心素养的培育自然渗透于教学过程。以综合性设问帮助学生厘清原理,避免认知误区;而 $SO_2$ 与 $Cl_2$ 的对比实验探究,则充分体现了复习课的综合性和提升作用;从原理分析、量化分析到实验操作分析,达成了对学习内容的体系化学习。

"回顾小结设问"既是对"总设问"的回应、梳理与升华,又能促使学生主动拓宽视野。

**教学设计反思**:复习课中的教学设问,更多关注知识的应用。学生所学原理与化学实验、日常生活和生产实践的应用相结合,并以此为基础和中心,增强教学设问的探究性,增强学习过程的思考性。通过解决问题,以及对所学知识的应用,在思维得到锻炼的同时,也能使学生加深理解、强化能力。

$SO_2$ 的化学性质，内容广、反应多，涵盖化学实验探究、化工生产原理和日常生活实际。因此，在复习课中，以问题式教学开发课程资源，整合课程资源，在引导学生探究、巩固化学原理的同时，强化核心素养的培育。在教学中，加强学生应用化学知识自主分析、解决问题的能力，拓宽视野，升华对"化学"的认识，为学生高中阶段的学习和未来发展提供更多的思想、方法和路径。

对于学生在高中阶段的化学学习和学科核心素养的培育，基础原理的学习、基本方法的习得和应用都是必不可少的"基石"。因此，即使是综合性的复习课，同样要重视和关注基础。对于学生各种能力的训练和培养，对于化学学科核心素养的培育，离开了基础，就会成为"无源之水，无本之木"。因此，在复习课的问题式教学中，教学问题的设置同样要着眼于基础，自始至终渗透根本，不能忽视学生对化学反应的熟悉，对重要反应方程式的书写及方法的训练。回归本源，立足根本，高中化学教学中的学科核心素养培育方能落在实处，真正实现于课堂教学。

**3. 实验课**

化学以实验为基础的学科特点，一方面决定了化学实验在教学中的重要地位和不可或缺的重要作用；另一方面，结合化学实验进行问题式教学，融合和加强学科核心素养培育，自然也成为重要的途径。实验课因其本身具有的直观探究性，使学生的主动参与性强、学习热情高，在课堂上积极活跃，这是有利于教学的方面。但是，因为实验课的教学组织形式有其特点和特殊性，学生在课堂中往往比较放松，教学容易停留在表面的热闹和喧哗之中，缺乏深层的探索和思考，容易减弱实验课应有的探究深度及科学性、严密性。有些学生仅仅觉得化学实验好玩、有趣，或实验课自由、热闹，而没有认识到实验教学真正的作用和意义所在，结果是不利于"实验探究与创新意识""科学态度与社会责任"等核心素养的培育和形成。因此，在实验课中，教师要特别关注以问题式教学引导学生在亲历实验的过程中，对实验原理、实验中蕴含的化学知识进行深层次的学习、思考和探究，从而有效地实现课堂中学科核心素养的培育。

**示例 2-38** 中和反应反应热的测定

**教学设计前期分析：**中和反应反应热（中和热）的测定，是高中重要的定量实验。在这之前,学习了"配制一定物质的量浓度的溶液",此后,要继续学习酸碱中和滴定。因此,中和反应反应热的测定,要帮助学生形成对定量实验准确性的重视,对此可从实验原理、装置、数据处理及误差分析等方面围绕准确性进行分析和学习。实验中的所思、所得和所获,对于后续定量实验的学习和问题处理有着重要的方法指导和思路借鉴意义。因此,在中和反应反应热测定的实验学习中,应特别重视定量实验的方法探讨,以此形成对定量实验整体性的认识。

**问题式教学设计:**

实验原理设问:

问题1:以 50 mL 0.50 mol/L HCl 溶液与 50 mL 0.55 mol/L NaOH 溶液反应,测量中和反应反应热的数值。

问题2:$\Delta H = -Q/n(H_2O)\,kJ/mol$,$Q = cm\Delta t$,$c$、$m$ 的数值可如何确定? 为什么? 分别为多少?

问题3:$\Delta t = t_2 - t_1$,$t_2$ 指的是混合后的最高温度,"最高"的含义是什么? 实验过程中如何确定"最高"? $t_1$ 指的是初始温度,$t_1 = [t(HCl) + t(NaOH)]/2$。为什么要这样确定? 为什么可以这样确定?

问题4:按照实验提供的数据,$n(H_2O)$ 可如何计算? 其数值为多少? NaOH 为什么要过量?

问题5:如果将 HCl 溶液和 NaOH 溶液均变为 80 mL,是否影响中和反应反应热(中和热 $\Delta H$)的数值? 为什么?

问题6:以 HCl 溶液和 NaOH 溶液各为 50 mL 为例,写出 $\Delta H$ 具体的计算式,从单位的角度来看应注意什么?

实验装置设问:

问题1:依据实验原理,酸碱中和反应反应热的测定,实验装置应关注的核心是什么?

问题2:请大家观察常用的装置,分析哪些措施能防止实验过程中的热量散失。

问题3:我们可用哪种常见的生活用品来完成实验? 为什么?

问题4:环形玻璃搅拌棒能起到什么作用? 其位置是怎样的? 能换成金属

搅拌棒吗? 为什么?

实验操作设问:

问题1:测量 HCl 溶液温度之后温度计应做怎样的处理? 为什么?

问题2:小烧杯中加入 HCl 溶液后,NaOH 溶液应如何加入? 为什么?

问题3:为了保证反应充分完成,应进行什么操作? 如何操作?

问题4:为了消除偶然误差,应进行怎样的操作?

数据处理及误差分析设问:

问题1:求中和热 $\Delta H$ 的平均值,应求哪些数据的平均值? 具体的方法是怎样的? 应舍去什么数据?

问题2:进行误差分析时,误差是针对什么而言的? 是从分析什么数据入手的?

问题3:若实验中 NaOH 溶液未过量,会造成怎样的误差?

问题4:若测 NaOH 溶液温度前未用蒸馏水洗涤温度计,会造成怎样的误差?

问题5:若将环形玻璃搅拌棒换成金属搅拌棒,会造成怎样的误差?

问题6:若 NaOH 溶液不是一次性加入,会造成怎样的误差?

**设计意图:**定量实验的核心是准确性,因此对实验原理的分析,可围绕数据进行设问。在此过程中,渗透对"宏微结合""模型认知""实验探究与创新意识""科学态度"等学科核心素养的培育。实验课具有的探究性,使得学生的参与热情高,有利于落实对学科核心素养的培育。以问题式教学引导学生进行深层次思考,更有利于强化"证据推理与模型认知""实验探究与创新意识"等素养。定量实验的数据处理和误差分析,能够强化学生的科学态度等核心素养。

在实验原理设问中,引导学生初步体会实验原理和 $c$、$m$ 数值的确定及其依据;对于具体的实验测定值,如 $t_2$、$t_1$ 的含义及其测定,从原理上及数据的获得上进行剖析,使得学生可对实验如何做、为什么要这样做有所了解。至此,学生可以对整个实验设计的依据及实验方法、步骤等,从总体上有较为清晰的认识;教学设问帮助学生加深对中和反应反应热概念的理解,同时对实验原理的认识进行拓展;数据处理练习,可对学生常出现的失误进行强化训练。对于定量实验原理的学习,围绕实验测量值以及实验中所需数据进行问题设置,可谓抓住了

"定量"的核心。以"数据"为核心逐一进行学习与分析，直至学生对原理有清晰明了的认识，可为后续的实验操作、误差分析等的学习打好基础。

在实验装置设问中，以问题引导对中和反应反应热的测定原理进行深入探讨，为进一步研究实验装置打好基础。因此，这部分的教学问题设置主要起到引导学生形成自主认识的作用。在设问中构建学生对实验装置的总体认识，引导学生从观察、分析的角度进行学习，在常见装置的基础上，灵活创新，增强以生活用品为基础开展实验的意识和能力，对于学生的高中化学学习非常有利。特别是对化学具有浓厚兴趣的学生，对他们自主、创新地完成实验探究和学习，是思路和方法的启示。学生的观察能力和思考能力，对于学生的化学学习，以及整个高中阶段的学习，都是非常重要的。教学设问从细节入手，引导学生从"是什么"到"为什么"进行分析和思考，学习细致入微，探究有序深入，有利于学生的能力发展和素养提升。

在实验操作设问中，为了保证实验的准确性，通过教学问题设置，使得学生在学习过程中更多地思考"为什么要这样做"，促进深入学习，渗透对科学态度等核心素养的培育。教学设问针对学生容易忽视的操作，进一步引起学生对定量实验准确性的重视；与酸碱中和滴定等实验操作形成对比，可使学生认识到实验操作与实验要求的对应性；实验装置中环形玻璃搅拌棒的作用和操作，对应实验数据"最高温度"需满足的条件之一，即反应充分地进行。对实验从原理到装置，再到实验操作，构建联系性的整体认识；对确保定量实验准确性而采用的共同方法，形成共性认识。教学问题的设置，引导学生学习"怎样做"，同时探究"为什么要这样做"。明确原理基础上的实验操作，引起学生重视，引导学生顺利完成实验。

在数据处理及误差分析设问中，初学时，学生在认识方面常有误区，对于具体的分析思路和方法也往往模糊不清。通过教学问题设置，澄清认知，明确方法，是非常重要的。数据处理及误差分析设问针对学生认识模糊之处，帮助学生了解"可疑"数据的存在及处理方法，形成实验数据处理的共性认识。高中阶段，误差分析也是常见的、重要的学习和考查内容，通过教学问题的设置和解决，帮助学生明确误差是针对实验结果而言的，掌握从实验数据入手进行分析的基本思路，对定量实验形成基本认知。

**教学设计反思**:学科核心素养的培育,与学科知识、实验原理的学习融为一体,有步骤、有方法,层层深入。对于定量实验原理的深入学习、教学问题的设置,可采用由点到面、由分到总的思路和方法,即从实验测定值、实验数据入手,逐一突破,最终形成总体性、框架性和系统化的认识。在这个过程中,注重以问题引导学生自主思考、深度学习。对"证据推理与模型认知""实验探究与创新意识"等学科核心素养的培育,以教师相应的教学思想、精心的教学设计和恰当的教学实施,得以积淀和丰富,逐步实现于课堂教学中。

在实验课中,特别是在定量实验,如高中阶段的"配制一定物质的量浓度的溶液""中和反应反应热的测定""酸碱中和滴定"的学习中,对于实验装置的学习和探究是重要环节。基于学科核心素养的培育,教学问题设置在实验认知方面要加以重视和强化。例如,要形成对定量实验整体性和系统性的认识:实验的最终目的是什么? 围绕实验目的进行分析可知,实验测定值是什么? 如何测定? 实验误差是针对什么数据的? 分析的方法和落脚点是什么? 如何从实验装置和实验操作等方面减小误差? 又如,从酸碱中和反应反应热的实验推及酸碱中和滴定实验,学生可以体会定量实验的共同之处。例如,为什么要进行平行实验? 什么是平行实验? 数据处理如何求平均值? 什么是"可疑"数据? 对于可疑数据如何处理? 这些思路和方法的习得,是高中学习的需要,也是学生未来发展的需要。从酸碱中和滴定迁移至氧化还原滴定、配位滴定等,学生可认识原理、操作、数据处理的相通之处和共同点,由此及彼,由点到面。在高中阶段培育学生"实验探究与创新意识"等核心素养要从方法入手。学生只有学会了基本的方法,才能为探究和创新提供可能性和保证。在此基础上,拓展延伸,形成共性和体系化的认识,以认识的深度促进方法感悟的深度,促成对核心素养的培育。

定量实验准确性的学习过程,对于培育学生科学态度、创新意识等核心素养,非常重要。深度学习是培育学生核心素养,引导学生内化知识和原理的学习过程。对实验原理的理解,落实于实验操作,在实验完成的过程中,以问题引导学生思考实验操作对应的原因,避免仅仅是"热热闹闹"完成实验,而不能进行深度学习的状况出现。

在实验教学过程中应落脚于当前实验,着眼于后续学习和未来探究。问题引导下对定量实验原理、装置、方法和误差分析等的全面学习与理解,是高中化学重要的学习内容。教学设问通过原理、操作对应,逐一进行常见误差的分析,学生领悟方法,形成素养。对于定量实验的数据处理和误差分析,在明确认识、厘清思路的过程中,教学设问起着非常重要的引导作用。教学中,方法和练习相结合,教师引导和学生自主思考、自主解决问题相结合,分层次、多角度实现对定量实验全面、系统的学习。将方法学习、素养培育自然地融入问题解决中,使学习过程富于探究性,从而更有利于学生的成长。

要想将学科核心素养培育实现于实验课的教学中,和其他课型一样,教师的教学落脚点应是学生的自主学习和主动探究,而不能满足于单纯的"师讲生听"。因此,在问题式教学中,教学问题设置的前提依然是对学生学习状况的认真、全面、细致的分析,需清楚学生的认知基础和认知能力,关注认识误区和认知模糊之处,即学生的真正需要。以有针对性的教学问题设置,目标明确地引导学生自主探究、自我完善,使其学有所获。

在高中化学的新授课、复习课和实验课等不同课型中,针对其教学内容、教学目标和教学组织的各自特点,着眼于学科核心素养培育与课堂教学的融合,从不同角度、不同层次进行教学问题的设置:以恰当的问题引导、强化学生的主动学习和深度思考,将学科核心素养培育始于教学设计,实现于不同课型,落实于课堂的每一环节。

## 二、培养学生思维的深刻性

思维深刻性是指思维活动的抽象和逻辑推理水平表现为能深刻理解概念,分析问题周密,善于抓住事物的本质和规律。在高中化学的学习中,思维的深刻性有着不可忽视的重要作用。若学生的思维具有深刻性,则可以依据物质的性质对众多化学反应,自主推测产物,运用所学方法,顺利而正确地书写化学反应方程式。思维的深刻性,能将学生从记忆的重负中解放出来,理解所学反应及原理的实质,联系其在化学实验、生活实际和生产实践中的重要应用,形成全方位、多层面的认知,能够顺利完成由知识向能力素养的转化,从而得到更为全面的发展和提升。只有思维具有深刻性,学生才能在感悟中深入学习,对于化学反应原理,才能从前提、实质和结果等方面逐一加以剖析,清晰内涵,明了外延,顺利应用原理解决问题;能够有效实现迁移,由表及里,找到共性,发现不同，以逐步增强的学习能力实现学习过程的优化和学习效率的提高。只有思维具有深刻性，才可以透过现象看本质，透过本质发掘规律，运用规律实现自主解决问题；才能在思考和探究中实现"宏观辨识与微观探析""变化观念与平衡思想""证据推理与模型认知"等核心素养的提升。总之，无论是对化学学科知识的学习、能力的发展，还是核心素养的提升，思维的深刻性都发挥着重要的作用和影响。因此，以灵活多样的教学方法，结合高中化学的学习内容，培养和强化学生的思维深刻性是我们必须重视和付诸实施的。而运用问题式教学，以问题的设置呈现教学内容，促使学生通过对问题的分析、思考和解决，能够对学习内容形成深入认知，思维训练自然融入教学过程，思维的敏捷性、深刻性和灵活性等品质得以优化。以问题化的方式呈现教学内容，推进教学流程，在增强学习过程思考性和探究性的同时，对于师生互动、生生互动以及学生的学习参与度等都能起到重要的推动作用。因此，在高中化学的教学中，研究教学内容的特点，针对不同教学内容研究设置问题的角度和思路，以问题式教学进行思维深刻性的培养，是值得我们研究和运用的重要教学思想和教学方式。

## （一）在化学概念学习中培养思维深刻性

在高中化学教学中，有许多概念需要学习，如氧化还原、物质的量、化学反应速率、化学平衡等。对于这些概念的学习，基于高中化学的学习目标和育人目标，不能只是泛泛了解，而是要贯穿思维深刻性的训练。以问题式教学应用于化学概念的学习中，从概念的形成、梳理、剖析和应用等方面强化概念深度和广度的学习，加强对学生思维深刻性的培养，逐步实现高中化学教学的育人目标。

### 1. 以问题式教学促进概念形成，培养思维深刻性

在概念建立、形成过程中，以教学问题设置引导对其本质的深入学习，以概念的深刻认知达成思维的深刻性。

**示例 2-39** 氧化还原反应

**教学设计前期分析：** 氧化还原反应是贯穿高中化学学习始终的重要概念。从初中"得氧失氧"角度认识氧化还原反应，到基本特征"化合价升降"，再到实质，即电子转移，氧化还原反应的学习是一个逐步深入的过程。而对于氧化还

原反应的系列概念,如氧化还原反应的定义、氧化剂与还原剂、氧化性与还原性、被氧化与被还原、氧化产物与还原产物等,都需深入到实质,即从电子的角度进行学习和理解。这样,对于后续的很多学习内容,如有关计算、方程式或离子方程式的配平,才能应用氧化还原反应的基本规律,得以顺利完成。

**问题式教学设计:**

基础设问:

问题1:反应 $2Na + Cl_2 \xrightarrow{\text{点燃}} 2NaCl$ 中,化合价升降的原因是什么? 由此可知,在形成离子化合物时,反应前后元素化合价差值是由什么决定的?

问题2:反应 $H_2 + Cl_2 \xrightarrow{\text{点燃}} 2HCl$ 中,化合价升降的原因是什么? 由此可知,在形成共价化合物时,反应前后元素化合价差值是由什么决定的?

深入设问:

问题1:化合价差值与电子转移之间有怎样的数值关系? 如何分析?

问题2:氧化还原反应化合价升高的总数与化合价降低的总数有怎样的关系? 失电子总数与得电子总数有怎样的关系? 为什么?

**设计意图:**氧化还原反应概念的建立、化合价升降和电子转移之间的数值对应关系,是学生较易出现认知困难之处。若不深入厘清,会给后续学习带来不利影响。因此,在氧化还原反应概念建立和形成的过程中,可以运用问题设置,引导学生攻克学习难点,同时培养学生的思维深刻性。"基础设问"选择学生熟悉且具有代表性的化学反应,易于形成规律性认知。"深入设问"明确化合价差值对应 1 mol 原子的电子转移数目,进一步学习分析氧化还原反应的基本方法。以教学设问明确学习要点,从化合价升降到电子转移,从氧化还原反应的特征到实质,对比数值关系,建立深层认知。对于氧化还原反应的基本概念,从实质进行学习,培养学生的思维深刻性,也为其后续学习打下坚实基础。

**教学设计反思:**在化学概念的学习中,以问题式教学促进概念形成,培养学生的思维深刻性,需注意不能把思维深刻性与问题难度大等同或混淆。特别是在概念的初步学习和建立之时,所学内容陌生度较高,教学问题设置若难度过大,反而不利于学生自主参与问题解决,不利于思维深刻性的培养。因此,以生为本的教学理念、深入浅出的教学方法,在思维深刻性培养过程中需加以关注。

在概念形成的学习中，选择学生较为熟悉的物质或反应进行问题设置，由浅入深，逐步推进，可降低陌生度，使学生有信心参与问题解决，顺利实现教学目标。

**2. 以问题式教学促进概念梳理，培养思维深刻性**

化学概念的学习，在概念形成和建立的基础上，从前提、条件、内涵、外延等方面对其进行梳理，也是学习中必不可少的环节。这个过程是知识内化、完善和加深理解的过程，也是思维品质优化的过程。而将问题式教学应用于概念梳理，可使学生主动探究教学设问，完成对概念的深层学习，进行思维训练。

**示例 2-40** **化学平衡移动与速率的关系**

**教学设计前期分析：**对于化学平衡概念的梳理，可以帮助学生透彻理解这一概念。在梳理的过程中，以层次清晰的教学问题进行引导，可以加强教学的针对性，提升教学实效。通过概念梳理，还可使后续的学习难点迎刃而解。

**问题式教学设计：**

层层梳理设问：

问题1：对于"一定条件下的可逆反应"中的"一定条件"应如何理解？请以化学反应 $Na + KCl \rightleftharpoons K\uparrow + NaCl$ 为例进行分析。

问题2：化学平衡的实质是什么？$v(正) = v(逆)$ 是针对同一物质还是不同物质？请以化学反应 $N_2(g) + 3H_2(g) \rightleftharpoons 2NH_3(g)$ 为例进行分析。

问题3：化学平衡建立的结果是什么？请以 $N_2(g) + 3H_2(g) \rightleftharpoons 2NH_3(g)$ 为例，多角度分析平衡建立的结果。

逆向训练设问：请对"化学平衡建立的结果"进行反向分析，并思考若出现了上述结果，是否一定达到了平衡状态？

**设计意图：**"层层梳理设问"指向化学平衡建立的前提："一定条件下的可逆反应"。学生容易忽视或不理解"所有的反应物或生成物必须处于同一反应体系"这个条件，因此，以反应 $Na + KCl \rightleftharpoons K\uparrow + NaCl$ 为例进行设问强化；同时，这也是针对学生常见的认识误区进行的设问。对于 $v(正) = v(逆)$，若不明确是针对同一物质而言，则很难使学生真正理解化学平衡状态。在明确化学平衡实质的基础上，以常见的重要反应"合成氨"为例进行分析，可使学生真正理解速率与平衡的关系以及化学平衡的实质，从而为后续学习打好基础。教学设问推动学生发散思维,从不同角度讨论化学平衡状态的结果,可进一步加深对化学平衡状态的认识。"逆向训练设问",通过问题设置引导学生进行反向思考,可对后续学习难点——平衡状态标志的学习做好铺垫。对于化学平衡的概念从前提、实质、结果等方面进行梳理分析,可有效锻炼学生的思维深刻性。

**教学设计反思**:以问题式教学对化学概念进行梳理,同时培养和促进学生思维的深刻性。在教学问题设置中,要充分体现"梳"和"理"二字的含义。既然是梳理,就要关注教学问题设置的条理性和层次性,针对不同概念需要强化的层面,条理分明、层次递进地进行问题设置。同时,还要换位思考,从学生的角度进行分析,找出学生概念学习中的难点和认知误区,加强问题设置的针对性,增强学生学习的积极性和主动性,激发学生的参与热情。问题引导下的概念梳理过程,能帮助学生完善认知,优化思维品质。

### 3. 以问题式教学促进概念剖析,培养思维深刻性

化学概念的学习,往往需要在概念建立、梳理之后再进行剖析。剖析概念中蕴含的化学思想,发掘概念中包含的问题解决方法。这样,学生对概念的学习,不仅能有清晰认知,还能充分体会概念的重要性,逐步学会运用概念自主解决问题。

**示例2-41** **离子反应及离子方程式**

**教学设计前期分析**:离子反应是学习难点。学生对于离子方程式的书写,常常错误百出。教师反复强调,五花八门的低层次错误还是频频出现。教学中遇到这种状况,教师不能只是埋怨学生不用心,而要意识到可能与学生没有真正理解概念的内涵有关。学生如果只是强记概念,没有真正理解和学会方法,在处理问题时就会顾此失彼,出错率高。而通过教学问题的设置,引导学生对概念进行剖析,明确具体的思路和方法,才能帮助学生学会准确书写离子方程式、正确处理离子能否大量共存等问题。

**问题式教学设计**:

切入实质设问:书写离子方程式时,相应物质是以化学式还是离子符号表示,如何分析?

分类剖析设问:

问题1:何种状况物质以离子符号表示?从哪些方面分析?请举例说明。

问题2:哪些类别的物质以化学式表示?为什么?请分别举例说明。

问题3:以 $Ca(OH)_2$ 为代表的微溶物质,是用化学式还是离子符号表示?为什么?

问题4:三大强酸 $HCl$、$H_2SO_4$、$HNO_3$,若为稀溶液如何表示?若为浓溶液呢?请分别分析,并说明理由。

**设计意图:**"切入实质设问"透过概念表面,剖析"物质在水溶液中真正的存在形式"这一核心,帮助学生理解原理,找准分析方向。"分类剖析设问"则是具体化的问题设置。通过具体实例分析,帮助学生兼顾溶解性和电离程度,厘清思路,从容应对;变化角度的具体剖析,引导学生加深理解,有效减少失误;对于微溶物质、三大强酸浓溶液,可在设问解决中运用具体数据分析,帮助学生进一步认识概念剖析的核心,做到心中有数,正确处理。对于离子方程式的书写,若不进行全面而深入的剖析,则学生可能在学习中不得要领,觉得所学内容凌乱、繁杂,记不住,记不清,无方法,无思路,错误频出。教学中以问题设置深入剖析,找到核心,厘出思路,学会方法,明确原理,可以帮助学生顺利克服学习难点,领悟高中化学的正确学习方法。

**教学设计反思:**对化学概念的剖析,以问题的引导完成对思维深刻性的训练和培养,教师的问题设置要直入本质和核心。特别是在教学难点的学习中,要清楚学生出现困难及频频失误的原因,找出症结所在。通过教学问题设置,突出核心,化繁杂为条理分明;发掘本质,化模糊为清晰;形成方法,化无序为有条不紊。这样,通过对概念的剖析,能够有效地进行思维深刻性培养。

**4. 以问题式教学促进概念应用,培养思维深刻性**

高中化学中,概念的学习最终要落脚于应用。在概念的应用中,学生会自然地深入理解概念的内涵和外延,学会应用概念进行判断和解决问题的方法。思考才能正确应用,应用又能促进更深入的思考,两者相辅相成,渗透思维深刻性的训练。

**示例 2-42** 物质的量

**教学设计前期分析:**"物质的量"和"摩尔"等的学习,往往会成为学生高中阶段的学习难点。学习内容从物质的量、摩尔到气体摩尔体积、物质的量浓度等,陌生度高,内容繁杂,包括很多重要概念和规律,还有各类计算,而概念学习是根本。因此,要想帮助学生顺利克服学习难点,对概念的学习要特别重视。

**问题式教学设计:**

"宏微对比"设问:

问题1:1 mol 氧元素,1 mol 水,这样的说法对吗? 为什么? 那么 1 mol O,1 mol $H_2O$的含义是什么?

问题2:能否说 1 mol 苹果或 1 mol 大米? 为什么? 请表述"摩尔仅适用于微观粒子"的含义。

明确方法设问:"1 mol 氯"这种说法存在什么问题? 应如何纠正?

**设计意图:**以问题引导概念应用,在应用中,正确理解概念,深刻认识概念,训练思维深刻性,为后续学习做好铺垫。"'宏微对比'设问"引导学生理解"摩尔"归根结底在说"个数",而元素、物质宏观概念没有"个数",不能以"摩尔"为单位进行计量。教学设问联系初中所学知识,新旧知识融合,促成对新学习内容的顺利理解;学生需理解不能以"摩尔"为计量单位生活中的"个数"及原因。至此,学生可以自主梳理"摩尔仅适用于微观粒子"的完整含义。"明确方法设问"是概念应用和规范表达相结合的教学设问。"氯"的微观粒子有氯分子、氯原子、氯离子等,因而以"摩尔"为单位计量时,微观粒子必须明确。概念应用中的规范表达,是以对概念有正确而深入的理解为基础的。因此,我们在教学中要求规范,根本的出发点是对概念的准确学习和认知。通过问题式教学,以概念的应用促进深入认知,强化思维训练,既有利于学科学习,也有利于学生的发展与成长。

**教学设计反思:**高中化学的概念教学,不能只是注重学生对内容的记忆,而是要帮助学生理解概念,学会应用概念解决问题。对概念的学习和理解,是概念应用的基础,而概念的应用,又可以促进对概念的深入学习和正确理解。在概念应用中训练思维深刻性,方便且有效。而教学问题设置促使思考性和探究性增强,有利于学生自主学习和各方面能力的提升。

## (二)利用误区增强研究性

高中化学概念和原理的学习,容易使学生产生认知误区和困惑,因而,很多时候,教学实际是为学生解疑释惑。而其方式很重要,直接影响学习效果。单纯"师讲生听",学生的自主思考和自主探究欠缺,常出现学生貌似明白,事实上困惑依在的状况。因此,教师一方面需了解误区和困难所在,另一方面,要想方设法帮助学生学会自主学习和思考,跳出误区,克服困难。针对这样的学习内容,可应用问题设置"陷阱",增强迷惑性,使学生在明辨是非的过程中,深入思考,全面分析。这样,学生的困惑得以清晰和明确,记忆和理解能够更加鲜明和深入,同时,能够训练学生思维的深刻性。

**1. 寻找"误区"训练思维深刻性**

学习过程中之所以产生认知误区,学生的认知能力和认知基础是主要原因,而学习内容本身的难度和难以辨析也是重要因素。教学中以问题设置"提取"易产生误区之处,在问题分析的过程中,促使学生进行辨析和强化,可从源头上避免学生认知误区的产生,无论是教学效率还是教学效果,均能得以优化和提升。

**示例 2－43** **复合判据**

**教学设计前期分析:** 高中阶段化学反应原理的学习中,对于化学反应主要研究三个方面,即快慢(速率)、限度(平衡)和方向(是否自发)。其中速率属于化学动力学范畴,而限度和方向属于化学热力学范畴。往往有学生由于对此没有明确认知而产生误区,认为一定条件下化学平衡常数 $K$ 值大,复合判据 $\Delta G < 0$,反应就一定能发生,$K$ 值大就意味着反应速率快等。针对这种情况,教学应从根源上解决问题,围绕"误区"进行设问,引导学生进行综合、对比和联系,有效避免认知误区。同时,在认真辨析的过程中,锻炼思维的深刻性。

**问题式教学设计:**

引导关注设问:化学反应速率、化学平衡和化学反应的方向,哪些属于动力学研究范畴? 哪些属于热力学研究范畴?

针对误区设问:

问题1:$\Delta G = \Delta H - \Delta S$,若 $\Delta G < 0$,反应能否自发进行? 是否反应一定能发生? 速率很快? 为什么? 请以 $H_2$ 与 $O_2$ 生成 $H_2O$ 的反应为例进行分析。

问题2:$\Delta G < 0$ 与平衡常数 $K$ 值大,它们有相似之处吗? 与反应能否发生、

反应速率的大小有必然联系吗？那么,我们对 $\Delta G < 0$, $K$ 值大,应该如何理解?

**设计意图**:"引导关注设问"直接从本质上进行区分,为后续讨论做好准备,是对已学知识的回顾和深入,也是对即将学习的"化学反应方向"的铺垫。"针对误区设问"以学生熟悉的反应 $2H_2 + O_2 = 2H_2O$ 为例,引导学生结合熟悉的化学反应,通过对易产生认知误区之处的问题剖析进行明确;结合已学化学平衡常数 $K$ 和 $G$ 的相似之处,对其共同的常见认知误区进行设问,一方面可使学生可以运用已有知识进行对比,促进对 $G$ 的学习;另一方面,也可以通过对 $G$ 的学习,使其对化学平衡常数 $K$ 再次进行深入学习,纠正可能存在的错误认识。教学中,针对常见认知误区设问,可引导学生进行认真辨析,进行有效的思维训练。

**教学设计反思**:利用"误区"训练思维深刻性,首先,教师需了解学生易产生认知误区之处,对教学内容和学生认知等进行全面分析,做到教学问题设置有的放矢,既强化对学科知识的学习,又能对学生的学习习惯、思维方式做有益的调整,使学生思维的严密性、深刻性得以训练和提高。其次,教师对课程资源要进行有效整合,把学生易产生相似或相同认知误区的学习内容进行联系、对比设问。这样,以已有的知识推进新知识的学习,而新知识的学习又能对已学知识起到巩固和加深理解的作用,相辅相成。寻找"误区"训练思维深刻性,使学生化学学科知识的丰富和思维的强化、优化得以共同实现。

**示例2-44　中和热**

**教学设计前期分析**:有关高中化学重要概念的学习,通过对"关键词"的推敲,往往可以帮助学生深入理解概念,进而帮助学生学会正确应用。"关键词"常常是学生易产生认知误区之处,对其进行强化学习,就是从根本上避免概念学习中的似是而非。因此,在问题式教学中,针对概念中的关键词进行教学问题设置,在加强概念学习中的认知深度和提高准确性的同时,对学生思维深刻性的训练也能得到充分体现。

**问题式教学设计**:

寻找"关键"设问:对于中和热的概念,其关键词有哪些?各自的含义是怎样的?

"梳理"误区设问:

问题1:NaOH 固体与稀 $H_2SO_4$ 反应生成 1 mol $H_2O$,其 $\Delta H$ 是否为中和热?为什么?

问题2:浓 $H_2SO_4$ 与 NaOH 溶液反应生成 1 mol $H_2O$,其 $\Delta H$ 是否为中和热?为什么?

问题3:以上问题对应概念中的哪个关键词?

问题4:$H_2SO_4(aq) + 2NaOH(aq) = Na_2SO_4(aq) + 2H_2O(l)$,$\Delta H = a$ kJ/mol,$a$ 是不是中和热的数值?为什么?对应概念中的哪个关键词?

问题5:怎样写出 $H_2SO_4$ 与 NaOH 中和热的热化学方程式?

问题6:$1/2H_2SO_4(aq) + 1/2Ba(OH)_2(aq) = 1/2BaSO_4(s) + H_2O(l)$,$\Delta H = b$ kJ/mol,则 $b$ 为中和热的数值,是否正确?为什么?请说明理由。

**设计意图:**"寻找'关键'设问",引导学生思考、寻找中和热概念中的关键词,同时可训练和提高学生获取信息的能力。"'梳理'误区设问"针对概念中的"稀溶液"进行典型反应分析,引导学习回顾 NaOH 固体、浓 $H_2SO_4$ 本身溶于水会放出大量热,从而更具体地理解中和热的含义;针对关键词"1 mol $H_2O$"进行设问,通过问题的前后对比,使学生对中和反应、中和热的热化学方程式书写形成鲜明的对比认识,从而进一步明确中和热的概念;针对易形成认知误区的典型反应进行分析,从另一个角度加强对中和热概念的准确学习和理解。对中和热概念的学习,关系到热化学方程式的书写,关系到"中和反应反应热的测定"定量实验的学习。因此,针对概念关键词和常见的认知误区设置教学问题,对于概念学习能起到抓核心、抓要领的作用,会有效促进后续学习。以问题引导的分析思考,能帮助学生形成严谨、细致的良好学习习惯,提升思维品质。

**教学设计反思:**通过寻找"误区"训练思维深刻性,可以在很多概念学习中实施。在物质的量、氧化还原反应、化学平衡等重要概念的学习中,学生易产生认知误区,而这些误区,往往会给后续学习带来困扰。很多时候,学生在学习过程中之所以觉得困难,出现失误,往往是概念学习中存在认知误区。因此,我们要重视概念教学,特别要清楚概念学习中的关键所在,以问题设置与解决进行有的放矢、目标明确的教学。同时,要与教学内容紧密结合,将思维深刻性的训练落在实处。

示例 2-45　从物质类别角度学习 $Na_2O_2$

**教学设计前期分析**：在 $Na_2O_2$ 的学习中，学生容易对物质类别、对应的化学反应和组成等产生认知误区。以问题式教学有针对性地设置问题进行探讨，可以引导学生准确学习，培养思维深刻性。

**问题式教学设计**：

对应概念设问：化学反应 $2Na_2O_2 + 4HCl = 4NaCl + 2H_2O + O_2$ 中，$Na_2O_2$ 是碱性氧化物吗？为什么？$Na_2O_2$ 的物质类别是什么？

对比设问：

问题 1：已知 $2Na_2O_2 + 2CO_2 = 2Na_2CO_3 + O_2$，那么 $2Na_2O_2 + 2SO_2 = 2Na_2SO_3 + O_2$ 是否正确？为什么？请写出 $Na_2O_2$ 与 $SO_2$ 反应的化学方程式。

问题 2：$Na_2O_2$ 的原子个数比为多少？$Na_2O_2$ 与 $Na_2O$ 阳离子与阴离子个数比是否相同？分别为多少？

**设计意图**："对应概念设问"引导学生认识与酸反应的氧化物不一定是碱性氧化物，由此，可以拓展酸性、碱性和两性氧化物的概念以及对应化学反应的共同点，为后续学习打好基础。"对比设问"由于 $CO_2$ 和 $SO_2$ 都是酸性氧化物，因此很多学生会认为 $SO_2$ 与 $Na_2O_2$ 的反应为 $2Na_2O_2 + 2SO_2 = 2Na_2SO_3 + O_2$。问题设置和解决强化 $CO_2$ 和 $SO_2$ 在氧化还原角度性质的不同，了解 $Na_2O_2 + SO_2 = Na_2SO_4$ 反应的同时，也能对高中阶段化学学习思路和方向有所思考；以 $Na_2O_2$ 与 $Na_2O$ 进行对比设问，可使学生对 $O_2{}^{2-}$ 形成准确认识，从而帮助学生体会学习中的"迁移"不能生搬硬套，而是要在关注相似的基础上，明确不同，避免产生认知误区。

**教学设计反思**：寻找"误区"训练思维深刻性，在元素化合物学习中应得到更多体现，对于很多物质重要性质对应的化学反应，学生容易产生认知误区。例如，酸性 $KMnO_4$ 溶液、双氧水等具有强氧化性，它们可以和溶液中的 $Fe^{2+}$ 反应，学生往往会误认为其与单质 $Fe$ 也可以反应；溶液中 $Fe^{3+}$ 具有较强的氧化性，可以和 $I^-$、$Fe$ 等反应，$Fe^{3+}$ 与 $Br^-$ 能否反应，学生往往也容易判断失误；对于 $SO_2$ 等物质，因为 +4 价是 $S$ 的中间价态，可以表现出氧化性，学生常误认为其

还原性弱于 $I^-$、$Br^-$ 等；浓 $H_2SO_4$ 有强氧化性，$SO_2$ 有强还原性，误认为二者发生反应，$SO_2$ 不能用浓 $H_2SO_4$ 干燥；浓 $H_2SO_4$、浓 $HNO_3$ 常温与 Al、Fe 产生钝化现象，认为钝化没有发生反应……因此，研究和熟悉教学内容、与学生及时沟通、开发和整合课程资源等，需要我们持之以恒地认真完成。在此基础上，紧扣教学内容，落脚于学生认知，寻找"误区"，训练思维深刻性，可在课堂教学中得以有序开展和落实。

**2. 设置"陷阱"训练思维深刻性**

在高中化学教学中，有意识地以问题设置"陷阱"，可以引发认知冲突，激发探究热情，强化所学内容。"陷阱"能够提高学生对于教学设问及解决的关注程度，能促进学生积极思考，自然实现思维深刻性的训练。

**示例 2 - 46** **$HNO_3$ 的性质**

**教学设计前期分析：**浓、稀 $HNO_3$ 是氧化性酸的代表物质，其性质和重要反应是高中化学的重要学习内容，贯穿氧化还原规律。规律与 $HNO_3$ 化学性质的结合，能使学生在应用中深入领会规律。教师需清楚学生可能存在的困惑和困难，有意识地进行引导和加强。而以教学问题设置"陷阱"，能激发学生的好奇心和探究积极性，促进其更主动地投入学习。

**问题式教学设计：**

设置"陷阱"设问：Cu 与浓 $HNO_3$ 反应，氮元素化合价降低了 1 价；Cu 与稀 $HNO_3$ 反应，氮元素化合价降低了 3 价。因此，稀 $HNO_3$ 氧化性大于浓 $HNO_3$，请分析正误。

证据推理设问：如何以实验事实判断浓 $HNO_3$ 与稀 $HNO_3$ 氧化性的强弱？请举例分析。

探究规律设问：浓 $HNO_3$ 与稀 $HNO_3$ 氧化性强弱的比较，对应的规律是什么？请以此分析 Na 与 Al 的还原性强弱。

**设计意图：**"设置'陷阱'设问"，如果学生对氧化还原相关规律未能准确理解，就会落入"陷阱"，觉得问题设置中的说法非常有道理。而答案的揭晓，会让他们在惊讶之余急于知道原因，学习主动性和探究意识自然产生，非常有利于后续教学活动的开展和对学科知识的深入学习。"证据推理设问"以实验事实分析解决学习中遇到的疑问,能对化学的重要学习思路有所启发。室温条件下,Cu 与浓、稀 $HNO_3$ 反应的现象,学生观察过,也了解现象的不同,但可能缺乏对现象的深入分析,而教学设问的提出,促使学生去完成这个过程。这样的学习思路和方法,对于学生整个高中阶段的化学学习,有着重要启示和意义。"探究规律设问"以事实导出规律,再以氧化性迁移至还原性,以学生熟悉的 Na 和 Al 为例讨论,学生易于参与,且能对结论印象深刻。

**教学设计反思**:以设置"陷阱"的方式训练思维深刻性,以认知冲突激发学生的好奇心,调动其学习积极性,能引起学生更强的探究热情。"陷阱"的设置,需仔细斟酌,应在真正需要之处设置。因此,教师要了解学生在概念理解、知识应用等方面存在的不足和偏差,有针对性地设置相应"陷阱",使学生通过前后的认知对比,明确应纠正与完善之处,强化对学习内容的正确认识。

**示例 2 - 47** **无机含氧酸的酸性**

**教学设计前期分析**:在高中化学的学习中,酸是一类学生熟悉的重要物质,但在基本概念等方面,学生反而易产生认知误区。例如,酸性与氧化性的强弱,学生容易混淆。$HClO_4$ 为"最强"酸,是酸性最强,还是氧化性最强,很多学生并不明确。特别是 $HClO_4$ 中 Cl 显示最高价 +7 价,更易使部分学生误认为是氧化性最强。因而,以此易错点设置"陷阱"问题,能促使学生在认知矛盾和冲突中积极思考,从而在明晰基本原理的过程中,自然而然地完善认知和进行思维训练。

**问题式教学设计**:

"陷阱"设问:$HClO_4$ 是最强酸,是因为氯元素显示最高价 +7 价,氧化性也最强。请分析正误,并说明原因。

探究设问:

问题 1:酸性与氧化性的含义分别是什么?请以 $HClO_4$ 与 HClO 进行对比分析。

问题 2:$HClO_4$ 可改写为 $(HO)ClO_3$,因而酸性很强,为什么?以这种方法判断无机含氧酸的酸性,一般规律是怎样的?

**设计意图**:"'陷阱'设问"是问题讨论的开始,学生如果概念不清,会认为设问内容正确。而"跳出陷阱"的过程，也是学生在恍然大悟中正确认识化学基本原理的过程。"探究设问"则是趁热打铁，以高中常见的 $HClO_4$ 和 $HClO$ 形成鲜明对比：$HClO_4$ 从酸性角度是最强酸，而从氧化还原角度是非氧化性酸，而 $HClO$ 恰好相反，酸性弱于 $H_2CO_3$，但具有强氧化性。至此，学生对酸性与氧化性的不同有明确的认识。对无机含氧酸酸性的判断"逆向"学习，以 $HClO_4$ 是最强酸为学习切入点，从原理分析到一般规律，通过深入理解，学生的印象一般也会更深刻。

**教学设计反思：**以设置"陷阱"的方式训练思维深刻性。"陷阱"的设置能够调动学生深入思考，促使其积极参与学习。而从"陷阱"中"跳"出来，则是更为重要的学习过程。"陷阱"的设置要善于找到"点"，即学生的疑惑之处和易失误之处，而"跳出陷阱"，则要侧重于"法"，以对比的方法，以剥茧抽丝般层层递进的方法，以正向思维与逆向思维相结合的方法等，结合学生已学内容和已有知识、技能，完成"跳出陷阱"的过程，使学生在有效学习中完成思维深刻性的训练。

**示例2-48 图像"交点"分析**

**教学设计前期分析：**有人提出化学的四重表征，即宏观表现、微观原理、符号形式和曲线描述。因此，关于图像的分析也是高中化学的重要内容。化学中的图像，往往综合化学原理、数学思想和众多信息，对学生能力要求较高，包括信息获取能力、信息加工能力、数形结合的思想方法、化学知识和原理的灵活应用等，因此，往往是学生的学习困难之处，也是易错之处。

**问题式教学设计：**

铺垫设问：在 $v-t$ 图像中，$v(正)$ 与 $v(逆)$ 曲线相交点的含义是什么？

"陷阱"设问：以合成氨 $N_2(g) + 3H_2(g) \rightleftharpoons 2NH_3(g)$ 反应为例，横坐标表示反应进程（$t$），纵坐标代表物质的量（$n$），则 $N_2$ 与 $NH_3$ 的曲线的交点代表平衡状态。是否正确？请说明理由。

深入设问：对于曲线"交点"是否表示 $v(正)$ 等于 $v(逆)$，应如何分析？请谈谈你的思路和方法，并思考：对于化学图像问题，我们需关注哪些方面？

**设计意图：**在化学图像中，对曲线"交点"含义的分析，常需应用相关化学原理,也常因为存在思维定式或概念混淆出现失误。因此,以问题提出和解决的方式进行针对性教学,以"陷阱"的设置和"跳出"强化正确认识,可以帮助学生在训练思维和能力中克服难点,避免形成认知误区,增强思维深刻性,对易混淆、易出错之处形成正确而鲜明的认识。对"铺垫设问"的理解和解决,强化学生对化学平衡实质的认识。"'陷阱'设问"突出"相交点"而设置"陷阱"。若对不同"交点"的含义没有清晰辨析,学生往往会误认为只要是"交点"就是平衡状态。教学问题的设置与解决,引导学生明辨原理,形成正确认识。"深入设问"是延续性问题,可以帮助学生学会通过观察曲线的"走向"分析 $v$(正)与 $v$(逆)大小关系的方法。在此基础上,形成图像分析的基本思路和方法:先分析坐标系的意义,再分析反应方程式的特点,应用"数形结合"的思想,分析特殊点、线的走向等,形成体系化认知。对于图像问题,只有深入学习,才能形成方法,在此过程中,可自然实现与完成对思维深刻性的训练。

**教学设计反思**:在高中化学教学中,对思维深刻性的训练,必然贯穿方法的形成和能力的提升。因此,很多时候,教师的教学视野需要"跳"出化学,实现与数学、物理、生物、语文等学科的交叉与渗透。例如,在分子极性与非极性的学习中,以"向量和为零""合力为零"等角度认识非极性分子,学生不仅易于接受和理解新知识,而且有利于融会贯通,形成综合性素养和能力。在有机化学的学习中,缩聚反应与生物学科中的肽键、多肽、蛋白质的学习相联系;醛基的性质、实验现象等与生物还原糖相结合;糖类、油脂、蛋白质等营养物质,更是与生物学习融为一体。化学学习中的广泛联系与交叉,既有利于学生对化学原理的学习和深刻理解,也是学生创新能力的形成与提升必不可少的思路。在广泛联系中进行分析比较,找异同之点、思相通之处,思维深刻性训练也能融于其中。

**3.利用对比训练思维深刻性**

在教学中,以这些教学内容进行对比设问和对比学习,使学生在深入分析、理解的同时,训练思维深刻性。

**示例 2-49** 电离与电解

**教学设计前期分析**:"电离"与"电解"字面都与"电"相关,因而易造成概念混淆。教学中，若采用教师讲解概念的方式，学生未必能真正深入理解，时间一久，又可能出现记忆模糊的状况。以设问的方式进行对比学习，借助问题进行探究和解决，能促使学生主动思考二者的不同与内在关联，则可在比较与分析中深入学习，从而训练思维的深刻性。

**问题式教学设计：**

对比"不同"设问：请对比电离与电解有哪些不同之处。

寻找"关联"设问：电离与电解之间有关联吗？是怎样的联系？请举例说明。

实例对比设问：为什么工业冶炼铝的原料不能是 $AlCl_3$，而冶炼镁的原料是 $MgCl_2$ 呢？

**设计意图：**"对比'不同'设问"包含了对电离与电解概念的回顾、发生条件、过程、结果的对比，属于开放性设问。学生可发散思维，从不同的角度进行思考，有利于思维训练。"寻找'关联'设问"则是转换方向，寻找电离与电解之间的联系，使学生能够认识"电离是电解的前提"。"实例对比设问"将 $AlCl_3$ 与 $MgCl_2$ 进行对比分析，以实例加深对电离与电解之间的关联的进一步认识。从不同的角度和综合性探究中，分析和解答教学设问，思维的深度和认知的深刻相辅相成，学科知识学习和思维深刻性训练也能相互促进。

**教学设计反思：**对于高中化学相似或相近概念的对比设问和分析讨论，可从"异"与"同"两方面进行。在问题设置中，要避免思路和思维形成"限定"，要避免教师单纯讲解、学生被动接受的情况。对学生思维形成束缚的教学，思维深刻性训练更是难以实现。对比设问，能更好地促进学生发散思维。因而，教学中应多设置具有一定开放性的问题，可让学生从不同的角度进行思考、分析和解答，帮助学生有效建构和整合学科知识，使其能够从多角度分层次地进行思考和探究，训练思维深刻性。在教学问题设置中，也要真正关注"异"与"同"，既关注概念、原理的不同，也重视它们之间的联系，从不同层面进行比较。这样，知识体系的完整性、思维的严密性，能在学习过程中做到相互融合、相互促进。

**示例 2-50** 速率与平衡

**教学设计前期分析**：化学反应速率与化学平衡相互关联,但又是不同领域的概念。因此,对于化学反应速率与化学平衡,通过问题设置进行对比学习,是非常必要的。在概念学习方面,对比分析有助于学生正确把握概念的内涵;在概念应用方面,对比分析有利于学生正确认识相关概念的外延。通过对比,深层次认识化学反应速率和化学平衡的区别与联系,实现对学生思维深刻性的培养。

**问题式教学设计**：

对比不同设问：

问题1：化学反应速率与化学平衡分别研究反应的哪些方面? 研究怎样的反应?

问题2：一定条件下,化学平衡常数 $K$ 值大,能够说明什么? 是否反应速率很快? 为什么? 请举例说明。

体现联系设问：速率与平衡之间有怎样的联系? 化学平衡的实质是什么? 平衡移动的方向由什么决定?

**设计意图**："对比不同设问"是针对基础知识和基本认知的设问,也是学生易混淆之处,学生可明确速率研究化学反应的快慢、平衡研究反应进行的程度;速率研究对象可以是所有反应,而平衡的研究对象是可逆反应;平衡建立的前提条件是"一定条件下"的可逆反应,是研究化学反应速率与化学平衡的基础,也是思维训练的基础。后续设问则是从化学平衡常数的角度,比较速率与平衡之间的不同。通过典型实例,对学生的常见认知误区加以辨析,形成正确认识。"体现联系设问"引导学生发散思维,有利于学生之间开展互动,相互交流。从化学反应速率的角度,认识化学平衡的实质、平衡移动方向的决定性因素,在对比中找到速率和平衡之间的内在联系。以教学问题的设置,引导学生充分认识化学反应速率与化学平衡的不同,进一步了解二者之间的联系,对于化学平衡与化学平衡移动从实质上进行学习。教学问题较好地引导学生对化学反应速率与平衡进行整合分析,通过问题解决,在辨析的过程中完成对思维深刻性的训练。

**教学设计反思**：通过教学问题的设置与解决,在比较中训练思维深刻性。

问题的设置,要充分研究学生的认知水平,体现针对性。在学习困难之处,以具体实例体现"浅出"与"深入",提升不同认知水平学生的学习活动参与度。对比讨论的学习过程,既有知识面的扩展,又有化学原理深度的强化,能从多方面和多角度对学生的发展起到促进作用。

### 示例 2－51 元素周期律

**教学设计前期分析:**在元素周期律的学习中,电离能和电负性是重要的内容。学生对第一电离能($I_1$)和电负性的概念认知、递变规律易出现混淆。因此,针对性、对比性地设置教学问题,引导学生辨析思考,可强化认识,渗透对思维深刻性的训练。

**问题式教学设计:**

实例对比设问:N、O、F 三种元素,第一电离能由大到小的排序是怎样的?电负性由大到小的排序是怎样的? 为什么?

规律对比设问:

问题1:第一电离能是否包括稀有气体? 电负性是否包括稀有气体? 为什么?

问题2:同周期从左向右,第一电离能逐渐递增,有反常吗? 为什么? 电负性呢? 同一主族从上到下呢?

总结设问:

问题1:同周期第一电离能最小的是什么元素? 电负性呢?

问题2:第一电离能最大的是什么元素? 电负性呢?

**设计意图:**"实例对比设问"从 N、O、F 三种具体常见元素入手,引导学生从问题的分析与解决顺利过渡至概念的学习、规律的发现与原理的反思。同时,问题设置的起点低,能够增强学生自主完成问题解决的自信心和积极性。"规律对比设问"目的是引发概念剖析,以问题引导学生对第一电离能和电负性概念加强理解。引导学生从"同周期从左向右,同主族从上到下"两个方面进行对比,发现和学习规律;同一周期从左向右是否出现反常,对于第一电离能与电负性进行对比分析,帮助学生形成深刻认知和理解。"总结设问"以规律的具体应用设置问题,对比不同范围的第一电离能和电负性,使学生在问题解决中,以应用加深认识,同时进行思维训练。

**教学设计反思**:以对比设问进行思维深刻性训练,问题的设置也要体现认知规律:由具体实例分析到规律发现,从规律学习到规律应用。教学问题的设置应符合学生的思维特点和思维发展需要,针对认知误区和学习难点,体现由易到难的学习梯度、深入浅出的教学思想和方法。这样,学生才能做到自主思考、主动参与,才能在不断探究中完成深入学习。

以相关或相近的化学原理和概念的对比进行思维深刻性训练,可结合高中阶段的很多学习内容来完成。例如,氧化与还原,溶液、胶体、浊液三种分散系,金属铝与金属铁的抗腐蚀能力强弱及原因,氧化性酸与酸的氧化性,浓 $H_2SO_4$ 与稀 $H_2SO_4$ 的化学性质,浓 $HNO_3$ 与稀 $HNO_3$ 的氧化性,$Cl_2$ 和 $SO_2$ 的漂白性,可逆反应的化学平衡,弱电解质的电离平衡,盐类的水解平衡和难溶电解质的溶解平衡,等等。在化学概念与化学原理的学习中,密切联系教学内容和教学目标,以对比设置的教学问题引导教学活动的开展,有利于学生的发展。对比设问的引导,使学生在问题解决的过程中,需要进行分析、比较、归纳和应用,可增强学习的深度,使化学原理的学习与思维优化相得益彰。

## (三)在问题解决的过程中拓展延伸

"变式"拓展延伸的教学思路和方法,对于化学学科知识的学习能够在广度、深度和跨度等方面起到强化作用,同时对于学科认识的深化和提升,也能起到有效的促进作用。结合教学内容的特点,认识"变式"或者是外在形式改变,其实质无变化;或者是形式相似,但实质已发生改变等状况。为了洞悉形式与实质的"同"与"不同",学生势必要认真思考所学内容,从宏观到微观,从表象到本质,进行分析和比较,在这样的过程中,学科认识得以加深和提升,思维能力也得以强化和提高。

### 1.在"归类"的基础上实现"变式"拓展延伸

在高中化学教学中,深化学科认识,能够帮助学生以更符合学习实际需要的方法,实现多方面、多层次的发展。对于学习内容以"归类"的思路和方法加以整合,在"归类"的基础上找共同点,探究实质;在"归类"的基础上,找不同点,寻求拓展,可有效加强学生的学习能力,提高学习效率,深化学科认识。以"归类"为导向,以问题式教学贯穿始终,促使学生在自主探究和思考中积极主动参与问题解决，深刻体会"归类"等方法中蕴含的学科思想，体会其对高中化学学习的重要意义和作用。结合具体的学习内容，以教学问题的"变式"设置为引导，不拘泥于"归类"的局限，从表象到实质、从具体的问题解决到方法的习得与形成、从一般到特殊等进行拓展与延伸，既是化学原理学习的强化，又是学科认识的深化。因此，教师要认真研究教学内容的特点，多以学科思想的渗透与贯穿，将化学原理的学习与学生的发展融为一体。

> **示例2-52** **酸式盐与碱反应离子方程式书写**

**教学设计前期分析：** 对于与量有关的离子反应及离子方程式书写，学生初学时往往会觉得困难。怎样引导学生顺利突破难点呢？着眼点与入手点主要有这样三个方面：一是引导学生真正理解反应的实质；二是教会学生思路和方法；三是强化学生的系统认识。因此，教学中的深入学习与理解是必不可少的。否则，学生只是强记硬背方程式，缺少理解，能力与思维都难以得到提高。问题式教学设计，可将学科知识学习与思路方法强化有机结合，有效实现学生全方位的提升。同时，"变式"拓展与延伸，有利于学生在形成体系化认识的过程中，深化学科认识，增强思维能力。

**问题式教学设计：**

基础设问：$NaHCO_3$ 与 $Ca(OH)_2$ 水溶液反应，$Ca(OH)_2$ 少量与 $Ca(OH)_2$ 过量，其离子方程式是否相同？为什么？分别是怎样的？

变式设问：

问题1：$Ca(HCO_3)_2$ 与 $NaOH$ 溶液反应，$Ca(HCO_3)_2$ 少量与 $Ca(HCO_3)_2$ 过量，与上述的离子方程式是否相同？为什么？

问题2：$Ca(HCO_3)_2$ 与 $Ca(OH)_2$ 水溶液反应，反应过程与量有关吗？为什么？其离子方程式是怎样的？

**设计意图：** "基础设问"引导学生对于酸式盐与碱反应的实质、反应与量有关及离子方程式书写等形成初步认识。"变式设问"是"基础设问"的"变式"。从反应物来看，$NaHCO_3$ 与 $Ca(OH)_2$、$Ca(HCO_3)_2$ 与 $NaOH$ 是不同的。"变式设问"的提出，能够引导学生从宏观深入微观，分析物质在水溶液中的真正存在形式，体会到两组反应实质相同，从而进一步理解和掌握酸式盐与碱反应的离子方程式的书写方法;后续设问是进一步的延伸:是不是所有酸式盐与碱反应,其反应实质及离子方程式书写都与反应物的量有关? 通过对后续教学设问的分析与解决,使学生能够对酸式盐与碱反应形成较为完整和体系化的认识。

**教学设计反思**:酸式盐与碱的反应,是与"量"有关的离子反应中的重要学习内容,也是学习难点。以问题式教学设计作为突破难点,通过教学问题的设置进行"变式"拓展与延伸,在教学过程中实现思维训练与提升。

### 2. 以"量化"的思路实现"变式"拓展延伸

高中化学教学从定性到定量,是常见的拓展与延伸的过程。定性侧重的是对学科知识的学习,而定量则更多是对原理的应用,贯穿能力的培养和学科认识的深化。高中化学与"量"有关的离子反应及方程式的书写,在掌握其实质的基础上,通过对相关方法的学习与练习,能使学生感悟学科思想,在从定性到定量的拓展延伸中,能使学习自然深入,对学科认识的深化也能够自然得以体现和实现。因此,"量化"学习,是提升教学实效广泛应用的重要思路。在高中化学中,很多化学反应,都可进行定量分析,如 Na 与 $O_2$、$Fe^{3+}$ 与 Zn、$Fe^{3+}$ 与 $S^{2-}$、Fe 与稀 $HNO_3$ 的反应等。"量化"思想在教学中点滴渗透,以教学问题设置进行"变式"拓展延伸,有利于实现思维优化、能力培养等育人目标。

**示例 2-53** **铁及其化合物复习课**

**教学设计前期分析**:将 $Cl_2$ 分别通入 $FeBr_2$、$FeI_2$ 的水溶液中,其反应及离子方程式书写是综合性的、具有难度的学习内容。以教学问题设置,提供学生解决问题的梯度。同时,以变式形成拓展延伸,使学生能在学习中慢慢体会方法,学会应用方法,深入学习,优化思维。

**问题式教学设计**:

基础设问:

问题1:由反应 $2Fe+3Br_2=FeBr_3$ 进行分析,将 $Cl_2$ 通入 $FeBr_2$ 水溶液中,反应的顺序是怎样的?

问题2:$Cl_2$ 少量、$Cl_2$ 足量和 $Cl_2$ 与 $FeBr_2$ 等物质的量,分别对应怎样的离子方程式?

变式设问:

问题1:由反应 $Fe + I_2 = FeI_2$ 着手分析,将 $Cl_2$ 通入 $FeI_2$ 水溶液中,反应的顺序是怎样的? $Cl_2$ 少量与 $Cl_2$ 足量,分别对应怎样的离子方程式?

问题2: $Fe^{3+}$ 与 $I^-$ 可以发生氧化还原反应吗?为什么? $Fe^{3+}$ 与 $S^{2-}$ 呢?为什么?

**设计意图:**这组设问由已知反应分析反应顺序,是"变式",也是知识的应用与延伸。由 $FeBr_2$ 溶液到 $FeI_2$ 溶液是"变式",也是对比分析中的拓展;由 Fe 分别与 $Br_2$、$I_2$ 的反应,到离子间的反应,从 $Fe^{3+}$ 与 $I^-$ 的反应到 $Fe^{3+}$ 与 $S^{2-}$ 的反应,是"逆向"分析,也是类比推理。将已有知识的深入理解与应用融为一体,方法的学习感悟与认识的深化得以在变式延伸与类比中同步进行。以这样的教学过程有效突破学习难点,对于学科认识的深化有着积极的作用。"基础设问"提供学生问题解决的入手点,梯度与角度相结合,引导学生层次清晰地进行学习。运用"守恒"等学科思想,应用"定1法"等方法进行问题解决,学习容量大、思维含量高,将化学知识的巩固、化学原理的理解、相关方法的学习与强化,以问题的方式融于一体,促进学习过程中的思维深化。"变式设问"与"基础设问"既呼应又拓展,是延续又是巩固。从 $Cl_2$ 与 $FeBr_2$ 的反应延伸至 $Cl_2$ 与 $FeI_2$ 的反应,从 Fe 与 $I_2$ 的反应拓展至 $Fe^{3+}$ 与 $I^-$ 的反应,从 $Fe^{3+}$ 与 $I^-$ 的反应拓展至 $Fe^{3+}$ 与 $S^{2-}$ 的反应,以教学问题设置进行引导,达到举一反三的学习效果。

**教学设计反思:**对于 $Cl_2$ 分别与 $FeBr_2$、$FeI_2$ 的反应,从定性到定量,渗透对"定1法"等方法的训练,贯穿对"电子转移守恒""先强后弱"等化学原理的理解与应用,通过方法的练习,有效促进知识应用、思维训练。以"变式"达到方法、能力、思维多方面的拓展与延伸,使得学科认识深化与学科思想感悟在学习过程中得以体现与实现。

### 3. 以"逆向"思维实现"变式"拓展延伸

"变式"拓展延伸深化学科认识,在关注对所学原理应用的同时,也注重逆向思维的应用。"变式"拓展延伸,并不仅仅针对问题设置形式和学科内容的学习,更多针对思考角度的多维和思维方式的训练,在课堂教学中落实思维训练和优化。"逆向"思维,是另一种角度的学科知识应用,同时,伴随着分析、比较、判断的过程。逆向思维可用于很多高中化学知识的学习过程。例如,对"王水"成分的分析,电镀、精炼粗铜的电解池设计,$CH_4$ 分子、苯分子结构等,均可应用逆向思维进行分析,帮助学生摆脱单纯记忆给学习带来的困扰。"变式"拓展延伸深化学科认识,教学问题设置与逆向思维的结合,是思路、方法和思维层面上的变式,能促进学生运用所学知识更有效地将能力与思维提升融于学习过程。

**示例 2-54** **氧化还原相关反应分析**

**教学设计前期分析:**高中化学的学习中,氧化还原反应的相关规律经常可用于元素化合物的教学中,与很多物质的性质及反应联系密切。在问题式教学设计中,采用"逆向"思维的方式进行问题的设置,可以帮助学生对易混淆的化学反应等进行辨析,巩固旧知,学习思路和方法。

**问题式教学设计:**

基础设问:

问题1:卤素单质与 S,其氧化性强弱的排序是怎样的? $X^-$ 与 $S^{2-}$ 的还原性强弱排序又是怎样的? 我们可以应用什么规律进行判断?

问题2:通过哪些反应可以判断 $Fe^{3+}$、$KMnO_4$、$HNO_3$ 氧化性的强弱顺序?

变式设问:

问题1:$Fe^{3+}$ 可与 $I^-$ 反应,那么与 $S^{2-}$ 可以反应吗? 为什么? 请结合"王水"的相关知识,分析 $HNO_3$ 与 $Cl^-$ 是否反应,为什么? 在 $X^-$ 与 $S^{2-}$ 中,$HNO_3$ 能氧化哪些离子?

问题2:酸化 $KMnO_4$ 溶液常用哪种酸? 可以用 HCl 吗? 为什么? 在 $X^-$ 与 $S^{2-}$ 中,$KMnO_4$ 能氧化哪些离子? 请谈谈判断依据。

**设计意图:**"基础设问"是对氧化还原反应基本规律"单强离弱"的应用与巩固,同时也是教学问题设置的基础。后续设问也是对所学化学反应及原理的应用。问题设置,引导学生通过对所学反应的分析,判断 $Fe^{3+}$、$KMnO_4$、$HNO_3$ 氧化性的强弱。学以致用,进行思维训练,有利于深化学科认识。变式设问与解决,使得分析推理与逆向思维相结合,举一反三,真正做到在加深认知的过程中实现思维品质的优化。后续设问由客观事实进行分析推理,丰富与强化化学学科知识的同时,得出结论和规律,再继续应用规律进行分析、判断等思维能力的培养。

**教学设计反思:**要想以变式拓展延伸深化学科认识,则在教学问题设置中要关注对化学原理的应用,在应用中做到温故知新。例如,可应用已学化学反应"逆向"分析物质的氧化性与还原性的强弱,应用已知的实验方法及原理"倒推"其中所蕴含的元素化合物知识,应用客观事实反向分析未知的化学反应能否发生,等等。以化学原理与元素化合物知识相结合,从不同的角度加以分析,在回顾应用中引导学生不断深入思考,强化学生的分析能力及运用所学原理和知识解决问题的能力。

**4. 以"迁移"的方法实现"变式"拓展延伸**

以"变式"拓展延伸,深化学科认识,可从不同角度按照不同思路进行。我们可将同类问题从微观层面进行分析与认知,分析其表面与形式虽不同但实质却相同,促进对"宏观辨识与微观探析"学科核心素养的培养与形成;可以针对形式相同但本质存在差异的学习内容进行分析与探究,学生可通过概括、抽象和推理的思维过程,找异同、思原理,优化思维品质,增强思考能力;也可以是针对同一学习体系,深入发掘其相通之处,在教学问题的引导下,由此及彼,顺利地从已有认知结构实现迁移。迁移的过程,同时也是应用和实践的过程,更是实现学科认识深化、提升知识应用和实践能力的过程,有利于学生认知体系的丰富与完善及认知能力的培养与提高。总之,在高中化学教学中,可从不同的角度,运用不同的问题设置实现原理和方法的迁移。学习内容存在"变式",学习的过程存在"变式",但是,通过问题引导的迁移,学生要认识到实质与内在的相似,从而顺利学习新知识,提高学习效率。例如,高中对于平衡体系的学习,从可逆反应的化学平衡到弱电解质的电离平衡、盐类的水解平衡、难溶电解质的溶解平衡,其建立的前提、实质与结果及"逆等动定变"的基本特征等,都存在本质上的相似。因此,教学中以迁移变式进行拓展延伸,可使学生对平衡体系形成更为全面和深入的认识。

**示例 2-55** **水溶液中的离子平衡复习**

**教学设计前期分析:**高中阶段对于可逆反应的化学平衡、弱电解质的电离平衡、盐类的水解平衡以及难溶电解质的溶解平衡等的学习,都是从可逆反应的化学平衡开始的,学习内容有很多相通和相似之处。对于水溶液中的离子平衡,在复习课中,更要充分体现平衡体系之间的原理和学习思路的迁移。"变式"拓展延伸,既符合学习内容本质上的关联性和连续性,由此及彼,举一反三,有效提高学习效率,又能很好地引导学生学以致用,温故知新,顺利达到思维训练、提升能力的教学目标。而以问题式教学设计引导复习中的整合与内化,可将原理的深入理解与思维训练有效结合。

**问题式教学设计:**

问题1:电离平衡、难溶电解质溶解平衡,各自的含义及实质是什么?

问题2:影响电离平衡的因素有哪些? 由此可如何理解盐类水解的影响因素?

问题3(突出共性设问):$K_a$、$K_b$、$K_{sp}$分别与可逆反应平衡常数 $K$ 的共同点是什么?

**设计意图:**这三个问题都属于"凸显相通设问",是对高中阶段重点学习的电离平衡和难溶电解质的溶解平衡进行的对比复习,通过对其进行的实质的分析,凸显平衡体系的相似与共同之处;后续设问以电离平衡的影响因素为基础,通过迁移,可顺利建立盐类的水解平衡影响因素的知识框架。由教学问题的引导,探求实质与相通点,将思维训练与学科认识的深化自然融合于化学知识的再现与巩固的过程中。"突出共性设问"将可逆反应化学平衡常数 $K$ 及 $K_a$、$K_b$ 与 $K_{sp}$ 的复习融为一体,探究共同点,如表达式的书写、意义及对其内涵的理解等,帮助学生深入学习、构建体系化认知。以迁移的思路,通过问题引导的"变式"拓展延伸,对于高中阶段水溶液中的离子平衡知识的巩固,可帮助学生充分运用旧知,自主分析,完成深入思考的学习进程。

**教学设计反思:**"变式"拓展延伸的教学中,通过广泛联系、多方对比、自主建构等,学生对于化学知识和原理的学习是深入和深刻的。学科思维的形成与优化和具体学习内容密切联系,渗透于学习过程中,落脚于教学环节的推进中,落实于问题驱动的自主学习和思考中,使学生的思考力、问题解决的能力得以促进和提高。

"变式"拓展延伸的教学思路和方法,可以被广泛地用于高中化学的教学中，有效地促进学生的成长。高中化学教学中的"变式"延伸拓展，很多时候是通过归类、量化、逆向思维和迁移等思路和方法实现的。通过拓展延伸，学生对于化学知识、原理等的学习，能自主深入理解，更主动，更高效。教师在教学中，需洞悉学习内容之间不可分割的密切联系，了解学习内容的外在形式与内在实质之间的关系，这样，才能以恰当的问题设置、有效的问题解决过程，实现变式拓展延伸对学生全面发展与提升的积极促进作用。在教学过程中，教师要重视基础设问的"铺垫"作用和意义。"变式"拓展延伸的基础，是已有的化学原理和知识体系结构，也是拓展和延伸的前提。因此，在教学问题设置之前，在教学问题设置之中，教师要充分了解学生已有的认知结构，了解学生存在的认知困难，这是非常重要而且必要的。在教学问题设置中，前述内容可以是后设问题的铺垫；不同层次的问题，以铺垫为基础，层层递进；基础设问是学生理解学习内容必要的铺垫，也是学生自主思考、自主解决问题的切入点。这样，以问题引导展开"变式"拓展延伸，能促使学生积极参与，可有效发挥其深化学科认识、实现深度学习、促进思维训练和能力提升的作用。

## 三、促进教师教学能力的提升

教师的教学能力，主要包括应用教材和整合教学内容的能力、研究和了解学生的能力、组织教育教学活动的能力、良好的语言表达能力、进行教育科学研究的能力等。这些能力，体现在教学的方方面面：教师以怎样的方式呈现教学内容；教师在课堂教学中的问题设置是否有利于学生主动参与问题解决，积极参与学习活动；教师能否以恰当有效的教学评价，增强学生的学习信心和学习热情，从而通过更广泛的教学互动提高教学效率，全方位地提升学生素质；教师能否以持续的、日渐深入和广泛的教学反思与教学回顾，以及积极主动的教学研究，日渐开阔教学视野，丰富教学形式，提升教学水准，等等。以上教学中各个层面，教师的教学能力都发挥着重要的作用。因此，不断提升能力，对于每一位教师而言都是重要且必需的。但是，在教学实践中，对于能力的提升，不同类型的教师可能遇到的状况和困难不同。对于刚入职的青年教师，可能是这样的状况：虽然接受了相关专业教育，但真正站在讲台上，往往是一片茫然、模糊，不是教学方法欠妥，就是对教材和课程资源的有效整合不够，课堂驾驭能力不足，与学生真正意义上的互动欠缺，常常使简单问题零乱化、复杂化，对教学难点却

"一带而过"。而具有一定教学经验的教师,教学能力的提升面临的问题是,不知如何进一步提升教学能力,教学方法方式模式化,甚至固化。久而久之,还有可能产生职业倦怠,失去内在动力和热情,影响教学实效。此外,他们都还面临着一个共同的问题:学科核心素养培育的教学目标,如何通过教学过程得以落实和实现,如何与课堂教学融为一体。这是很多教师困惑、思考和亟待解决的问题。而问题式教学,能够对不同状况的教师教学能力的提升,起到积极的推动和促进作用。为初入职教师合理使用教材,整合教材内容,安排教学活动,顺利而有效地完成课堂教学提供思路和方法;对于具有一定教学经验的教师,为其突破业务"瓶颈",进行教学研究提供方向和切入点;为课堂教学中切实进行能力培养、思维训练和学科核心素养培育,找到具体的路径和有效的方法。

### (一)问题式教学增强教学内容的思考性

教学内容呈现的方式,直接影响学生参与教学活动的积极性。高中化学教学中,同样的教学内容,有的课堂教学能使学生兴味盎然,学起来津津有味,在愉快而又投入的课堂中,既能丰富有趣的化学原理和知识,又能增长信息获取和加工、问题分析和解决等各方面的能力,形成和积淀"宏微结合""科学探究与创新意识"等化学学科核心素养。而也有一些课堂,学生依然在被动接受、强记硬背中渐失对化学学习的兴趣。甚至,对于化学课堂,他们不再抱有热切的期待,化学学习逐渐变成他们的负担。被动的学习、事倍功半的学习效果,使得学生的化学学习举步维艰,逐渐使他们也失去了内在的兴趣和应有的乐趣。同样是高中化学的教学,同样的教学内容,为什么会出现这样截然不同的教学场景和教学结果呢? 教师对教学内容的处理思想和方法、教学内容呈现的形式和方式的不同,是其中的重要原因。对于高中化学的很多教学内容,问题式教学在增强教学内容的思考性、提升学生的思考力等方面,能够起到重要的促进作用。教学内容问题化的呈现增强了教学过程的思考性,能有效激发学生学习中的主动思考和积极探究。教学中,教师能否设置恰当的、适合教学需要的问题,是教师重要的教学能力,而教师也能以此为入手点,不断提升自身的教学能力。

#### 1.元素化合物教学在思考中层层梳理

高中化学中的元素化合物教学,很容易以"师讲生听"的方式进行和完成。教学常——罗列物理性质、结构分析、化学性质和重要用途等,学生在被动接受的过程中,不理解所学内容,不会应用所学知识,仅凭强记硬背学习,往往会造成其学习上的困扰,素养提升和能力提高也可谓举步维艰。元素化合物知识的学习内容繁杂,若能以问题式教学引导学生在思考中逐层梳理,条理清晰地进行自主学习,从已有知识的迁移和应用完成对新知识的学习,则可在知识体系逐步完善的过程中帮助学生提升认知能力。

**示例2-56** SO₂ 的教学

**教学设计前期分析**：高中化学中"分类"思想贯穿于很多教学内容。如化学反应分为离子反应和分子反应、氧化还原反应和非氧化还原反应、放热反应与吸热反应等,就是从不同角度对化学反应进行的分类。分散系分为溶液、胶体、浊液,也是在依据分散程度进行分类的基础上进行学习。还有,电解质与非电解质、强电解质与弱电解质、元素周期系等的学习中,分类更是重要的依据与学习内容。因此,对于内容繁杂的元素化合物教学,从物质类别等角度设置问题,可引导学生自主应用已有知识,在推导与推理中学习新知识,层层梳理,条理清晰、步步深入地学习、应用、思考与完善,教学效率提高与学生能力增强可逐步实现于课堂教学中。

**问题式教学设计**：

物质类别设问：从酸、碱性角度讲,SO₂ 的物质类别是什么？可发生怎样的反应？请举例分析。

化合价分析设问：从氧化还原角度对 SO₂ 中硫元素的化合价进行分析可知,SO₂ 可能具备怎样的性质？为什么？请列举常见的反应。

特性设问：SO₂ 能使品红溶液褪色,体现了它的什么重要特性？这个过程有什么特点？为什么？

**设计意图**："物质类别设问"以已有酸性氧化物概念及其共同的化学性质等展开讨论,问题设置起到了提纲挈领的作用。"化合价分析设问"则需要学生运用已学氧化还原反应的原理,在总体认知、探究原理、实例分析的过程中,在教师主导与学生主体相结合的教学中,对诸多化学反应在理解原理的基础上进行学习,从而优化学习效果。"特性设问"从现象逆推性质,从现象分析特点、探讨原理。问题的引导,可实现学生的主动思考和学习。从酸性与碱性、氧化还原和特性等角度,以问题梳理体系,以问题引导学习进程,帮助学生对高中阶段的元素化合物知识学习形成整体性的学习思路和框架性的认识,不仅有利于学生对具体物质,如 $SO_2$ 的学习,而且有利于学生对整个高中阶段元素化合物知识的学习,帮助其形成清晰的学习思路、正确的学习方法和明确的学习目标。形成认知角度和层次性要通过思考,应用已有知识要进行思考,对于相关原理的探究更要经过思考,因此,对于元素化合物,通过问题式教学进行层层梳理,本身就是一个让学生不断深入思考的过程。以这样的方法对教学内容进行处理,以这样的方式呈现教学内容,所具有的对学习过程思考性的增强作用是显而易见的。而教学内容呈现方式的思考性增强,使得学生在学习过程中的深入思考和深度学习自然发生,是非常有利于学生的成长和进步的。

**教学设计反思**:高中阶段,类别与分类的思想和方法,是对教学内容进行加工和处理的重要途径。类似于交叉分类法要有明确的分类依据和角度,教学中的教学问题设置也需角度明晰、方向明确,即有明确的问题指向性。这种指向性,一方面是针对学习内容,另一方面是提供给学生必要的思考方向和问题解决思路。在教学实践中,教学问题的设置过于空泛,指向性不明确,不利于学生的思考和对学习活动的积极参与。甚至,会出现教师自问自答的局面,课堂教学在实质上又演变成了师讲生听的过程,失去了教学问题设置的意义和应有的作用。因此,教师对于课堂教学问题的设置,一方面要重视,另一方面要善于自省和反思。在课堂出现冷场之时,不要只是责怪和埋怨学生的不主动,需先思考教学问题设置是否指向明确、条理明晰,是否有利于学生的积极参与。只有这样,教师的教学问题设置能力才能逐步提高,教材的处理能力、教学内容的分析和呈现能力、课堂驾驭能力等方可日臻完善。

### 2. 化学反应原理教学在思考中深入发散

高中阶段化学反应原理的学习内容之间存在密切关联。例如,$H_2O$ 的电离、盐类的水解与弱电解质的电离平衡之间,存在着千丝万缕的联系。教学中,关注这些内在联系,由已有知识推理探究新知识,在新知识的学习中回顾已学内容,关注对迁移能力的培养,关注对发散思维的训练,突破化学反应原理的学习难点。以教学问题设置,引导发散思维的过程,使学生在问题解决中,寻找所要学习的内容与已学知识、原理之间的相似性与不同,体会关联,体现联系。教学内容呈现角度、方式的思考性，决定了学生在不断探究中逐步发散、拓展、加深学习的广度和深度。发散的开端是思考的起点，是已有知识应用的开始；发散的过程是思考的扩充和延伸，是知识的应用和丰富；发散的结果是新知的获得、思考力的强化。与学生的不断思考相融合的教学，是教师整合教学内容能力的体现，是教师教学思想的外显。而教学问题的设置，起着承前启后、启迪思维的重要作用。而学生面对问题，接受信息，加工信息，回顾、应用已有知识，思考的方向、回顾的内容，都与教师的教学问题设置密切相关。以自主进行的抽象、概括和比较等思维过程完成的学习，无疑对学生的全面发展起着积极的作用。

**示例 2－57** $H_2O$ 的电离

**教学设计前期分析：**"水溶液中的离子平衡"的很多学习内容与问题解决，都与 $H_2O$ 的电离平衡有关。初学时，学生需要解决的重要问题之一，就是厘清基本原理。例如，溶液中的 $c(H^+)$、$c(OH^-)$ 与 $c_水(H^+)$、$c_水(OH^-)$ 的关系，$K_w$ 的概念及内涵，$c_水(H^+)$ 与 $c_水(OH^-)$ 二者是否相等及其原因等。若对这些基本原理认识模糊，则会对学习造成很大的困扰。因此，对于 $H_2O$ 的电离的学习，应充分了解学生可能存在的认知困难，以教学问题设置，不断引导学生发散思维，应用知识，厘清原理，加深认识。

**问题式教学设计：**

迁移设问：对比弱电解质电离平衡，请谈谈影响 $H_2O$ 的电离平衡的因素有哪些。

概念深入设问：$K_w$（$H_2O$ 的离子积）与 $H_2O$ 的电离常数相同吗？二者存在怎样的关联与不同？

发散设问：25 ℃，$c_水(H^+)$ 为 $1×10^{-12}$ mol/L，溶液中 $NO_3^-$、$Fe^{2+}$、$Na^+$、$SO_4^{2-}$ 能否大量共存？请分析原因。

**设计意图：**"迁移设问"从弱电解质电离平衡迁移至 $H_2O$ 的电离，帮助学生在类比中得到相应的框架性认识。"概念深入设问"针对学生易出现的认知误区设置问题，促使学生通过思辨、推导进行问题解决，对 $K_w$ 的影响因素及其结果思考异同，明晰含义。"发散设问"以常见的实例分析，引导学生对 $H_2O$ 的电离的相关原理进行综合应用。在这个过程中，进一步明确可能存在的认知误区,对于 $H_2O$ 的电离过程中重要的数量关系,通过以问题引导的教学过程进行梳理、发散,使学生对所学原理在应用中逐步形成深入理解。

**教学设计反思**:对于化学反应原理的学习,我们常在教学过程中告知学生不要只是单纯记忆,要真正理解。什么是理解? 判断方法之一是学生是否会应用。因此,对于化学反应原理的教学,能否引导学生在思考中逐步发散,教师的教学能力,如结合教学内容和教学需要设置符合学生认知基础、认知规律的相应问题的能力等,起着重要的作用。在教学问题设置中,由已知原理发散至新的学习内容,由原理学习发散至原理应用,都需要教师精心研究教学内容,找准发散点、关联点。同时,教学问题的设置还要关注学生主动学习、独立思考、自主解决问题的入手点和切入点。因此,在化学反应原理学习中,教师需深入研究,找到新的学习内容与已学知识在框架、体系和内容方面的相似与不同,以寻找相似实现迁移,以分析不同达成思辨能力的提高,以原理应用提升理解程度。从理解到应用,逐步发散,层层深入,在化学原理的学习中,提升学生的学习能力和思维品质。

### 3. 实验教学在思考中步步拓展

我们都能认识到化学实验在高中化学教学中的重要作用。那么,怎样才能将实验教学以更具思考性的方式呈现,从而更好地发挥其对学生在知识层面、能力层面和思维层面应有的促进作用? 首先,我们应该避免两种极端状况的出现。一是只讲不做、纸上谈兵,只有对实验的分析而没有实际操作的直接体验和完成;二是只做实验,不做深入细致的分析,学生热热闹闹地照葫芦画瓢,按照实验步骤完成了实验,却不明白其中蕴含的原理。对于"为什么要这样做"不明白也不去探究。这两种状况,都会造成实验教学的不完整与不深入,不利于学生对化学原理形成深刻认知,不利于学生在能力、思维等方面有更多收获。因此,对于实验教学,我们要精心设置问题,引导学生在思考中步步深入,使学生对于化学实验的认知由基本操作和基本原理,逐步深入、拓展,广泛联系,形成体系化认知。

**示例 2-58**　**乙酸乙酯的制备**

**教学设计前期分析**:乙酸乙酯的实验室制备,包含很多重要的实验基本原理。教学设问，可从实验中的防倒吸进行深入，一方面可对乙酸乙酯的制备原理逐步进行深入分析：因为是可逆反应，采取了哪些方法使反应正向进行的程度增大？其中，保持"液体微微沸腾"的目的是什么？如何做到？为什么要防倒吸？采用什么方法防倒吸？等等。另一方面，对于防倒吸这个实验中的普遍问题，也以问题进行引导，有了深入的全面认识：为什么防倒吸？怎样防倒吸？其原理是什么？有什么注意事项？由一个到整体，由点到面，从方法到原理，帮助学生对中学常见的防倒吸实验方法形成较为全面的认识。

**问题式教学设计：**

原理深入设问：实验中有无防倒吸装置？该实验中需要防倒吸的原因是什么？中学化学实验中，常因什么原因需防倒吸？

拓展方法设问：

问题1：中学实验中，常用怎样的方法和装置防倒吸？其原理分别是怎样的？

问题2：吸收 $NH_3$ 或 $HCl$ 等气体时，可采用 $CCl_4$ 和 $H_2O$ 的混合液防倒吸，其原理是什么？能否改为苯和 $H_2O$ 的混合液？为什么？

**设计意图：**"原理深入设问"引导学生观察实验装置，引出疑问，拓展延伸。"拓展方法设问"是前设问题的延续性设问，同时也是发散且深入的问题设置。在对比中，分析常用防倒吸方法的原理，促进学生深刻理解知识及应用。对于防倒吸这个中学实验中重要的学习内容，以问题引导，从原因、方法到原理及注意事项步步深入，帮助学生形成较为全面的认识，使其在后续学习中能够自主应用所学。

**教学设计反思：**从一个问题开始，步步深入，完成一个系列或一个方面的整体学习，帮助学生形成较为全面的体系化认知，从而内化为学生的能力和素养，在高中化学教学中，特别是实验教学中，是应该多加重视和应用的教学思路和方法。例如，由乙酸乙酯的实验室制备，深入到防倒吸的全面学习；由 $Cl_2$ 实验室制取，深入探讨万能装置，即洗气、量气、气体收集和安全瓶等的综合学习；将分别除去 $CO_2$、$SO_2$、$H_2S$、$Cl_2$ 中的 $HCl$ 气体杂质进行总体分析，由共同点到不同点进行对比讨论；由 $SO_2$ 的漂白性，展开对漂白物质的分类与回顾，如活性炭、木炭的吸附漂白，$Cl_2$、$Ca(ClO)_2$、$NaClO$、$O_3$、$Na_2O_2$、$H_2O_2$ 等强氧化性漂白，以及

$SO_2$ 的漂白,进行归纳与比较;由浓 $H_2SO_4$ 的吸水性,对酸性干燥剂、中性干燥剂和碱性干燥剂的选择与使用分别加以探讨⋯⋯化学实验中由点及面,步步深入,有助于增强教学过程的思考性,有利于系统化、体系化的认知形成。只有在富有内在吸引力的教学中思考,学生才能具备完整的认知体系,从而提高解决问题的能力,对于后续学习,不断提供持续的动力和支持。

高中化学教学中,元素化合物教学在思考中层层梳理,化学反应原理在思考中深入发散,实验教学中在思考中步步拓展,重要的是学生要有思考的时间和空间,思考的方向、思考的内容,还有思考的能力日益提升。教师教学问题的设置,从中起着不可替代的重要作用。因而,教学问题设置能力是教师不能忽视的教学能力。如何提高教学问题设置能力?需要在教学中不断研读、感悟、实践、改进和完善,周而复始,坚持不懈。研读教材,研究学生,这是基础和前提;感受教学问题设置的不同,对课堂教学所产生的重要影响,感悟问题设置的角度、方向、层次梯度和内涵容量,这是过程和思路;在课堂教学实践中,对于不同的教学内容应以相应的问题设置进行呈现,体会问题设置方式与教学内容的关联与对应。对于同样的教学内容,以不同的方式进行教学问题设置,观察课堂反馈,体会各自的优点与不足,这是方法的形成与习得;体会与分析课堂教学中问题设置是否达到预期效果,能否起到对教学过程的推进与促进作用,从而不断地改进问题设置的角度、深度、广度与梯度等,这是提升;关注教学实践中的积淀,善于交流、学习,在此过程中,不断地完善教学过程中问题设置的目标性、指向性和对学生参与度的提升作用,是教学问题设置能力不断增强的重要而实用的路径。综上,无论是教学经验丰富的教师,还是初上讲台的青年教师,以教学问题设置能力的提升为切入点,重视、学习、积淀和不断丰富,促使其不断提高,从而能够为教学互动的加强、课堂生成的有效处理、课堂驾驭能力等的提高提供有力的保证,起到积极的促进作用。

## (二)问题式教学帮助提升教师教学互动能力

课堂教学中,教师与学生之间能够和谐共进,积极有效地交流互动,对于教学效果有着重要的促进作用。在交流互动中,教师能够及时捕捉学生反馈,注意点滴信息,并能相应地对课堂教学的容量、节奏、问题设置等做出积极的调整和改进,使得教学过程更符合学生的实际需要,这也是教师教学能力的重要组成与体现。不同教师的教学互动能力往往存在较大差异。缺乏互动意识，欠缺互动能力，容易将课堂教学变为教师"一言堂""师讲生听"的课堂，也容易造成学生不善于表达，越来越缺少参与学习过程的意识、勇气和能力，对于学生的成长和发展是不利的。因此，我们倡导教师在课堂教学中善于进行教学评价，关注课堂生成，与学生能够平等交流、积极互动，以期能够在真正意义上实现"教学相长"。互动能力从何而来？如何加强？对于很多教师而言，从问题式教学开始，并在问题式教学过程中不断强化师生互动、生生互动，同时，不断提升教师开展教学互动的能力，是一种值得关注的途径。

**1. 教学引入以问题为中心的互动激趣**

良好的开端是成功的一半，教学引入环节对于一堂课的教学效果来说起着重要作用，决定着课堂的氛围，影响着整个课堂的基调和顺利推进。同样，课堂教学中的互动能否顺利开展和进行，以及互动的方式和互动的效果，教学引入环节也有着重要的影响。若能在教学引入环节精心设置教学问题，就能以问题为中心自然进行教学互动，顺利推进教学互动。在问题的思考和解决中，学生可以感受学习的内在趣味，在兴味盎然中，师生互动、生生互动以和谐融洽的氛围为教学增添应有的活力和动力。教学经验尚待丰富的青年教师，对教学互动的开展和进行，可能会觉得无从做起，找不到入手点，因此常常将课堂教学变成了"独角戏"，而且可能会出现教师越讲越紧张、课堂越来越冷场的局面。如何改变？从何做起呢？从教学问题设置和教学问题解决开始，是展开互动的好方法。将问题"抛"出来，静待学生反馈，你来我往，生动而富于活力的课堂教学可以就此拉开帷幕。

**示例2-59** **离子平衡图像分析（复习课）的教学引入**

**教学设计前期分析：**关于水溶液中的离子平衡及其图像分析，学生往往有畏难情绪，究其原因，很多时候是因为没有系统可行的方法。而在课堂教学的引入部分渗透方法的学习，可以通过"点题"激发学生的兴趣，引导学生以良好的状态进入方法的学习与感悟。

**问题式教学设计：**

总体设问：离子平衡图像分析，我们可从"点"入手。请大家回顾一下，我们经常分析哪些"点"？

　　**具体设问**：以室温时向 0.1 mol/L NaOH 溶液中逐滴加入 $CH_3COOH$ 溶液为例，分析起点、恰好反应的点、溶液呈中性的点、反应后溶质等浓度的点，各自对应的反应物量的关系是怎样的？

　　**延伸设问**：请分别分析，上例中各"点"对应的离子浓度关系分别是怎样的？

　　**设计意图**：教学引入部分以"点"设置教学问题，"点"很小，从心理上而言，可以在一定程度上无形中消除学生的畏难情绪。同时，教学设问直接提出"点"，而不同于更多情况下的授课方式和内容，学生新奇之余，会立刻饶有兴趣地开始思考，寻找"点"，教学互动就此开始。"总体设问"起到激起学生内在兴趣的作用。在实际的教学中，能引发学生的思考和关注，但可能对有些学生而言，问题解决存在困难。"具体设问"是对"总体设问"的延续。对于学习基础较好，能够自主顺利解决"总体设问"的学生，"具体设问"是巩固和完善；而对于"总体设问"的解决存在困难的学生而言，"具体设问"则能发挥积极的引导作用，为"总体设问"的解决提供具体思路和具体实例，问题的解决有了一定的梯度和难度的降低，使得更多学生能够参与教学活动。"延伸设问"则是"具体设问"的进一步深入，可使学生能够通过问题解决，在不同"点"离子浓度关系的对比分析中，更加明晰相关的化学知识和原理。

　　**教学设计反思**：在高中化学教学中，我们应该关注不同年龄阶段和不同认知层次的学生各自的学习需求和认知特点。高中阶段不同于初中阶段、小学阶段的外显和浅白，学习中的趣味更多是内隐而深刻的。需要经过深度思考和辨析才能得到问题的答案，具有思考性的学习过程对高中学生更具内在的吸引力。因此，激发学习兴趣和学习热情的教学问题设置，在其趣味的体现方式上应以关注学生的心理特征、年龄特点和认知需求为主。对于高中学生而言，教学问题设置应更多倾向于思维含量和内在的趣味性，以教学问题设置引导学生进行深层次的学习以及更具深度和广度的探究。同时，教学过程要具有内在的连续性和逻辑关系，教学问题设置要体现内在关联。例如，概括性问题训练抽象思维，则用具体化的问题作为延续，体现问题解决所需的必要梯度，化抽象为形象。而伴随知识的深化和应用，教学问题设置也相应地延伸和体现学以致用。教学问题设置内在的逻辑关系，引发概括、比较、归纳等思维过程，充分发挥对学习的促进作用。这样，教学互动方能以其内容的层次递进、角度的清晰新颖、方法的灵活变通达成顺利展开与完成，实现育人目标。

**2. 教学过程以问题为主导的互动推进**

教学引入环节的师生互动、生生互动，为课堂教学拉开了帷幕。而教学过程中，以问题为中心的推进，是教学重点的突出、教学难点的突破，需在教学过程中发挥互动的重要作用。以互动推进教学，比起单纯的教师讲解，对于教学重点的确定、教学难点的突破、教学方式的选择等，更符合教学的实际状况。而且，学科核心素养培育的教学目标，也要求教学中不仅要关注学生知识的获得，更要关注知识获得的方式方法，以更有利于学生发展的过程完成教学。因此，教学过程中通过教学问题设置，以师生互动、生生互动推进教学，是更有利于学生完成真正意义上学习的重要教学方式。在教学问题设置中，为提炼教学重点，突破教学难点提供思考方向。在问题解决中，以教学互动完成更富于思考性和探究性的学习过程。

**示例 2－60** 离子平衡图像分析（复习课）的教学推进

**教学设计前期分析：**在一节课的学习中，教师教学设计的脉络决定教学过程的脉络，决定学生学习和思考方向的脉络。教学设计层次分明、思路清晰，学生学习过程亦可明朗而明确。"离子平衡图像分析"教学设计，以"点"引入，引导学生可在教学推进过程中自然联想到"线、面、网"。而教师教学问题的设置，结合具体的教学内容和教学需要，赋予其具体的含义，有利于学生梳理、整合和应用所学，有利于学生意识到能力加强的重要性和必要性。

**问题式教学设计：**

引导设问：我们刚才谈到了"点"，那么，接下来我们可能要谈到的是什么？

启发设问：对于离子平衡图像中的"线"，常需分析哪些方面？请大家举例说明。

回顾小结设问：

问题1：若我们将"面"定义为"能力面"，请大家回顾离子平衡图像分析中，关于题设信息，我们要特别重视哪些能力的培养与加强？

问题2：由"点、线、面"到"网"，请大家小结离子平衡图像分析中常应用的重要知识和原理。

　　**设计意图**："引导设问"是过渡性的、总领性的设问,意图在教学引入的基础上,学生自主推进教学流程,以他们对教学过程的构思,引发探究兴趣,激发学习主动性。"启发设问"是以问题设置,引导学生对常见问题进行梳理,以学生举例等分析过程,完成相关知识和原理在这类问题解决中的应用和强化。"回顾小结设问"在问题设置中进行了一定的引导,以期学生运用信息获取和信息加工能力以及迅速关联所学原理的能力等,对于离子平衡图像进行分析,这对于学生问题解决能力的提升具有的重要作用和意义。通过具体的例析,提供解决问题的思路,强化学生的信息加工能力,可以增强学生的自信心,对于他们自主解决问题非常有益。而后续设问是一个学习中的"归宿",回归到根本,回归到原点,以前期的学习反思相关的化学知识和原理,使学生认知自然落脚于应用,而不是对其内容的简单重复。从某种角度而言,知识转化为能力,重点在于知识应用能力和问题解决能力。在"点"的基础上,"线、面、网"涵盖了原理应用、能力提升和知识升华。通过教学问题引导,以互动过程完成教和学,无疑是有利于学生成长和进步的。

　　**教学设计反思**:课堂教学的推进过程,往往是课堂教学核心所在。教师对教学能够做到游刃有余,才能以教学问题设置为基础,以教学问题解决为媒介,在真正意义上实现教学互动。而教学互动的真正发生,很大层面上取决于教师对教学推进过程的认识和理解。教学问题设置是否具有清晰的思路、内在的逻辑性、思维的连贯性;教师对于教学有深刻的理解,重视教学中的育人目标的全面实现,关注学生在学习中的全面提升等,都能在问题引导的教学互动中得到体现。教学设问的深度决定了思维活动的深度,教学设问连贯能够引发互动的连贯、思维的提升。以点、线、面、网为序,进行教学问题的设置与教学互动等,学生自然会由点开始,积极参与教学活动,并在课堂中充满期待,在期待中主动地猜想、思考和探究,能够自然而然地为课堂教学所吸引,在与教师、同学的积极互动、交流中顺利完成学习。因此,教师要认识到,能否有效开展教学互动,能否在互动中以更有利于学生成长与进步的过程进行课堂教学,从某种意义上而言,是"功夫在课外"。教师的教学思想、对教学内容的熟悉程度、对教材内容进行重组和整合的能力,以及针对教学真正需要进行问题设置的能力等,是影响教学互动的深层次因素。因此，我们以问题引导的互动推进教学过程，就要将以上的方方面面，作为切入点和入手点，在平时教学中勤积累、善思考，专注教学，用心研究。

**3. 教学内容以问题为先导的有序调整**

每一堂课的教学是否达成学生的有效学习，教师对教学内容的整合起着不可忽视的作用。同时，这也是教师教学能力的体现与反映。同样的教学内容，对于相同的学生，在不同年级和阶段，教学内容的侧重点、编排顺序、呈现方式都应不同。以问题为先导，有序调整教学内容及其顺序，是充分了解学生知识层次和学习需要基础上的因材施教。因材施教意识的形成与强化，能使教师在进行教学设计、选择教学内容时心中有学生，而因材施教的能力，能使教师在教学时眼里有学生。教师熟知教学内容，了解学生的认知，才能在真正意义上做到因材施教。而以问题为先导，对教学内容进行适时、恰当的有序调整，更是要求教师具备综合全面的教学能力。因此，提升教师的教学能力，从教材研究和整合着眼，从研究学生入手，以教学问题设置为落点，是我们可以结合教学实际付诸实施的思路。

**示例 2 - 61** **难溶电解质溶解平衡中的离子平衡图像分析**

**教学设计前期分析：**"水溶液中的离子平衡"的学习中，对难溶电解质溶解平衡的认识和理解，对很多学生来说是难点。在离子平衡图像分析中，学生常常感觉困难，根本的原因，也是因为学生对相关原理未能透彻认知。怎样面对学生的这些实际困难呢？怎样帮助学生真正解决困难呢？只有从根源，即从原理的深层次进行学习、领悟做起。

**问题式教学设计：**

概念梳理设问：一定温度下，将 $AgCl(s)$ 溶于水形成饱和溶液，从平衡的角度，如何理解饱和溶液？此时，溶液中 $c(Ag^+)$ 与 $c(Cl^-)$ 是怎样的关系？为什么？在相关图像中，常以何种方式体现？

延续对比设问：一定温度下，将一定量的 AgCl 固体，分别溶于 100 mL 水、0.1 mol/L $AgNO_3$ 溶液、0.1 mol/L NaCl 溶液中，达溶解平衡。三种体系的共同点是什么？不同点是什么？AgCl 固体的溶解量相同吗？请以 $K_{sp}(AgCl)$ 为依据,具体计算,并分析原因。

**反思小结设问:**关于溶度积 $K_{sp}$,大家还能想到哪些重要的原理?

**设计意图:**复习课的教学内容,远远不同于新授课的学习。新授课初步学习时,重点是基本概念和基本原理,从难溶电解质溶解平衡的建立、基本特征和影响因素等方面逐步进行讨论学习。而在离子平衡图像分析中,即相应的复习课中,则要提炼重点,突破难点。我们经常说提纲挈领,因此,以 $K_{sp}$(溶度积)为核心,以图像分析常用原理为线索,以问题设置为导向,对教学内容进行有序调整。"概念梳理设问"帮助学生明白溶解平衡即为饱和溶液,做到深入浅出。结合图像分析常见信息,为后续问题做铺垫。AgCl 固体溶解于水,因此$c(Ag^+)$与$c(Cl^-)$存在相等的关系,貌似简单,但学生常常因为没有深刻认识到这一点,在问题分析和解决中出现困难。"延续对比设问"是"概念梳理设问"的延续与对比,问题设置引导学生应用溶度积相关原理。厘清这组问题,对于很多图像分析所需原理可迎刃而解。而"反思小结设问"则是以发散的方式,引导学生回顾与完善对于溶度积的学习和认识。以教学问题的设置,突出了难溶电解质溶解平衡学习内容的核心,以具体实例分析,化抽象为形象,降低学习难度,化解学习难点。学生在问题解决中,可清晰、深刻地理解较为抽象的学习难点,教学问题的设置与解决做到了教学中的"深者浅出"。

**教学设计反思:**以问题为先导,有序调整教学内容,很多时候是为了突破教学难点、突出学习重点。因此,教学问题的设置,一方面要准确找出重点,另一方面,还要化解难点。其中,以具体的数据呈现,常可达到化抽象为形象,降低学习难度的效果。这种方法可用于很多高中化学的难点内容的学习。例如,常温下加酸加碱对 $H_2O$ 的电离的抑制、盐类的水解对 $H_2O$ 的电离的促进,可以不同条件下 $c_{水}(H^+)$ 和 $c_{水}(OH^-)$ 的数据,如 $10^{-12}$ mol/L、$10^{-5}$ mol/L 等与 $10^{-7}$ mol/L 对比,直观地呈现相关事实和原理。而且,学生以具体数据进行对比,易于理解。又如,对于化学平衡的实质,即 $v(正)=v(逆)$,以这样的方式表述:消耗为 $N$ 个……,同时生成 $N$ 个……,抵消为 0,学生能够迅速理解什么是化学平衡。再如,石墨比金刚石硬度小很多,但为什么石墨熔点高且更稳定? 在教师引导的对比分析中,辅之以两种物质中碳碳键能的具体数据,学生往往能恍然大悟。还如,如何理解分子间作用力比化学键弱得多? 以具体的 HCl 为例,分子内共价键键能为 431 kJ/mol，HCl 分子间作用力为 21 kJ/mol，问题迎刃而解。因此，将具体数据呈现在化学教学中，特别是在化抽象为形象的过程中，起着重要作用。教师需要有这种转化教学内容呈现方式的意识和能力。在教学问题的设置中，应用类似的思路和方法，能对学生积极参与问题解决，提供解决问题的抓手，起到促进作用。

在互动中开展教学活动，是学生成长的需要，是提升教学实效性的要求，也是将学科核心培育落实于高中化学教学的重要方法和途径。因此，教师需在教学实践中学习、研究和探索，不断提升教学能力。其中，开展师生互动、生生互动的能力是不可忽视的，是必须加以重视的重要能力。很多时候，从教学问题设置入手，以教学问题解决进行推进，能顺利而有效地完成课堂教学互动。同时，设问能力在以问题为中心的教学中得到不断加强，能够促进教师关注课堂生成，提升教学评价能力，能使教师对教学有更多的感受和领悟。以问题为中心的教学，能使教师对课堂教学的引导和实施的能力得到不断增强，方式方法不断得以丰富与完善。最后，教学所需的多方面能力互相促进强化，实现逐步提高。

## （三）问题式教学促进教师的教学反思能力

教师教学能力的形成与提升，不是一朝一夕就能实现的，而是需要恒心和毅力，需要持久的坚持和用心的学习。其中，用心思考每一堂课的收获和不足，对教学反思能力的提高起着不可替代的重要作用。善于反思，才能时时感悟教学中的长处，用心积淀，形成自己独特而富有创造性、实效性的教学风格；善于反思，才能及时发现教学中的不足，多方改进，逐步完善教学方法和教学过程。教学相长，通过交流和学习，在日复一日的教学中，课堂才能不再是简单的重复，而是精心琢磨而成的作品。因此，我们对于教学，不能认为重复多次，貌似熟练，就是能力的提高。教学中的用心反思和改进，是我们必须认真对待的环节。那么，怎样才能发现教学优势而将其继续完善，怎样才能意识到不足而及时改进呢？问题式教学，对于促进教师的教学反思能力也能起到重要的作用。我们以问题化的方式处理和呈现教学内容，本身就是教学能力训练和提升的过程。而在课堂教学中，准确捕捉学生反馈，及时体会教学问题的设置是否合理恰当，反思问题解决的过程能否实现教学预设和教学意图，便是在精心打磨教学方法和不断提升教学能力。在这样的过程中，教学内容的分析和处理、课堂教学的实施和完成就能够日趋合理恰当。教学反思意识的加强、教学反思能力的提高,能使教学日益满足学生学习和发展的实际需求。

**1. 正确对待课堂教学中出现的"冷场"**

对于课堂教学是否引起学生的共鸣,学生在课堂中是否有所收获,是否有学有所成的喜悦,从而对学习充满了信心和热情,教师是立刻可以从课堂氛围中感受到的。学生的表情和眼神、师生互动交流中学生的主动性、学生回答问题的语气等,都在向教师传递着种种信息。而教师要关注这些信息,及时捕捉信息,做出有效恰当的反馈与调整。作为教师,内心期待的是"活而不乱"的课堂。教学过程中,有教师问题的设置和提出,有学生积极的响应和参与,有良好的教学秩序,又有内在的热情和活力,这是我们所希望的课堂。但是在实际的教学中,我们却常常与冷场不期而遇。教师提出了问题,用期待的眼光望着学生,学生们却是一片寂然,甚至在教师重复问题多次的情况下,还是得不到学生的响应。这种冷场,会影响教师的讲课情绪,影响整个课堂教学的节奏。特别是在公开课或观摩课中,冷场的出现,甚至会使教师阵脚大乱。因此,在课堂教学中,我们一方面应尽量避免这种状况的出现,另一方面,需找到出现这种状况的真正原因。我们常常会将其归因于学生的不配合、认知基础差、学习不够积极投入等。其实,冷场的出现,正是教师需要认真反思教学之时,也是教师强化教学反思能力之处。

<u>示例 2 - 62</u>　共价键教学

**教学设计前期分析:** 学生在初中的化学学习中就已经知道了物质是由原子、分子或离子构成的,但并没有涉及离子化合物、共价化合物以及化学键的概念。通过本节课的学习,可以使学生进一步从结构的角度认识物质的构成,从而揭示化学反应的实质。

**问题式教学设计:**

问题 1:共价键常见的分类角度有哪些?

问题 2:从不同的角度分类,共价键的常见类型有哪些? 请举例,并说明分类的依据。

**设计意图:** 设置要有指向性明确的、内容递进的分组设问。在共价键分类的教学问题设置中，我们需要明确分类的角度，否则，就容易出现冷场或混乱的状况。教学问题的设置，要达到相应的教学效果，需要精心思考，需考虑教学需求，还需考虑学生的认知基础。问题不能过于简单，也不能太难。同时，问题的指向性要明确。这样，教学问题的设置才能做到学生易于参与、乐于参与问题解决，达到对教学流程和教学互动促进的目的。

**教学设计反思**：在高中化学的学习中，对共价键常见的分类角度有：从电荷分布的角度分为极性键与非极性键；从形成共价键的电子对数目分为单键、双键、三键；还有从重叠方式的角度分为σ键和π键，另外还有配位键。对于教学设问的指向性不明确。如"共价键的类型有哪些？"造成冷场，对于貌似简单的问题，学生不知该从哪个角度回答，就不能及时做出回应，这是因为学生不明白分类的依据。若要解决问题，就需先整理共价键常见的分类依据，然后从不同的分类角度逐一进行分析。或者学生虽然在七嘴八舌地回答，但思路和逻辑混乱，有分为极性键和配位键的，有分为单键和σ键的；当然，也有分为σ键、π键及极性键和非极性键的等等，由此则更是反映出学生对于共价键分类依据的不明确，因而将不同角度的分类混合在一起。在课堂教学中出现冷场时，教师要主动地从问题的难易程度、设问角度是否明确、设问的方式是否适合等方面反思教学设问本身需改进和完善之处。情况不同，教学设问调整的方法和思路也不相同。对于过难的设问，教师需通过补充设问，调整问题的层次和梯度；发现学生出现知识遗忘时，教师需通过补充设问，引导学生复习旧知；若经过多种方式的启发，学生还是不能独立完成问题解决，则需要以继续设问为补充，在教师引导下，通过师生互动，以灵活多样的处理方法达成问题设置和问题解决的教学意图。总之，我们对于课堂教学应有充分的教学预设，但不能过于期待实际的教学与预设完全一致。对于教学中的冷场，我们应将其当作另外一种形式的课堂生成，在自我反思中沉着应对，真正做到课堂教学既有预设又有生成，既有热情的互动，更有沉静的思考。若长期坚持，在问题式教学中，教师的教学反思能力、课堂驾驭能力等，也能在问题设置和问题解决中得以磨炼和提高。

高中化学的很多教学内容，潜在的教学线索是分类，体现的是以类别为出发点的学习思路。例如，化学反应从不同的角度分为氧化还原反应与非氧化还原反应、离子反应与分子反应、放热反应与吸热反应；化合物可分为电解质与非电解质,电解质又分为强电解质与弱电解质;对于分散系,有溶液、胶体、浊液;胶体又可以从分散剂的角度分为气溶胶、液溶胶、固溶胶,从分散质的角度又可分为粒子胶体和分子胶体等等。我们会发现,分类几乎无处不在,而树状分类法与交叉分类法往往联系在一起。因此,我们在教学问题的设置中,一方面要充分体现分类的思想,从类别的角度切入教学,往往能化繁为简,减轻学生的记忆负担,教会学生高中化学学习的思路和方法。另一方面,要明确分类的依据和角度,引导学生充分认识分类的角度不同,分类的结果也是不同的。对于同一事物逐步深入,往往应用的是树状分类的思想;而对于同一事物,从不同的角度进行分析,又常常应用交叉分类方法。目标指向性明确的学习过程,有利于学习中深度和广度的不断强化,也有利于在广泛联系中促使学生完善认知,自主建构知识体系。在这样的教学中,教师的教学能力和学生的学习深度可相互促进,成为教和学不断发展提升的内在动力。

**2. 把握课堂教学节奏**

教师对课堂教学节奏的调整是不能预定的过程,因为教师对学生的认知基础和认知能力的分析往往和学生的实际状况存在一定的偏差。例如,有些原理和知识学生已经学过,教师认为他们即使会遗忘,也应该掌握了最基础的知识和原理,但很多时候,学生可能连基础知识也没有完全掌握。而课堂教学节奏应取决于学生的实际状况,不能取决于教师的预设与安排。若不考虑学生的实际状况,只是按照教师的预设去推进教学,教学的实效性肯定会大打折扣,整体而言会事倍功半。在实际教学中,这就要求对于教学节奏,教师要在教学预设的基础上善于捕捉学生反馈的信息,及时反思,迅速调整,以期教学更符合学生实际,达到事半功倍。而学生的信息反馈从何而来? 可来自教学问题设置和教学问题解决,教师通过问题的"抛出"可及时了解学生的状况,进而及时调整课堂教学节奏,以期教学能真正面向学生,使得每一位学生都能学有所获。

**示例 2 - 63　同系物教学**

**教学设计前期分析:**关于同系物的学习,对于前期所学相关知识和相关概念的认识与理解,由于遗忘等原因,学生的实际认知基础常常与教师的预测存在一定程度的差异。因此,教学设计中应有"测试性"设问帮助教师及时获得有效反馈,准确判断学生的实际认知状况,恰当调控课堂的教学节奏。

**问题式教学设计:**

问题1:同系物满足什么条件?

问题2:"结构相似"的具体含义是什么?

问题3:互为同系物,结构相似,还需满足什么要求?

**设计意图:**在高中化学教学中,需时时进行教学反思。特别是在教材层面上,对于不同教材的统一学习内容的衔接,要进行认真的思考和恰当的处理。多反思教学的深度与广度,为每个阶段的学习打好基础;在同一内容的后续学习中,多反思、回顾与有效拓展,注重对已学内容的充分应用与查漏补缺。注重将教学落在实处,即着眼于学生真实的状况,准确把握课堂节奏。运用问题式教学,教师可适时以问题设置和问题解决的方式关注学生,了解学生状况,同时反思教学中的不足或不当,在逐步提升教学实效性的同时,使教学反思能力也能逐步得以加强。

**教学设计反思:**高中化学教学中,对于教学内容之间的衔接,我们不能过于理想化,过于乐观,对学生的认知基础和认知能力应努力做到准确评估。在实际教学中,存在过度拓展和加深内容造成学习困难的状况,也存在忽视学生已有知识,应用不够充分的情况,还存在忽视学生遗忘、教学节奏过快的状况。种种状况,都会影响教学效率,减弱学生的学习热情和积极性,从而造成学生学习上的困难。如何尽可能避免呢? 以问题为中心贯穿教学过程,强化教学反思,及时调整教学节奏,是重要的方法。以教学问题的设置与解决,及时发现拓展与加深是否恰当,是否给学生造成过多过重负担。又可通过教学问题的设置与解决,引导学生主动回顾已学原理,并及时发现学生的知识遗漏,以教学互动强化巩固,促进完善。教学中的反思,在不同教学阶段侧重点可能存在不同。但是,无论哪个阶段,教学反思都是提升教学能力必不可少的环节,应引起我们足够的重视。通过教学反思,及时调整教学内容和教学节奏,教学问题设置也起着重要的作用。因此,我们以问题为媒介,观察、思考、改进与完善教学,能在课堂教学中努力实现师生共进。

**3.重视师生之间的交流**

教学中,教师要努力做到"心中有学生,眼里有学生",师生之间的交流也是必不可少的教学环节。师生之间的交流,并不局限于课堂教学中的师生互动,而是有着多种多样的方式和方法。高中阶段的学生,性格各异。外向的孩子,可能在课堂中积极活跃,而内向的孩子,可能更乐于私下交流。而教师充分地关注学生,就要注重以灵活多样的方式方法,拓宽与学生交流的层面,强化与学生交流的深度,不仅要重视课堂教学的互动,也要加强与学生的课后交流,等等。而对于高中教学,这些交流也多以问题的方式进行呈现。对于学生提出的问题,我们不能仅满足于为学生解答,而需要更深层次的思考:学生为什么会有这样的问题? 这个问题是不是共性的问题? 教学中是否存在不足? 很多时候,师生交流中的问题,的确反映出了教学中需要完善之处。

**示例 2-64**  $C_2H_2$ 的教学

**教学设计前期分析**: $C_2H_2$ 是高中化学学习的炔烃的代表物质,因此,关于 $C_2H_2$ 的教学是重点内容。课堂上,从官能团分析、物理性质、制备、化学性质、用途等方面,进行了较为详细的讨论和学习。但是,往往有同学与教师课后交流,对相关实验装置和原理等存在疑惑之处。我们可以通过问题设置对其进行启发。

**问题式教学设计**:

关于实验装置:启普发生器是怎样的实验仪器?

关于实验原理:实验室制 $C_2H_2$,用饱和食盐水代替水,为什么可以减缓反应速率,从而得到较为平稳的 $C_2H_2$ 气流?

关于化学性质: $C_2H_2$ 能否发生加聚反应?

关于物理性质: $C_2H_2$ 为什么微溶于水? 与其碳碳三键有关吗?

**设计意图**:学生关于实验装置提出的问题,教师往往是比较意外的,以为学生在初中阶段已经了解启普发生器;而实际的状况却是各校实验条件等原因,有学生甚至在初中没见过启普发生器,根本不了解。从实验室拿来启普发生器,展示、分析其原理,并介绍其简易装置。通过专题讨论,形成对 $C_2H_2$ 加聚反应的拓展认识,丰富学科知识,开阔视野,增强学生在化学学习中的探究愿望和探究热情。

**教学设计反思**:关于实验原理的问题,教师首先反思课堂教学中没有引导学生深入探究"为什么",多数学生心存疑惑。改进的方法是,教师不直接告诉学生答案,而是让学生去自主查阅资料,自己找到答案。让学生自己发现:因为

$CaC_2$ 消耗饱和食盐水的溶剂 $H_2O$，$NaCl$ 固体析出附着在 $CaC_2$ 表面上，减少了 $CaC_2$ 与 $H_2O$ 的接触面积。因此，改用饱和食盐水可以减缓 $CaC_2$ 与 $H_2O$ 反应的速率，从而得到比较平缓的乙炔气流(让学生由衷感受到学习和收获的喜悦)。课堂上，教师也可以给其他同学提出这个问题，请同学认真思考、讨论，直到大家都有所收获。仅仅是一位同学与老师的课后交流，教师的认真对待，既促使自身反思，又激发了提问学生的学习热情和学习自信心，还激发了全体学生的探究意识。由此，教师在教学中重视与学生的交流，注重反思意识和反思能力的提升，其重要意义可见一斑。在这样的过程中，问题的提出显然起到了非常重要的衔接、"桥梁"作用。关于化学性质问题的提出，在后续学习中，教师可引导学生进行专题讨论：乙炔分子的低聚，如二聚、三聚、四聚等；乙炔分子不完全加成产物的加聚，如由乙炔制得氯乙烯、丙烯腈，加聚得合成树脂聚氯乙烯、聚丙烯腈(人造毛)，并了解其在生活中的重要应用；获得诺贝尔奖的乙炔高聚反应及产物的结构特点，人类对导电塑料的探究……

由以上乙炔的教学实践，深感教师要关注教学过程中与学生的交流，更要重视对交流所得信息的分析与处理，认真反思课堂教学，对于不同的状况，采取相应的合理方式，进行有意义的延伸、加深和拓展。在这个过程中，要善于透过问题看到教学中的不足，增强学生的探究热情，认识到后续教学中所要补充完善之处。总之，教学中的交流所得，当以问题的形式呈现于学生眼前时，我们需要有相应的教学智慧、严谨的态度、缜密的思考，用心将问题转化为更广泛、更深层次的交流，转化为学生不断深入学习的持久动力。

在高中化学教学中，问题式教学促进教师的教学反思能力，体现于教学中的方方面面。特别是在遇到教与学的挫折之时，如当我们的课堂氛围不再充满活力、当学生缺乏互动热情、当学生在学习中感觉困难重重之时等等，我们都要能以教学设问为引导，以问题解决作为师生交流的桥梁，研究现象之后的深层原因。在此基础上，反思，改进，使教学有的放矢，充分发挥教师的引导对学生成长的重要作用。以教学设问发现教学不足，引发对教学不足的思考，促进教学反思意识的强化和教学反思能力的提高。以不断的教学反思，促成教学能力的不断加强，不断优化我们的教学。在教学中努力做到教得用心、学得顺利，教学相长，从而使教师不断成长、学生不断进步。

# 第三章

# 问题式教学与教学设计融合

教学设计对于课堂教学而言,如同影视表演中的剧本。一部优秀的剧目,剧本起着至关重要的作用。同样,课堂教学的实效,很大程度上取决于教学设计。问题式教学在课堂教学的每个环节得以体现和顺利实施,将其与教学设计进行融合是重要的基础和前提。问题式教学与教学设计的融合,教师的问题化教学意识的加强,需要我们从各个方面付诸实施。

## 第一节 教师问题化教学意识的强化

教师问题化教学意识,指的是在教学中,教师能够充分认识到问题式教学在促进学生思维能力发展、推进教学流程、加强教学互动有效性等方面能够起到的重要作用,从而能以恰当的方式问题化呈现教学内容,以问题为中心,着眼于学生的学科核心素养和能力培养,有序展开课堂教学的教学思想。而问题化教学意识的强化,需要我们在平时的教学实践中,以点滴积累和感悟为基础,从多维度、多层次和多方面达成。

### 一、在教学设计中强化问题化教学意识

教学设计是课堂教学的开始。因此,教师问题化教学意识的加强,也应始于教学设计。

### (一)在情境创设中强化问题化教学意识

教学情境创设是教学设计的重要组成部分。以问题创设教学情境,教师可以带着问题教,能够使教学过程富于探究性,对学生具有内在吸引力。而学生

带着问题学,则能够积极主动地学习、思考,能以所学知识最终解决问题,亦可体会学习中收获的喜悦。学习中的深层次快乐,不仅有利于当前的学习,对于学生的终身学习及后续发展都能提供持久的动力。那么,问题化教学情境创设的基本思路和方法是什么？应该注意哪些方面的问题呢？

**1. 寻找真问题创设教学情境**

对于问题化教学情境的创设,我们倡导寻找"真"问题。以真实的问题为线索进行教学,更能体现化学的重要应用和意义。我们对"真"问题的探寻,主要从哪些方面着眼呢？

（1）从化学发展史中寻找真问题

在化学的发展史中,无数科学家倾尽心力,孜孜不倦地进行探索、寻求,克服重重困难,甚至献出宝贵的生命。其中,有着多少令人敬仰的科学家,多少生动有趣的故事,多少杰出辉煌的成就……这些,我们都可以将其与具体的教学内容进行结合,将其用于教学情境的创设。以此,帮助学生了解知识和原理的来龙去脉,感悟科学探究的宝贵思想和方法,汲取丰富素养和可贵精神,获得前进的动力。

**示例 3 - 1 金属的冶炼**

**教学设计前期分析：**金属的冶炼,与人类的生活、生产实践息息相关,学生对此兴趣浓厚。学习中,贯穿始终的是金属的冶炼方法与金属活动性之间的内在关联。结合生活实际的真实状况,如金属的冶炼和大量使用年代的不同等设置问题情境,引导学生对似乎司空见惯的现象,从化学的视角进行再认识,使这一过程中学生的学习热情与探究意识自然地得以萌发。

**问题式教学设计：**

问题 1：青铜器时代距今 4500—4000 年,而铁器时代在青铜器时代之后；铝在地壳中含量居于金属第一位,而铝的大量使用不过两百多年。其中,蕴含着哪些化学原理？

**设计意图：**以金属的冶炼方法与使用年代创设问题情境：铁器时代为什么在青铜器时代之后？铝在地壳中含量高,为什么大量使用的年代距今只有两百多年？以人类社会生产过程中的真实问题,贯穿课堂教学的始终。有问题的提出,有问题的分析,也有问题的解决和回顾反思,从而形成了有始有终的闭环。

问题情境引导的教学,使学生能够被其内在的思考性所吸引。同时,也使学生能够深刻地从青铜器时代、铁器时代以及铝的大量使用中体会到人类社会的进步与发展与化学原理内在的、密不可分的关联,领悟学习化学的重要意义,进而对后续的学习和发展产生持久而深远的积极影响。

**教学设计反思:**高中化学的教学内容,与化学发展史存在着千丝万缕的联系。例如,对原子结构的研究和各种模型,从道尔顿、汤姆生、卢瑟福、波尔到薛定谔;元素周期律的发现与发展,元素周期表的不断填充与完善;苯分子的发现、苯分子结构的确定;$O_2$、$Cl_2$、$F_2$等多种物质的制备;塑料、橡胶等物质的合成与改进;从伏打电池到各类燃料电池的研究与使用,不胜枚举。在学习相关内容时,我们要从化学发展历史的长河中,采撷朵朵浪花,转化为思维之花、思考之果。以真实的问题创设课堂教学的问题情境,对于教师,是问题化教学意识的强化与提升;对于学生,既是对化学殿堂构建的回眸,又是勇攀化学高峰的动力所在。以化学发展史为源,以真实问题为本,创设问题化教学情境,教师与学生在回顾与思考中共探化学原理。

(2)在现实生活中寻找"真"问题

众所周知,化学知识和原理,其根本起源是生活和生产实践,是在不断探索中逐渐发展与完善的。化学,与我们的生活有着日益密切的联系。因此,寻找"真"问题创设教学情境,现实生活是不可忽视的宝贵资源。结合教学内容,从学生身边的问题着眼,引导学生对熟悉的事物以化学的视角进行再认识,以使其对此能有更深刻的认知。同时,也可引导学生自主发现生活中的"真"问题,激发他们的探究意识。化学源自生活,而化学的学习又必须回归生活,这是激发学生学习热情的重要方法。

**示例 3 - 2** 糖类

**教学设计前期分析:**糖类作为重要的营养物质,在生活中随处可见。着眼于学生熟悉而易产生认知误区的事物去创设问题情境,能激发学生的探究热情。例如,生活中常见的无糖食品,是真正意义上的无糖吗? 无糖的含义是什么? 生活中的"糖"与化学中的"糖"是一回事儿吗? 它们之间是怎样的关系? 围绕这些问题,以无糖食品为着眼点,为课堂教学提供学习"主线"。

**问题式教学设计:**

问题1:"无糖"肉松饼,为什么要"无糖"?

问题2:"无糖"的含义是什么?

**设计意图:**以生活中的"真"问题,创设教学情境,使教学能够自始至终吸引着学生。而通过学习,学生对生活中的"无糖"食品能有新的认识和更多的了解。感受化学学习与生活的息息相关,学生的学习热情也会日益增长。

**教学设计反思:**我们常说,衣食住行离不开化学,而高中化学的学习也与衣食住行密切相关。人造毛、高分子纤维、纤维素、颜料($Fe_2O_3$)、漂白剂等,与衣相关;而糖类、油脂、蛋白质、合成氨工业、$CH_3CH_2OH$、$CH_3COOH$ 等多种有机物及各类食品添加剂等,与食有着直接或间接的联系;硅酸盐工业、$Al$、$Fe$、甲醛等,与住有着不可忽视的关联;热化学方程式、原电池、金属、氮的氧化物、汽油、塑料、环境保护等,与行有着千丝万缕的关系。因此,生活就是创设教学情境"真"问题的源泉。我们要以多样的方式,引导和鼓励学生从化学的视角去认识生活和世界,运用化学知识去认识社会热点问题和现象。以生活中的"真"问题,激励学生从生活中学习化学,同时又能将化学知识应用于生活。

(3)从未来发展中寻找"真"问题

高中教学,是在培养祖国的未来建设者。因此,我们的课堂教学不仅要关注现实生活,更要引导学生树立长远目标,面向人类和社会的未来发展。人类社会在不断进步,科学技术在不断发展,高中化学教学也应从未来发展中寻找"真"问题创设教学情境。在这个过程中,学生能够透过现有的知识,意识到学习的永无止境,认识到发展和进步的重要意义,憧憬未来,从而以更多的热忱投身于学习和探究。

**示例3-3** **塑料**

**教学设计前期分析:**有机物遍布生活的方方面面。其中,各种各样的塑料,更是让人们又爱又恨。爱,是因为塑料的出现,带给人类很多便利。恨,又是因为众所周知的"白色污染"对环境造成太多危害。因此,关于塑料的学习,可着眼于塑料的未来发展这个"真"问题创设教学情境。以塑料在人类生活中的角色转变为中心,层次分明地设置教学问题。

**问题式教学设计：**

问题1：我们现在常用的塑料，其化学成分分别是什么？哪些可用于食品包装？

问题2：塑料所造成的环境问题主要是什么？人们从哪些方面着手治理？

问题3：可降解塑料指的是什么？目前投入使用的可降解塑料有什么？其原理是怎样的？

问题4：塑料是导体还是绝缘体？有望制出的导电塑料高分子，可能具有怎样的结构特点？

问题5：对于塑料，大家有怎样的期待？

**设计意图：**发展中的化学，化学中的发展，这是在高中教学和学习中，教师和学生都应具备的基本思想和观点。高中化学的很多内容，也都在不断地发展与完善，甚至可以说是日新月异。例如，元素的不断发现、元素周期表相应的改变；各类电池，特别是燃料电池的生产和应用日益广泛；化学肥料、农药、合金、药品，各类生活用品等的不断开发与研制……而这些改变和发展，影响着社会生产和生活的方方面面，带给人们更多便利的同时，也可能存在各种隐患。因此，我们要以"动"与"变化"的眼光来对待化学，对待高中化学的教学和学习。在化学的未来发展中，寻找真实问题创设教学情境，有利于学生关注科学发展的前沿动态，树立远大的理想和抱负。

**教学设计反思：**以"真"问题创设教学情境，是我们在高中化学教学中应努力坚持和做到的。对真实存在的问题进行研究和学习，能使化学教学富于魅力和吸引力。我们经常倡导学以致用，这种教学情境的创设，给学以致用提供了方向和方法，能够增强学生的学习动力，提升高中化学教学的实效性。而"真"问题的寻找，出发点是教学内容，着眼点是化学的过去、现在和未来，面向的是古今中外和全人类的发展。高中化学教学以开阔的视野、丰富的内涵，使得教师的"教"和学生的"学"更加有意义。

### 2. 多样化的问题呈现思路

问题呈现的思路，应针对不同的教学内容，亦可以是灵活多样的。

（1）"总—分—总"的问题呈现思路

教学问题的"总—分—总"呈现，先从总体上进行预设，再进行分角度、分层次的讨论分析，最终又回到全面的认识上。如果说第一个"总"是预测，那么第二个"总"则为落实与回顾；如果说第一个"总"为提纲挈领，建构知识框架，第二个"总"则是概括总结；如果说第一个"总"是初步的认识，那么第二个"总"则为认识的升华。而在两个"总"之间，是不同角度的探讨、分层次的细研，是两个"总"之间的"桥梁"。这样的问题呈现，使得整个课堂教学结构分明、梯度有序、思路清晰，符合学生的认知特点和认知规律，有助于学生逐步递进地完成问题探究。同时，也可训练学生的思维能力，增强其思考能力。

示例 3-4  **苯的化学性质**

**教学设计前期分析：**基于苯中的碳碳键，是介于碳碳单键与碳碳双键之间的特殊的化学键，应用学生的已有知识创设问题情境，帮助其从总体上认识苯的化学性质。苯的化学性质是学习重点，可分别以苯的溴代、硝化、催化加氢等反应为基础，以"分"的方式创设问题情境，引导学生逐步进行深入、层次清晰的思考与学习。在苯的溴代反应学习中，对如何证明该反应是取代反应而不是加成反应，可运用"分"的思路，从不同的角度创设问题情境。以学生对苯的化学性质的反思与小结创设问题情境，帮助其对苯的化学性质形成总体性和框架性的认识，对教学内容进行提炼，将认识加以升华。

**问题式教学设计：**

任务一：教学引入"总"问题

问题1：碳碳单键对应的烷烃，其特征反应是什么？

问题2：碳碳双键对应的烯烃，其特征反应是什么？

问题3：预测一下，苯中的碳碳键介于碳碳单键和碳碳双键二者之间，可能发生怎样的反应？与烷烃、烯烃完全相同吗？

任务二：教学重点"分"问题

问题1：证明苯的溴代反应为取代反应，可依据哪种物质的生成设计实验方案？为什么？

问题2：HBr 气体的水溶液中，主要的溶质粒子是什么？为什么？

问题3：从 $H^+$ 的角度，可设计怎样的实验方案？

问题4：从 $Br^-$ 的角度，可以设计怎样的实验方案？

问题5：吸收 HBr 气体，实验装置要注意什么问题？为什么？

问题6：证明 HBr 的生成，哪种物质会造成干扰？为什么？如何除去？其原理是什么？

问题7：关于苯的硝化反应，可围绕反应条件，"分"角度创设问题情境。

问题8：浓 $H_2SO_4$ 与浓 $HNO_3$ 的混合酸应如何配制？为什么要这样做？试剂的添加顺序是怎样的？请分析原因。

问题9：如何实现 55~60 ℃的恒温？与 $H_2O$ 的哪种性质有关？温度计的位置是怎样的？

问题10：反应容器上的长导管有哪些作用？请谈谈相关原理。

问题11：关于苯的加成反应，可以分别从哪些方面创设问题情境？

问题12：苯和 $H_2$ 发生加成反应，反应物的量是怎样的关系？请说明原因。

问题13：苯与环己烷结构的异同点是什么？

任务三：回顾反思"总"问题

问题1："易取代，能加成，难氧化"，"易"是相对什么而言的？"能"加成的反应是什么？与烯烃的加成反应有哪些不同？"难"氧化，是不能氧化吗？

**设计意图**：教学引入从"总"的层面创设问题情境，帮助学生加强对化学大概念"结构决定性质"的认识。以此为核心，引导学生运用已学的烷烃和烯烃的相关原理，从结构的角度，总体上预测苯的重要化学性质，形成认知框架。关注学生的知识应用能力，强化对化学大概念的进一步理解和运用。

以"总"问题进行的回顾反思，既是对课堂所学知识的总结，也是深入和升华。可以引导学生进一步分析和加深理解，对于课堂所学知识能够形成体系，避免产生认知误区。

教学重点以"分"的方式创设问题情境，集中于重点教学内容，如苯的溴代反应、硝化反应和加成反应，逐一呈现问题。对于苯的取代反应和加成反应，在教学引入"总"问题的基础上，进行不同角度的分析与讨论。在问题的逐步解决中，凸显学习过程中的层次递进和探究性。

**教学设计反思**：运用"总—分—总"的思路，在教学中有序创设问题情境，关注知识的逻辑关系是重要的方面，同时关注学生的认知规律更是不可忽视。在问题呈现中，不能将二者割裂，而是要相互联系。不同的教学内容，"总—分—

总"的思路也各有其特点。例如，在元素化合物教学中，通常结构分析对应"总"问题，化学性质对应"分"问题，而应用与用途又对应"总"问题。在化学反应原理教学中，要以要点或框架设置"总"问题，以关键词或适用条件设置"分"问题，以具体实例分析设置"总"问题。实验教学中，应用实验原理设置"总"问题，以装置分析设置"分"问题，数据处理及误差分析对应"总"问题。总之，不同的教学内容，教学情境创设中问题的呈现思路，体现的是教师的教学思路。"总—分—总"思路下的知识体系通常是从预测到求证，再到反思，认知规律由浅入深再升华，或由点到面再提炼。教学内容的层次性、思维的逻辑性，在问题情境创设，即教学问题设置中均能得以体现和实现，同时还可通过教学情境创设强化问题化意识。

（2）"树状"的问题呈现思路

高中化学的学习中会遇到树状分类法和交叉分类法，我们可将这些思路和方法，迁移到教学情境创设中。例如，以树状的方式呈现教学问题设置，体现学习过程中的层层深入和逐步细化。在教学中，先建立框架性的认知体系，对其中的每一个"分支"，继续加以探究。如果需要，还可继续细分。树状地呈现问题，使得教学和学习的层次性可明晰地呈现于教学过程中，带领学生在递进中学习元素化合物知识和化学反应原理等，可谓学习思路清晰。很多时候，这样的问题呈现方式能够起到以已有知识导出新的学习内容，在难点学习之前做足铺垫，梯度呈现学习内容，分解学习难点等作用，有利于消除学生的畏难情绪，有利于学生主动参与学习活动。

示例 3-5    $NH_3$ 的还原性

**教学设计前期分析：**在学习 $NH_3$ 的化学性质时，学生已经学习了氧化还原反应及其相关规律，也比较充分地感受了高中化学的学习角度和学习重点。因此，教学中要积极引导和启发学生应用已学原理和方法，以分析和研究的过程完成学习。针对教学内容的特点，我们可应用树状呈现问题的思路进行教学设问。

**问题式教学设计：**

"主干"设问：分析 $NH_3$ 中 N 的化合价，从氧化还原的角度分析 $NH_3$ 应具有怎样的化学性质？$NH_3$ 对应的生成物常是什么？

"分支"设问：

$NH_3$ 与 $O_2$ 反应：分为几种情况？分别是怎样的产物？在生产实践中的重要应用是什么？

$NH_3$ 与 $Cl_2$ 的反应：

问题1：反应与量有关吗？为什么与量有关？请分别书写相应的化学反应方程式。

问题2：足量 $NH_3$ 与 $Cl_2$ 反应，有怎样的现象？常可用来做什么？

问题3：分析足量的 $NH_3$ 与 $Cl_2$ 的反应，氧化剂与还原剂物质的量之比是多少？如何分析？

$NH_3$ 与 $CuO$ 的反应：

问题1：$NH_3$ 与 $CuO$ 反应的现象是怎样的？请写出相应的化学反应方程式。

问题2：类推回顾，能与 $CuO$ 反应的物质有哪些？均表现了什么性质？

问题3：$CH_4$ 与 $CuO$ 在一定条件下能否反应？为什么？其产物可能是什么？

**设计意图：**对于 $NH_3$ 的重要化学性质——还原性的学习，采用树状的问题呈现，可以做到教和学的层次清晰。"'主干'设问"分析 $NH_3$ 具有还原性的原因及常见氧化产物，形成总体认识。在此基础上，"'分支'设问"包括了 $NH_3$ 与 $O_2$、$NH_3$ 与 $Cl_2$ 以及 $NH_3$ 与 $CuO$ 的反应。对于每一个"分支"设问，又分出"细支"问题。问题的树状呈现，引导学生自主应用已学氧化还原规律进行探讨。学生在规律的指导下，或回顾、应用和巩固，或分析、探究与对比，在富有思考性的过程中，完成了规律认知、方法习得、深层学习。$NH_3$ 的还原性相关学习内容并不少，也有相应的拓展与延伸，因为是树状的问题呈现，使学生有规律可遵循，有方法可应用，有已学知识的铺垫，使得学习在师生互动、生生互动中逐步深入。相反，层次递进的问题分析，能带给学生思考中的乐趣、收获中的喜悦及学习中持久的热情和动力。

**教学设计反思：**以"主干"设问建构知识框架，以"分支""细支"设问引导学生进行深入的学习和全面的分析，建立学习过程中的梯度，分解学习中的难点，以规律形成方法，以方法形成能力，在高中化学教学中可以广泛应用。例如，在元素化合物学习中，对于化学性质这个学习重点，以"主干"设问进行结构分析和规律发现，建立总体认知，以"分支"设问进行具体学习，贯穿方法的应用，以"细支"问题进行拓展学习，开阔视野，促进学以致用；化学反应原理的教学，着眼于弱电解质电离、盐类的水解与难溶电解质溶解平衡的影响因素等的相似性，以"主干"设问建立框架性认知，以"分支"设问对每个因素进行具体探讨，再以"细支"问题关注每个影响因素的点，从而建立学习、认知的基本模式，对于相似的内容学习，由此及彼，有效提高学习效率；对于实验教学，以"主干"设问建立对实验原理的认识，以"分支"设问厘清实验装置的组成及作用，实验操作的步骤及注意事项，则以"细支"问题延伸，可形成化学实验学习的基本体系。学生对于化学实验的学习，也能够具备一定的迁移能力。例如，从中和反应反应热的测定迁移至酸碱中和滴定，相似的数据处理和误差分析的思路和方法，可形成对化学定量实验的基本认识。总之，对于高中阶段不同的教学内容，可依据学习内容的特点，采用"树状"的问题呈现方式，使教学情境的创设能够更贴近教学需要，也有利于学生的思维训练和发展。

（3）"交叉"的问题呈现思路

交叉分类，是指对同一事物从不同角度进行分类和认识。在问题式教学情境创设中，也可采用类似交叉的问题呈现思路，对同样的教学内容，从不同的方面进行探讨，即从不同的视角进行分析。在这样的过程中，开阔视野，拓展思路，有利于对学生创新能力的培养，更有益于学生的未来发展。对于学习内容和需要完成的任务，养成善于多角度、多方面分析的良好习惯和方法，可以帮助学生无论是在学习还是工作中，都不会产生思维定式，也不会拘泥于某种方式亦步亦趋，而是能够勇于创新，能钻研，善钻研，具有敏锐的眼光、良好的思维方式和灵活多样的方法，不断拓展进取。

示例 3-6  $NH_3$ 的实验室制取

**教学设计前期分析**：$NH_3$ 的实验室制取，实际上是对铵盐、氨水性质的应用。教学中，从不同的角度分析铵盐、氨水，相应地以交叉的问题呈现思路，创设教学情境，可形成对同一学习内容的多维度认知。以氨气的实验室制取为基础,多方面、多层次应用所学知识,巩固和深入理解所学原理。

**问题式教学设计:**

从铵盐的化学性质"交叉"呈现问题:

问题1:铵盐的通性是什么? 实验室制取 $NH_3$,常用的铵盐和碱分别是什么? 请简述理由。采用哪种气体发生装置?

问题2:铵盐稳定吗? 以铵盐分解制 $NH_3$,常采用什么方法除去杂质气体? 可用 $NH_4Cl$ 吗? 为什么? 使用 $(NH_4)_2CO_3$ 或者 $NH_4HCO_3$ 可否? 请分析原理。

以氨水"交叉"呈现问题:

问题1:加热浓氨水为什么可制取 $NH_3$? 请分析原因。

问题2:用"固液不加热"装置制取 $NH_3$ 可否? 请说出常用的方法和主要试剂,并分析该方法制 $NH_3$ 的原理。

**设计意图:**对铵盐从通性,即铵盐与碱混合加热生成 $NH_3$、铵盐的不稳定性两个方面"交叉"分析、呈现问题。对于不同方法制 $NH_3$,又以细化问题深入讨论,认识常用 $NH_4Cl$ 和 $Ca(OH)_2$ 混合加热制 $NH_3$ 的原因及实验装置等;利用铵盐的不稳定性制 $NH_3$,对比分析 $NH_4Cl$、$(NH_4)_2CO_3$ 和 $NH_4HCO_3$,理解此方法中蕴含的化学知识和原理。对于以浓氨水为原料制 $NH_3$,则从反应条件是否加热进行交叉分析与问题呈现。对于相关方法及原理的探究,以问题引导进行深层次分析,强化所学原理和知识之间的联系,力求形成体系化认知。

**教学设计反思:**高中化学的学习,常常需要对同一物质或同一原理从不同的角度和不同的方面着手进行全面而深入的学习。因此,可广泛应用"交叉"的问题呈现思路。例如,对于酸的学习,既要考虑酸的强弱,又要分析氧化性酸与非氧化性酸,还需要思考最终能电离出 $H^+$ 的数目等。还有 $H_3PO_3$、$H_3PO_2$ 的特别之处,$H_3PO_3$ 显酸性的原理及为一元弱酸的原因等;对于电离大于水解不同状况的不同含义,以及水解大于电离与其相反又相似之处。对于物质或原理的体系化认知,是高中化学学科知识的学习要求,也是发展学生能力和思维训练的育人要求。类似"交叉分类",即从不同角度进行问题教学情境的创设,在问题呈现中也更多体现"交叉"的思想,能以更具思考力的方式呈现教学内容,更好地体现教学情境创设的意图,达成高中化学教学中既"教书"又"育人"的目标。

问题化教学意识的强化，通过教学设计实现是重要的途径，常落脚于教学情境的创设。我们可以回顾化学发展的历史，观察现实生活，畅想未来发展，以这样的时间线寻找真问题。当然，在实际的教学中，应多维度、多层次、多方面地寻找和应用真实问题创设教学情境。同时，要关注情境创设中问题呈现的思路，无论是以"总—分—总""树状"还是"交叉"的思路贯穿具体的问题呈现，都能促成课堂教学的脉络清晰、层次递进。以问题为线索，使得教学富于思考性和吸引力，可实现学科知识获得过程中的育人目标。

## （二）在课程资源开发整合中强化问题化教学意识

教学设计中，课程资源的开发与整合也是重要的环节。而问题化教学设计的课程资源开发，需要思考与教学内容的结合，以及途径和来源。教学内容以恰当、合理和富于拓展性的问题呈现，可以增强教学对学生思考力的培养；教学方法更为丰富、立体化和体系化，可使学生得到更多层面的提升。在问题式教学设计中，以课程资源的开发与整合强化问题化教学意识，应着眼于化学以实验为基础，与生活实际、生产实践紧密关联等学科特点，密切结合实验、生活与生产实践，积极寻找和探索真问题，创设真情境。

### 1. 课程资源开发与化学实验

高中化学的学习，始终与实验融为一体，在元素化合物、化学反应原理等不同的教学内容中，实验都发挥着不可替代的重要作用。化学实验丰富多彩的变化，对物质重要性质和重要化学原理的直观体现，对学生的吸引力和化学学习的促进作用，是其他教学方式方法无法替代的。学生通过动手完成实验，能够近距离探究化学知识，体会同学之间分工合作、共同完成任务带来的友情和愉悦。实验成功带来的自信和成就感，对学生而言，也是其他形式的学习过程往往难以实现的。而探究性实验及实验方案的设计，在不确定因素诸多的情况下，学生内心对成功的期待，对所学知识和原理的应用，使得学习的主动性和思考的积极性得以充分调动和激发。综上，问题式教学设计中，化学实验显然是课程资源开发的重要途径和来源。那么，我们从实验的哪些方面着眼呢？

（1）以试剂保存与制备开发课程资源

问题式教学设计中，与化学实验相结合的课程资源开发，也需要与高中化学的教学内容密切联系。在元素化合物知识的学习中，常常由性质延伸至物质的保存与制备,这既是对课堂教学的拓展,也是对所学知识的应用。在物质性质的学习中,以其保存方法或实验室制备等为基础开发与整合课程资源是顺理成章且易于实现的。

如金属及其化合物的保存与制备,以 Na 为代表的碱金属单质的保存与制备,其中需关注 Li 的保存和 K 的工业制备;$Na_2O_2$ 的保存方法,关注 $Na_2O_2$ 若在空气中敞口保存发生的变化及最终产物;侯氏制碱法;Al 的冶炼;$Al(OH)_3$ 的制备:铝盐与碱的反应;偏氯酸盐与酸的反应;以 Al、$H_2SO_4$、NaOH 为原料制备 $Al(OH)_3$ 的不同途径及其对比分析;Fe 的冶炼;$Fe(OH)_2$ 的制备:防止 $Fe(OH)_2$ 被氧化,实验室常用制备方法所采取的措施;以 Fe 与 $H_2SO_4$ 的反应为基础,产物与 NaOH 混合制备 $Fe(OH)_2$ 的装置及方法;用电解原理制备 $Fe(OH)_2$ 的方法及装置;$Fe(OH)_3$ 的制备。

#### 示例 3 - 7　Al 的冶炼(复习课)

**教学设计前期分析:** 学生在初三就学习了金属活动顺序,并且对金属冶炼也有一定的了解,高一上学期还学习了氧化还原反应,了解 Na、Mg、Al、Cu 等金属以及 Cl、N、S、Si 等非金属及其化合物的主要性质,在本学期必修 2 的学习中首先学习了化学反应与能量的转化,总的来看,学生对金属的相关知识已经有了一定的掌握,并且学生已经较好地掌握了合作学习和探究学习的学习方法,具有一定的实验技能和分析问题、解决问题的能力,这些都为本节学习创造了有利的条件。

**问题式教学设计:**

中心问题:Al 在地壳中的含量是金属元素中的第一位,为什么 200 多年前金属 Al 价格昂贵,而现今,铝合金却得到了大量而广泛的使用?

发散问题:

问题 1:金属冶炼的方法与其什么性质相关?

问题 2:冶炼 Al 的原料为什么是 $Al_2O_3$ 而不是 $AlCl_3$? Mg 的冶炼原料为什么不是 MgO 而是 $MgCl_2$?

问题 3:$Al_2O_3$ 的熔点高,在生产实践中人们采取了什么方法进行冶炼?

问题 4:$Na_3AlF_6$ 中存在哪些类型的化学键? 它属于哪类化合物?

**设计意图**：通过中心问题到发散问题，让学生在接受程度上有一个螺旋式的上升，从铝合金的大量使用到如何冶炼铝金属，层层递进，让学生有继续探究的欲望。在原料的选择上通过两个金属冶炼的对比，发散学生思维，促进学生去深入思考。

**教学设计反思**：对于金属铝的冶炼的学习，从金属矿物的开发与利用引入，使学生认识到化学是冶金工业的重要科学基础，化学方法是由金属化合物转变为金属单质的唯一方式，金属活动性和氧化还原反应发生的条件是选择金属冶炼方式的主要依据。通过一些实验、思考和讨论，帮助学生认识金属冶炼过程往往需要消耗大量的能量，也容易造成严重的环境污染，那么改进工艺条件、节能降耗、回收废旧金属制品等，就成为冶炼金属同样重要的问题。

再如非金属及其化合物的保存与制备：Si 的制备与提纯；碱性溶液试剂瓶塞的选择；硅酸盐工业；HF 的制备及保存；$Cl_2$ 的工业制取；$Cl_2$ 的实验室制取；$Cl_2$ 的保存与运输；漂白粉（漂白精）的制备及保存，关注其敞口保存于空气中发生的变化，以及检验其是否变质、是否完全变质的方法及原理；漂白液（"84"消毒液）的制备及家庭自制，"84"消毒液的原理；氯水、溴水等的保存，试剂瓶及瓶塞等的分析；$AgBr$、$AgI$ 等的保存；以 HCl 为代表的 HX 在实验室的制备原理及常用反应；$F_2$ 的实验室制备原理及相关化学史；工业制硫酸；工业制硝酸；合成氨；氯水的保存；$HNO_3$ 的实验室制备：原理、实验仪器分析；$HNO_3$ 的保存：试剂瓶及瓶塞的选择、置放等；强氧化性试剂的保存及瓶塞选择。

**示例 3-8** $HNO_3$ **的实验室制法**

**教学设计前期分析**：学生在此之前学习了 $HNO_3$ 的性质，在选择制备气体装置时要依据其性质进行合理选择。

**问题式教学设计**：

中心问题：$HNO_3$ 的实验室制取及保存与其哪些性质相关？

发散问题：

问题 1：用 $NaNO_3 + H_2SO_4$（浓）$= NaHSO_4 + HNO_3\uparrow$ 在实验室制 $HNO_3$，应用了 $HNO_3$ 的什么性质？生成物是 $NaHSO_4$，为什么？它与 $HNO_3$ 的什么性质有关？

问题 2：因为 $HNO_3$ 的强氧化性，其制取装置有什么要求？常用曲颈甑在实

验室制取 $HNO_3$，请分析曲颈甑的构造特点与使用方法。

问题3：$HNO_3$ 如何保存？盛放 $HNO_3$ 的试剂瓶使用哪种瓶塞？分别与 $HNO_3$ 的什么性质有关？久置的浓 $HNO_3$ 会发黄，是什么原因造成的？常用什么方法消除？

**设计意图**：对于实验室制 $HNO_3$，从分析制备原理、制备所需的药品、制备装置、收集装置等，帮助学生再次熟悉实验室制气体的方法。

**教学设计反思**：学生在制备气体时思维大多还停留在强酸制弱酸方面，通过不易挥发性酸制备挥发性酸，为学生在气体制备方面提供了新的方向。所以，在高中的教学中应适当给学生一些拓展，以避免学生思维固化。

### 示例3-9　漂白粉（漂白精）的制备及保存

**教学设计前期分析**：学生在此之前学习了氯气的化学性质并且知道了起漂白作用的真正物质是次氯酸，次氯酸具有不稳定性不易直接做生活中的漂白物质，根据生活中的现象及生活中所用的消毒水分析相关原理。

**问题式教学设计**：

中心问题：漂白粉有漂白作用，真正起作用的物质是什么？

发散问题：

问题1：漂白粉的有效成分是什么？其使用时的反应通常可以这样表示：$Ca(ClO)_2 + CO_2 + H_2O = CaCO_3\downarrow + 2HClO$，该反应能发生的原理是什么？

问题2：漂白粉应如何保存？为什么？请分析对应的化学反应。

问题3：如何用简单易行的方法证明漂白粉是否变质？

问题4：若要增强漂白粉的漂白效果，可用什么生活用品？实验室常用哪类物质？请分析其原理。

**设计意图**：整个教学过程，运用了情景假设、讨论等多种教学方法，充分体现学生的主体性。"没有生活做中心的教育是死教育"，整节课紧密联系生活，丰富了知识，开拓了视野，充分体现化学对我们日常生活的重要作用。

**教学设计反思**：本次教学，从漂白粉的原理出发，从氧化还原角度分析漂白粉的保存方式及变质原理，循序渐进。整个教学中，教师主要起引导作用。通过讲解氯气在生产生活中的应用，将化学知识紧密联系到实际运用中去，激发学生的学习兴趣。整节课采用"问题—探究"的教学方法,将直观教学、实验教学等教学手段相结合,加深学生对氯气性质的理解。

在高中化学问题式教学设计中,以化学实验中的试剂制备与保存为中心开发课程资源,要与元素化合物知识的学习相结合。正如上述三个示例,围绕相应的元素化合物知识设置"中心问题",以"中心问题"为核心,以"发散问题"进行拓展与延伸。"中心问题"起的是提纲挈领的作用,凸显相应知识体系的重点与本质。"发散问题"则是以所学元素化合物知识的应用,理解相关物质的制备、保存等方法中蕴含的原理,以充分认识制备、保存与性质之间的关系。以试剂的制备、保存与性质之间的内在联系,联系生产实践或实验探究开发课程资源,实际上就是学以致用的过程,使学生对所学知识的思考和应用有明确的方向,将其与问题解决紧密联系,强化应用知识意识与能力,并构建体系化认知。

(2)以实验室仪器的特点与应用开发课程资源

以高中化学实验开发问题式教学设计课程资源,实验仪器也是重要的着眼点。高中化学的基本实验操作,包括定性实验和定量实验。定性实验,如各种物质的性质实验:Na 与 $H_2O$ 的反应、$Na_2O_2$ 与 $H_2O$ 的反应、$Fe^{3+}$ 的检验、喷泉实验、铝热反应、苯酚与浓溴水的反应等;制备实验,如 $Fe(OH)_2$ 的制备、$Al(OH)_3$ 的制备、$NH_3$ 的制备、乙酸乙酯的制备、$Fe(OH)_3$ 胶体的制备等;物质的提纯实验,如过滤、蒸发、蒸馏、结晶、萃取、分液。定量实验,如配制一定物质的量浓度的溶液、中和反应反应热的测定、酸碱中和滴定等。无论是哪种类型的实验,都需进行实验仪器的选择、组合和组装。因此,着眼于实验仪器来开发课程资源,可以帮助学生顺利完成对化学实验的学习。同时,学生的实验素养也能够得到不断的积淀和丰富。

以实验仪器为线索,开发问题式教学设计课程资源,有哪些基本思路和方法呢? 总体而言,需面向高中化学的重要学习内容,与教学融为有机整体。

首先,可通过熟悉仪器的组合与使用来开发课程资源。

**示例 3－10** **海带中碘元素的测定**

**教学设计前期分析**:海带是学生熟悉的食物,同时他们也了解预防碘缺乏症,也知道常吃海带有益处。亲自检验海带中的碘元素,学生跃跃欲试,充满期待和热情。在这个实验中,针对海带灰的灼烧,学生可熟悉相关的实验装置。例如,分析高中常见的实验仪器组合:酒精灯、三脚架、泥三角、坩埚以及配套使用的坩埚钳。学习中,对于学生相对不熟悉的仪器:三脚架、泥三角、坩埚,需重点关注。

**问题式教学设计:**

问题1:熔融 $NaOH$ 或 $Na_2CO_3$ 可用瓷坩埚吗? 为什么?

问题2:可用氧化铝坩埚吗? 为什么? 常用什么坩埚?

**设计意图:**授之以鱼,不如授之以渔。因为学生已有了碘离子生成碘单质以及碘单质的萃取的相关知识,但是海带中的碘到底以什么形式存在,这一点却是未知的。而本节的重点在于"验证碘"而不在于"提碘",于是先是让学生充分利用网络资源,从网上查询碘在人体中的重要作用,了解从海带中提取碘的实际意义,同时查知碘在海带中的存在形式。一方面为实验方案的设计提供信息,另一方面让学生自己动手获取知识,可满足学生的成就感,也可教给学生一种对未知知识的解决方法。

**教学设计反思:**本次教学中,可对实验仪器组合进行微调,组成其他实验的常用组合。如将灼烧实验装置组合略作调整而成为蒸发装置:酒精灯、三脚架、蒸发皿、玻璃棒;还可延伸蒸发的另一种常见组合:酒精灯铁架台及铁圈、蒸发皿、玻璃棒。经过学习,学生可对比学习灼烧与蒸发的常见实验装置,了解坩埚的选择依据,并且通过海带中碘元素的检验这一实验,熟悉实验装置,进一步熟悉灼烧、蒸发等实验操作的应用。同时,通过对比学习,也可强化和明晰基本实验的作用。

其次,还可通过对相似实验仪器的对比来开发课程资源。

高中化学常用的实验仪器,由于构造或使用有相似之处,常会给学生造成困扰。例如,各种烧瓶:圆底烧瓶、平底烧瓶、蒸馏烧瓶、三口烧瓶等;各种漏斗:普通漏斗、长颈漏斗、分液漏斗(常分为圆形和长形)、双球漏斗、恒压分液(滴液)漏斗;各种冷凝管:直形冷凝管、蛇形冷凝管、球形冷凝管;还有学生相对熟悉的酸式滴定管与碱式滴定管等。以这些构造相似又不同、作用相近又有差异的实验仪器的对比开发课程资源,既可熟悉仪器的构造,又可了解其应用,无疑能对学生的实验学习打好基础,对化学学习起到积极的推动作用。

**示例 3-11** 对滴定管构造的分析

**教学设计前期分析:** 滴定管是容量分析中最基本的测量仪器,它由具有准确刻度的细长玻璃管及开关组成,可在滴定时用来测定自管内流出溶液的体积。常量分析用的滴定管为 50 mL 或 25 mL,刻度小至 0.1 mL,读数可估计到 0.01 mL,一般有 ±0.02mL 的读数误差,所以每次滴定所用溶液体积最好在 20 mL 以上。若滴定所用体积过小,则滴定管刻度读数误差影响增大。10 mL 滴定管一般刻度可以区分为 0.1 mL、0.05 mL。用于半微量分析区分小至 0.02 mL,可以估读到 0.005 mL。在微量分析中,通常采用微量滴定管,其容量为 1~5 mL,刻度区分小至 0.01 mL,可估读到 0.002 mL。在容量分析滴定时,若消耗滴定液在 25 mL 以上,可选用 50 mL 滴定管;10 mL 以上者,可用 25 mL 滴定管;在 10 mL 以下,宜用 10 mL 或 10 mL 以下滴定管,以减少滴定时体积测量的误差。一般标化时用 50 mL 滴定管;常量分析用 25 mL 滴定管;非水滴定用 10 mL 滴定管。同时,在进行提问前对重要反应 $SiO_2 + 2NaOH = Na_2SiO_3 + H_2O$ 进行复习与回顾,并对橡胶(天然橡胶、合成橡胶)的结构进行分析。

**问题式教学设计:**

基础性设问:

问题 1:NaOH 溶液可保存在玻璃试剂瓶中,但不能使用玻璃磨口塞,为什么?

问题 2:强氧化性试剂,如酸性 $KMnO_4$ 溶液、浓 $H_2SO_4$、$HNO_3$、氯水等,瓶塞应是磨口塞还是橡胶塞? 为什么?

问题 3:酸式滴定管与碱式滴定管的构造方面有哪些共同点? 不同点是什么? 请分别分析原因。

综合性设问:进行氧化还原滴定时,强氧化性的试剂,如酸性 $KMnO_4$ 溶液等,应用哪类滴定管? 为什么?

**设计意图:** 对于酸式滴定管与碱式滴定管,若直接分析二者的构造,可能会导致学生"知其然而不知其所以然",在后续学习中易出现遗忘或失误。而通过对课程资源的开发,从对应的化学反应及原理开始,以学生熟悉的 NaOH 溶液的保存进行对比迁移,再到氧化还原滴定中的应用,能帮助学生对酸式滴定管和碱式滴定管形成较为完整和深入的学习和认识。同时,将元素化合物性质与实验仪器构造相结合,可使学生进一步体会化学学习内容之间内在的紧密联系。

**教学设计反思**:试剂瓶使用橡胶塞还是磨口玻璃塞,其原理与酸式、碱式滴定管的构造有着内在的一致性。我们一直提倡教学中关注"最近发展区",关注学生对于所学知识和原理的迁移、应用和"温故知新",需要结合具体的教学内容和过程得以实施与落实。如同将滴定管的构造与化学试剂保存相联系,对本质相同的学习内容进行整合与联系,可帮助学生自然实现"由此及彼"的自主思考与拓展深入,实现认识的深入与体系化。

最后,也可以通过装置的"变形"开发课程资源。

同样的实验仪器,通过对导气管长短等的调整,可变形为作用不同的实验装置。以这样的方式开发课程资源,在帮助学生熟悉相应装置的过程中,可启迪其思维,提升其实验素养。这样的教学过程,与元素化合物的学习相结合,也易于学生理解和认知。

### 示例 3-12　"万能"装置分析

**教学设计前期分析**:我们常说的"万能"装置,就是实验装置变形的典型实例。通过变形,即通过导气管长短的调整,或与量筒等装置的组合,组成不同的气体收集装置,如洗气装置、量气装置、安全瓶等。对装置的学习,与氯气的实验室制取,$NO$、$NO_2$ 化学性质,$NH_3$ 的实验室制取等学习相结合,可帮助学生在不断的变形中逐步认识装置的不同、作用的不同和变化的巧妙。与元素化合物知识的学习相结合,也可自然地将其与物质性质学习等融为一体。化学实验学习与元素化合物知识学习可相互促进,也可使学生体会知识之间内在的、不可分割的联系。同时,在学习过程中对于"万能"装置本身也可进行变形拓展。结合具体的气体进行分析与对比,对于高中阶段的常见气体进行分类讨论,经过这样的"变形",可使学生对常见气体性质与相关实验装置能有较为全面的学习。

**问题式教学设计**:

问题1:"喷泉"实验,常以烧瓶收集气体,烧瓶应正放还是倒置?

问题2:导气管"长进短出"或"短进长出"如何调整?

问题3：$Cl_2$、$CO_2$、$SO_2$ 等密度大于空气的气体，$H_2$、$NH_3$、$CH_4$ 等密度小于空气的气体，还有 $N_2$、$CO$、$C_2H_4$ 等密度接近于空气的气体，如何选用收集装置呢？

**设计意图：**高中化学的实验教学，需要我们特别重视。实验是化学的基础和根本，能体现化学的学科特色。对于学生而言，化学实验既是学习兴趣之所在，往往也是学习难点之所在。如何帮助学生顺利完成关于化学实验的学习，以实验仪器和实验装置开发课程资源是着眼点。

**教学设计反思：**对于同类实验仪器，找共性，区分不同，这样的学习是深层次且具有探究性的。而以实验仪器的"变形"为契机，更能进一步促使学生养成严谨细致、勤于思考、善于辨析的良好学习习惯，从而对于化学实验的学习能更为全面和深入。

（3）实验操作与课程资源开发

高中化学的实验操作，有基本的实验操作，如蒸发、过滤、萃取、分液等；也有定量实验操作，如配制一定物质的量浓度溶液、中和反应反应热的测定、酸碱中和滴定。此外，还有创造性的实验操作，如以不同的思路和方法制备 $Al(OH)_3$，通过对比分析，寻找最佳实验方案；以不同的原理制备 $Fe(OH)_2$，防止 $Fe(OH)_2$ 被氧化；从不同的角度设计实验，对比 $HCl$ 和 $CH_3COOH$ 的酸性强弱等。而实验操作的方法和步骤，往往蕴含着许多化学知识和原理，与物质的物理性质、化学性质等息息相关，与学生所学的元素化合物知识联系密切。因此，落脚于化学实验操作进行课程资源开发，对于促进学生的知识应用，强化学生的思维能力，丰富学生的学科知识都有着积极而重要的作用。以课程资源的开发，亦可促成对化学实验操作的深刻理解，还可使学生通过化学实验操作，广泛联系所学元素化合物知识，全面应用所学化学原理，感悟以实验为基础学习化学的重要意义。

高中化学的实验操作方法，往往与物质的化学性质、元素化合物知识密切联系。因此，在问题式教学设计课程资源的开发中，进行实验方法的分析与思考，能使学生加深对实验操作原理的理解，能使学生对元素化合物知识的学习得以巩固和继续深入。同时，学生能够体会高中化学学习内容之间广泛而密切的联系，能够在学习过程中多问"为什么"，养成勤于思考的良好习惯。那么，对于化学实验操作，我们可以着眼于哪些方面来开发课程资源呢？

　　一是以制备实验的操作为中心开发课程资源。

　　高中化学制备实验的操作中往往蕴含重要的原理与物质的重要化学性质。如 $Fe(OH)_2$ 制备实验: $Fe(OH)_2$ 具有很强的还原性,易发生反应 $4Fe(OH)_2 + O_2 + 2H_2O = 4Fe(OH)_3$,教学中,我们可着眼于防止其被氧化的实验操作开发课程资源。常用方法中,利用 $FeSO_4$ 与 $NaOH$ 的复分解反应制备 $Fe(OH)_2$,向 $FeSO_4$ 溶液中滴入 $NaOH$ 溶液的实验;利用反应 $Fe + H_2SO_4 = FeSO_4 + H_2\uparrow$,利用 $H_2$ 排尽装置中的空气,利用压强差混合生成的 $FeSO_4$ 与 $NaOH$ 溶液的操作方法;利用电解原理制备 $Fe(OH)_2$,促使 $Fe^{2+}$ 与 $OH^-$ 不断产生,以及防止 $Fe(OH)_2$ 被氧化所进行的相关操作等。

　　$Al(OH)_3$ 的制备:因 $Al(OH)_3$ 的重要性质——两性,关于 $Al(OH)_3$ 的制备,也可分别进行探讨与分析。以铝盐( $AlCl_3$ )与碱的反应制备 $Al(OH)_3$,若选择强碱( $NaOH$ ),在实验操作方面的困难是什么? 以偏铝酸盐( $NaAlO_2$ )与酸的反应制备 $Al(OH)_3$,若选择强酸( $HCl$ ),在实验操作方面的困难是什么? 若以 $Al$、$H_2SO_4$、$NaOH$ 为原料制备 $Al(OH)_3$,从实验操作的角度考虑,可能途径与方法中的最佳方案是什么?

　　二是以实验操作顺序为落脚点开发课程资源。

　　高中的化学实验操作,有常规的顺序,例如先检验纯度,再进行可燃性气体的点燃;先检验装置的气密性,再加入药品;往往是先除杂质气体,再进行干燥等。也有特定顺序的实验操作,如试剂配制、反应物的混合顺序等。因此,以实验操作的顺序开发课程资源,也是可将所学知识和原理进行整合内化的过程。例如,苯的硝化反应、乙酸乙酯的制备、乙醇的消去反应制取乙烯等实验,将其试剂的添加顺序进行对比,探讨共同的原理与相似的实验操作,研究不同之处,可在联系中加深认识。再如,将银氨溶液与新制 $Cu(OH)_2$ 的配制进行对比,思考为什么均需"现用现配",为什么均需强碱环境,配制过程中试剂的添加顺序及其原因等,以此进行深入学习;典型性质实验,如对比 $CH_3COOH$、$H_2CO_3$ 与苯酚的酸性强弱,实验过程的顺序: $CH_3COOH$ 与碳酸盐反应生成 $CO_2$ 与苯酚钠的反应,为避免 $CH_3COOH$ 对 $H_2CO_3$ 与苯酚酸性强弱的对比实验造成干扰,在这之前,需用饱和 $NaHCO_3$ 溶液洗气,实验成功与否,顺序起着决定性的作用。类似这样需关注顺序的实验,在高中化学的很多学习内容中都有所体现。又如,

$CH_3CH_2X$ 中 X 的确定：加入 $AgNO_3$ 之前，需以卤代烃的水解反应或消去反应将 $-X$ 转化为 $X^-$，否则，就不能发生相应的反应；在加入 $AgNO_3$ 之前，还需加入 $HNO_3$ 酸化，否则 $OH^-$ 又会造成干扰；在实验操作的细节方面，在加入 $HNO_3$ 之前，先进行冷却，因为 $HNO_3$ 具有挥发性和不稳定性。由此可见，高中化学的很多实验操作，都与顺序有关。为此，我们以化学实验为中心，开发课程资源，其中实验操作中的顺序是重要的着眼点。

三是，在相似或相近的实验操作对比中开发课程资源。

对高中化学的实验操作进行对比，特别是对于相似或相近的实验操作进行分析比较，能够使学生在联系中学习学科知识，在对比中积淀与丰富化学素养，提高教学效率，提升学习效果。例如，以蒸发与蒸馏的对比，结合粗盐的提纯、无水乙醇的制取、石油加工等，从多方面、多角度和多层次进行整合学习，与具体的实验内容相结合，从而使学生对学习的拓展与加深能落实于课堂教学中。对渗析与盐析，从原理装置及应用等角度开发课程资源。一方面，对教材内容进行联系与巩固，如将蛋白质与胶体的学习相联系，对蛋白质盐析与皂化反应中的盐析，在对比中强化学习；另一方面，自然地将所学化学原理和知识与生活和生产实践相联系，在应用中加深认识。这样的课程资源的开发，渗透着对学生思维的训练和能力的提升。对于洗气和量气的对比，从简易量气装置到量气管分析比较，同时，分析"量气"的共同之处：恢复至室温，调整液面相平，视线与凹液面最低处相切等。在联系与对比中，形成共性与不同的清晰认知，有利于学生知识的丰富与提升及严谨科学态度与习惯的养成。

发掘化学实验操作与元素化合物知识广泛而紧密的联系，将实验操作内在的有序性等进行课程资源开发，既是对高中化学学习内容的联系与整合，也是对重点、难点学习内容的提炼与突破。相关课程资源的开发，是在不同的学习内容、不同的学习阶段、不同的教学环节中，结合教学需要，可广泛应用的思路和方法，将其贯穿与渗透于高中化学的学习过程中，可将化学实验教学有效地融合于对元素化合物知识等的学习中，使得教学过程更符合化学学科的特点与需要。以对化学实验操作的深入学习，进一步落实原理与知识的应用，使学习的深度与广度在应用中得以拓展与延伸。

总之，高中化学问题式教学设计，课程资源的开发与化学实验的紧密结合是教学的需要和必要。以实验为基础的课程资源开发,着眼于实验的方方面面,使得高中化学学习的综合性、思考性得以加强,对学生的实验能力和思维能力的培养得以落实和强化。在实验中学习化学,以实验促进学习的深度和广度,以课程资源的开发为起点,以问题的设置为呈现的方式,使得高中化学问题式教学设计的内容能够更加丰富且富于思维启迪。

**2. 课程资源开发与生活实际**

对于化学知识与生活实际密不可分的联系,在课程资源开发中也应充分体现。我们常说"化学源于生活",反过来化学知识也应"用于生活"。因此,课程资源的开发着眼于生活,在丰富教学内容的同时,可引导学生在真正意义上做到学以致用。以化学的视角认识生活,对常识性的知识进行深度学习,对于学生以更开阔的视野学习化学,以及其对化学学科知识的学习和应用、化学素养的提升都能起到积极有力的推动作用。

(1)着眼于"用途"开发课程资源

高中化学学习的很多物质,如 $Na$、$Na_2O_2$、$Na_2CO_3$、$NaHCO_3$、$Al$、$Al_2O_3$、$Fe$、$Fe_2O_3$、$Cl_2$、$Ca(ClO)_2$、$NH_3$、$HNO_3$、$H_2SO_4$ 等,各种有机物,如 $C_2H_5OH$、$CH_3COOH$、乙烯、苯等,或是重要的化工原料,或是生活用品,或者既可用于生活,又可应用于工业生产,其用途与我们的生活实际、生产实践息息相关。因此,在教学中,以化学物质的用途为着眼点开发课程资源,既可丰富教学内容又富有教学意义。在问题式教学设计中,突出相关物质的用途,或以实验探究的方式,或以课堂讨论的形式,使课程资源的开发能够凸显化学原理、知识与生活生产的内在联系,可以引导学生更加关注学习过程中知识的应用。

**示例 3-13**　$NaHCO_3$ 的用途(复习课)

**教学设计前期分析:** $NaHCO_3$ 可直接作为制药工业的原料,用于治疗胃酸过多,还可用于电影制片、鞣革、选矿、冶炼、金属热处理,以及用于纤维、橡胶工业等。同时用作羊毛的洗涤剂,以及用于农业浸种等,对于 $NaHCO_3$ 的应用和使用原理对其性质进行分析。

**问题式教学设计:**

关于性质的设问:$NaHCO_3$ 固体和 $NaHCO_3$ 溶液有哪些重要的性质?

用途对应性质设问：

问题1：$NaHCO_3$ 用作焙制糕点膨松剂，主要发生什么反应？

问题2：$NaHCO_3$ 在医疗上可用作注射液等，依据其性质，请大家分析可用于治疗哪些疾病，其中主要的化学原理是什么？可能有哪些注意事项？

问题3：泡沫灭火器中用到了 $NaHCO_3$ 和 $Al_2(SO_4)_3$，其原理是什么？可将 $NaHCO_3$ 换为 $Na_2CO_3$ 吗？为什么？

**设计意图**：以 $NaHCO_3$ 在生活中的用途开发课程资源，明线是用途，暗线对应于化学性质，体现的是物质用途与性质之间的密切联系和对应关系。以设问的方式呈现课程资源，可使学生在辨析中思考学习、领悟知识。问题的设置角度和方式灵活多变，关注学习过程的内在逻辑性。"关于性质的设问"是发散性设问，引导学生从总体回顾 $NaHCO_3$ 的重要性质，为后续学习做好铺垫。"用途对应性质设问"以辨析的方式呈现，在复习相关性质的同时，训练学生的思考能力；问题解决从多层次、多角度进行分析，突出将化学知识用于实际生活时需全面思考的启示；教学问题设置具有一定的广度和深度，适用于高三复习过程中对知识体系进行深入和拓展的学习需要。着眼于物质的用途开发课程资源，以更具思考性的问题呈现其内容，对于学生的学习，能够起到激发内在探究热情、巩固和升华所学原理、强化分析问题解决能力的积极作用。

**教学设计反思**：对于物质用途的学习和了解，本身就是高中化学学习的重要组成部分。因此，着眼于生活实际、落脚于物质用途的课程资源开发，是教学的需要，更是学生学习化学、应用化学能力不断提升的需要。而在课程资源开发中，要凸显物质的用途与其性质之间的密切关联。通过教学问题的设置，以性质推测用途，以用途分析性质，开阔视野，强化应用化学知识、原理认知生活的意识和能力，丰富学生的学科知识，提升学生的学科素养。而且，从用途的层面，以问题设置的方式开发课程资源，适用于高中化学的很多教学内容。例如，以问题设置的方式将"蛟龙号"载人深潜器与 $Na_2O_2$ 的重要性质与用途联系；以苯酚在药物中的应用及注意事项，呈现苯酚的用途和重要性质；以铝制餐具的使用注意事项，发掘学生在生活中常见的铝的重要用途与性质之间的内在联系等。总之，着眼于生活实际和用途的课程资源的开发，是高中化学教学中丰富且有益的学习内容，是我们在教学中应大力开发和广泛应用的。

（2）关注环境保护开发课程资源

环境保护是全人类关注的热点问题。基于化学学科的特点，化学的教学内容与环境保护之间有着不可分割的联系。学生环境保护意识的加强、环境保护知识的丰富，也是高中化学教学的重要内容。因此，高中化学问题式教学设计中，从关注环境保护角度来开发课程资源，可以结合很多学习内容进行。例如，关于 $Cl_2$、$SO_2$、$NH_3$ 等气体的尾气处理，房屋装修中甲醛超标的测定及防护方法，食品包装中塑料的选择，"白色污染"、重金属离子污染、酸雨、臭氧空洞的形成，光化学烟雾，等等。元素化合物知识、原电池原理、有机化学等的学习，都与环境保护息息相关。同时，环境保护的相关知识和原理，也是学生感兴趣和重视的学习内容。因此，联系生活实际，结合具体的教学内容，从关注环境保护来开发课程资源，从化学原理的角度加深对环境保护的认识，可在丰富高中化学教学内容的同时，不断提升学生的认识。

**示例 3-14** $NO_x$ 与环境保护（复习）

**教学设计前期分析**：目前，在有色金属冶炼、医药中间体加工、精细化学品生产过程及硝酸使用行业均会产生大量的高浓度氮氧化物（$NO_x$）废气，氮氧化物废气是一种毒性很大的黄烟，这种治理不达标的气体排放到大气中会形成棕黄色烟雾，俗称"黄龙"，会对人体健康与生态环境造成危害。将高浓度的 $NO_x$ 做成硝酸，不仅可满足环保排放要求，同时生产的硝酸可以重新利用，具有较好的经济及社会效益，从而实现循环经济。

**问题式教学设计**：

污染来源设问：$NO$、$NO_2$ 主要的来源是汽车尾气，为什么？对应的主要反应是什么？

污染后果设问：$NO$、$NO_2$ 与光化学烟雾、臭氧空洞等有关，请分别叙述其中的化学原理。

污染治理设问：

问题 1：治理汽车尾气中的 $NO$、$NO_2$，以 $NH_3$ 与 $NO_x$ 反应为转化的思路，其化学反应及原理是怎样的？请写出 $NO$、$NO_2$ 分别与 $NH_3$ 反应的化学方程式，并思考反应发生的条件。

问题2:硝酸厂尾气可用碱液处理,其反应原理是怎样的? 请分别写出 $NO_2$ 与 NaOH 溶液,NO、$NO_2$ 共同与 NaOH 溶液反应的化学方程式。现在硝酸厂的尾气处理方法,还是用碱液吸收吗? 请查阅相关资料进行回答。

**设计意图:**从环境保护角度开发课程资源,教学内容与问题设置要以内在的逻辑性加以呈现,如以"来源、过程中的变化、后果、治理的思路与方法"为线索,呈现相应的教学内容,逻辑清晰,学习思路明晰。同时,要认识到化学在不断地发展与进步,其在生活中的应用也得到不断改进,在环境保护等方面也越来越先进。因此,高中化学教学不能总是停留在陈旧的认识中,也要与时俱进,关注前沿发展,关注相关化学原理在生活中更为先进、优越的应用,重视变化与进步。为此,教师要注重不断地学习与了解,引导学生以发展的眼光关注化学在生活中日新月异的应用。"污染来源设问"引导学生从化学反应的角度,认识汽车尾气中氮的氧化物的产生。"污染后果设问"也是在探讨光化学烟雾、臭氧空洞等环境问题中的化学原理,引导学生从化学知识的层面上深入认识环境问题的根源,为后续课程资源开发和问题设置做好铺垫。而"污染治理设问"则体现的是化学知识的应用,同时,也帮助学生熟悉陌生化学方程式的书写方法,对所学氧化还原反应规律进行回顾和巩固。问题的引导,让学生从书本知识过渡到实际应用,初步了解化学原理用于生活实际中时,人们研究的重要方向;引导学生在掌握相关化学原理的基础上了解不断发展和进步的化学实际应用,拓展学生的化学视野,启迪知识应用的广阔思路。从关注环境保护来开发课程资源,其内涵是丰富的,内容是和学生生活息息相关的,也是学生相对熟悉和兴趣浓厚的。以问题式教学设计,可以更恰当地体现和厘清学习脉络,呈现学习的广度和深度。学习化学原理的同时,对于学生关注环境保护,重视知识应用也有着积极的引导作用。

**教学设计反思:**从关注环境保护角度来开发课程资源,要注重对化学原理的学习,让学生能从根本上认识到环境问题与化学原理之间的联系,其意图在于贯穿"绿色化学"的思想,引导学生从化学反应类型的角度了解原子利用率100%的重要意义。同时,以环境保护为中心的课程资源,对于学生观念等的引导也有极大的作用。例如,对环境污染不可以停留在不断治理的层面上,而是要努力从源头上切断,帮助学生认识化学知识和原理在其中所能发挥的重要作用,增强学生学习化学的动力。总之,从关注环境保护角度来开发课程资源,渗透的是化学原理的学习和应用,贯穿的是正确的生活观、价值观等观念的形成。

(3)面向健康生活开发课程资源

引导学生在高中阶段的化学学习中,重视相关知识和原理在生活中的重要应用,既是化学学科知识学习的重要组成部分,也是激发学生热爱化学、努力学好化学的重要力量源泉。众所周知,很多的化学原理,不仅从宏观上推动了人类社会的发展进步,也使人与自然的相处和谐、密切,而且与每个人的健康生活也密不可分。因此,结合高中化学的教学内容,联系相应的元素化合物知识,面向健康生活开发课程资源,也是学生学习化学的重要动力所在。提到健康生活,离不开人们的衣食住行,而人们的衣食住行,也与高中的化学学习密切相关。例如,已经成为生活常识的房屋装修甲醛超标的问题,日益引起人们关注和重视的自来水苯超标问题,各类的食品添加剂是否会对人类健康造成危害等问题,是社会问题,也是关乎学生健康成长的身边问题。因此,以健康生活中的化学原理为中心来开发课程资源,是可以广泛地实现于高中化学的学习过程中的。

**示例 3 – 15** 水处理中的化学原理(复习)

**教学设计前期分析**:水是关乎人们健康的重要物质,围绕水的处理开发课程资源,能够将学生所学的知识和原理进行整合,提升和加深学生对于元素化合物知识的学习,对于知识体系的构建和重组也是一种积极的探索。能够帮助学生学会融会贯通,形成有机整体的学习,同时也是对能力和方法的训练。

**问题式教学设计**:

基础性设问(消毒设问):能够对自来水进行消毒的物质,通常应具备什么性质? 请列举常见物质,并分析其中的化学原理。

提高性设问(净化设问):依据明矾净化水的原理,可知常见的哪些类别的化合物,理论上可用于净化水? 请分析其中的化学原理,并写出相应的离子方程式。

综合性设问(原理设问):

问题1:对于新型水处理剂 $ClO_2$ 的"高效低毒", $Na_2FeO_4$ 的"多功能",从化学原理的角度分析,其含义是怎样的?

问题2:请分析水垢的主要成分是什么?谈谈其形成原因及除水垢常用的方法及原理。水垢中的 $CaSO_4$ 可用怎样的化学原理和方法将其除去?

**设计意图:**高中化学中许多物质的性质学习,与水的处理相关联。例如,明矾用作净水剂,$Cl_2$、$Ca(ClO)_2$、$NaClO$ 等物质用于水处理,$ClO_2$ 作为新型水处理剂的优点与相应的化学分析,$Na_2FeO_4$ 称之为"多功能"新型水处理剂的原理及分析,对于水垢中各成分的处理方法和原理等。这些教学内容,一方面是重要的元素化合物知识的学习,另一方面围绕水的处理开发课程资源,能充分地体现化学知识与原理在生活中的广泛应用,无疑对于学生联系与整合所学化学知识原理,感受和重视知识应用,启迪思维,提升能力都是有利的。

**教学设计反思:**"消毒设问"一方面是深入,另一方面也是联系与拓展,既有对性质与应用之间关系的深层认识,也是对所学物质从共性的角度进行了梳理与整合。"净化设问"则是由一种到一类,引导学生完成对化学原理的深度学习,并了解化学原理用于生活中时需综合考虑的方方面面。"原理设问"引导学生关注新型水处理剂中蕴含的化学原理,既有定性的分析,也有定量的计算,还有知识的综合,从多角度、多层次进行提升。后续设问落脚于水垢,多角度地对水垢的形成和去除进行了分析,特别是应用沉淀的转化原理分析 $CaSO_4$ 的去除方法,在学生相对熟悉的去除水垢中 $CaCO_3$ 和 $Mg(OH)_2$ 原理和方法的基础上进行了补充、完善与强化。面向健康生活,以水处理中的化学原理为中心来开发课程资源,有效地整合、提升了学生对相关化学知识和原理的理解深度和广度,将能力的提升和素养的积淀实现于高中化学的课堂学习中。

选择一个主题进行课程资源的开发,是高中化学教学的重要思路。在面向健康生活开发课程资源时,可围绕高中化学中的食品添加剂、房屋建造与装修中的化学、酒化学等主题,从而带领学生从不同的角度、不同的方面进行梳理、整合与提高,有利于学生在自主思考与自我完善中完成学习,形成体系化认知。在教学中,以问题设置引导学生体会应用,加深认识,提升能力,对于学生学科知识的学习和应用,优化化学学习的方法,增强学习动力都是非常有益的。

**3. 课程资源开发与生产实践**

高中化学中与生产实践密切相关的教学内容有硅酸盐工业、合成氨、工业制硫酸、工业制硝酸、石油的加工、煤的综合利用、氯碱工业、电镀、精炼粗铜等；还有多种物质的制取，例如，粗硅的制取与硅的提纯、漂白粉（漂白精）的制取、金属的冶炼、三大合成材料等。因此，与生产实践相关的教学内容既丰富，也有重要的实践意义。着眼于生产实践开发课程资源，既能帮助学生打好化学学科的学习基础，也是进一步学习的需要。同时，将所学原理与知识延伸至生产实践，使学生在初步了解生产实践的综合性、复杂性和全面性的同时，也能深刻体会二者之间的不同，从而拓宽视野、丰富素养。

（1）以"整合"的思路开发课程资源

对于生产实践的相关内容，以"整合"的思路陆续将学生学到的零散的内容构建成一个系统和体系。学生在学习中，能体会知识之间内在的递进、深入关系，从全局的角度将所学内容形成完整、系统的认知，为更好地将知识转化为能力和素养奠定基础。

**示例 3 - 16　氯碱工业**

**教学设计前期分析**：有关电化学的知识是无机化学中的重要部分，它既涉及理论知识，又与元素化合物知识密切相关。在高中二年级，学生已经学习了原电池的一些知识，研究了化学能是如何转变成电能的，也学习了几种化学电源及金属的电化学腐蚀等知识。在上一单元，又再次认识了化学反应中的物质变化和能量变化等理论知识。在此基础上，进一步研究电能转变为化学能是必要的。化学能和电能之间的相互转变，能够使学生对氧化还原反应及化学反应中能量的变化有更加深刻的认识。

**问题式教学设计：**

提纯与精制整合设问：

问题1：粗盐的提纯与精制，就其目的而言，主要的区别是什么？

问题2：粗盐的精制，除去粗盐中的 $Mg^{2+}$、$Ca^{2+}$、$SO_4^{2-}$ 等，其中重要的思路是什么？ 关键的步骤有哪些？

问题3：在"氯碱工业"中，饱和食盐水为什么要精制？

渗透方法整合设问：

问题1：请以"反向思考"的方法分析氯碱工业中阴、阳极室为什么要隔开。

碳钢网和金属钛网,哪者为阴极? 哪者为阳极?

问题2:请根据电极反应原理,分析氯碱工业阳极室、阴极室分别盛放什么物质,$Na^+$的移动方向是怎样的?

**设计意图:**本节课围绕原理展开,激发学生思考实际生产中可能遇到的问题以及如何解决,使学生明确工业化生产面临的许多问题,为后面硫酸工业的学习作铺垫。在本节课中,学生通过阳离子交换膜认识了新材料给工业、生活带来的变化。由于设计合理,整节课充满了探究的氛围,学生主动参与教学积极性高,对氯碱工业生产过程不断补充精制食盐水、含有少量氢氧化钠的水、食盐精制的原因及办法有了更深刻的认识,取得较好的教学效果。

**教学设计反思:**氯碱工业一节涉及粗盐的提纯、粗盐的精制,以及工业生产:设备——阳离子交换膜电解槽,电极,阳极室与阴极室隔开的原因,阳极室、阴极室分别盛放的物质,电解过程中发生的反应等知识。其中,粗盐的提纯是初中的学习内容,粗盐的精制、氯碱工业则是高中的学习内容。在教学中,以问题设置的方式将学习内容进行整合,一方面温故知新,使学生通过回顾,巩固已学原理;另一方面则加深认识,使学生进一步了解粗盐提纯、粗盐的精制的意义所在,同时,对于电化学电极反应的分析也能做到更为全面和严密。

教学中以问题设置,将粗盐的提纯、粗盐的精制与氯碱工业的相关学习内容进行了整合。"提纯与精制整合设问"对粗盐的提纯与精制进行对比,可帮助学生了解二者主要的生产目的,同时体会二者的关联;以粗盐的精制,使学生学会深入除杂的基本思路和方法,并树立从具体的实验拓展至同类问题解决中的基本思想和方法;将粗盐的精制与氯碱工业相联系,引导学生从化学反应的角度认识工业操作原理。"渗透方法整合设问"提示思考和分析的思路方法,帮助学生加深认识,突破学习难点。在问题设置中,包含着学习方法的启示,使学生通过对已有知识的应用,顺利完成新知识的学习。课程资源以 NaCl 为中心进行开发,理解粗盐的提纯、粗盐的精制与氯碱工业之间的联系和内在关联。以问题设置引导学习进程,以知识回顾、思路提示和方法指导完成问题解决,在广泛联系和深入思考中,完成对氯碱工业的学习,形成深层次和整体性认知。课程资源开发是整合性的,学习的内容和过程是完整的、有深度的,是有利于学生学习中的加深理解及拓宽思路的。

以"整合"的思路,结合生产实践开发课程资源,可广泛用于高中化学教学中。如合成氨 $N_2 + 3H_2 \rightleftharpoons 2NH_3$ 和工业制硫酸 $2SO_2 + O_2 \rightleftharpoons 2SO_3$ 的整合学习,从化学反应速率、化学平衡两个角度,分析生产条件选择的共同点和不同点;对于制造普通玻璃、陶瓷和水泥的硅酸盐工业,从原料、生产条件、发生的变化及产品的角度进行整合学习;对于工业制硫酸与工业制硝酸,从化学反应、设备、产品的获得与处理、尾气吸收等方面进行整合学习,等等。这些课程资源的开发,以其整合性,提高教学效率,加深学生对所学内容的理解,对于高中化学学习中真正实现综合能力和素养提升是很有意义的。

（2）运用类比、对比的方法开发课程资源

结合与生产实践相关的教学内容开发课程资源,类比、对比也是常用的思路和方法。类比,是教学中常用的方法,可以是化学学科内相关原理等的类比,也可以是学科之间的类比,以及生活现象与学习内容之间的类比,等等。生产实践中的有些学习内容,学生可能相对不熟悉,以课程资源的开发进行类比,实际上是在以迁移的方式帮助学生进行学习,常可达到深入浅出的学习效果。而对比,则是运用分析、比较的方法加深认识,在对比中,进行学生思维训练,增强思维能力。对于学生而言,善对比,会分析,也是重要的学习能力。结合生产实践开发课程资源,在对比中学习,有益于学生对高中化学学习方法进行体会,有利于其在学习中深度思考,在分析、比较中形成深入认识。

### 示例 3 – 17　石油加工

**教学设计前期分析:**石油被称为"工业的血液",它对于人类社会的发展与生产实践的重要作用和意义不言而喻。学生借助生活经验,也应知道石油与煤的重要性,但是生活经验只是浅层的体验和感受,对于学生而言相关化学原理还是相对陌生且具有难度的。因此,根据问题式教学设计思路,运用类比、对比的方法开发课程资源,可以帮助学生更深刻地理解化工生产中的原理,从而顺利地完成学习。

石油加工的生产过程,对于大多数学生而言是陌生的。教学中,教师的逐一讲解,会使学生觉得很枯燥。若强记硬背,不但学习过程被动且记忆负担重,不利于有效学习。而运用类比、对比的方法,广泛地联系,可使学生在解决问题中自主思考,从而顺利地完成学习。"类比设问"以物理原理类比,可帮助学生对比学习常压分馏与减压分馏的相似与不同,深入思考其中的原因。

**问题式教学设计:**

类比设问:高山上煮鸡蛋,煮很久可能还不熟,其原因是什么?请以此对比石油常压分馏与减压分馏。

对比设问:

问题1:萃取溴水中的 $Br_2$,直馏汽油与裂化汽油哪者可用作萃取剂?为什么?请分析裂化的相关原理。

问题2:乙烯产量可作为衡量一个国家石油化工发展水平的重要标志,其中的化学原理是什么?石油加工的哪个环节可获得乙烯?请分析裂解的相关原理。

问题3:对比脂肪烃与芳香烃的结构特点和碳骨架主要的不同,分析石油催化重整的目的。其中主要发生怎样的改变?

回顾小结设问:请回顾,石油加工主要的生产过程有哪些?各自用到的原料和生产目的是什么?其中,哪些属于物理变化,哪些属于化学变化?

**设计意图:**"对比设问"以直馏汽油与裂化汽油之不同,引导学生主动探究原理;通过前后所学知识的联系,自然激发学生的学习热情;以温故知新的学习过程,增强学习过程的自主性和内在思考性。"回顾小结设问"则是对石油加工生产过程总结性的回顾与梳理,帮助学生构建知识框架,补充、完善认知。对于石油加工的学习,以类比、对比的方式开发课程资源,以问题化的教学内容来呈现,激发学生积极思考,降低学习难度。同时,以思考性的增强,引导学生自主探究,促进深度学习。

**教学设计反思:**以生产实践为基础开发的课程资源,可将类比、对比的方法广泛用于其中。例如,在电化学的学习中,精炼粗铜与精炼粗镍的类比与对比,是对所学内容的应用与巩固。同时,体会相似中的不同,也可帮助学生加深对原理的理解。高分子合成的加聚反应,在学习代表反应聚乙烯的合成之后,以聚丙烯、聚苯乙烯、聚氯乙烯、聚丙烯腈、聚甲基丙烯酸甲酯等与之进行类比或对比,类比反应过程中的断键,对比发生的改变,从而帮助学生理解一类反应的实质与共同之处,真正做到由一个反应类推一类反应,顺利突破学习难点。同样是高分子化合物合成方法的学习,对比聚乙烯等与乙丙树脂以及天然橡胶、顺丁橡胶、氯丁橡胶等高分子链的特点和不同,对于加聚反应的各类情况从实质上进行对比分析,能有效加深对反应的认识,在此基础上顺利拓展认知。而对于加聚与缩聚的对比,对于多官能团有机物,如羟基酸与二元羧酸、二元醇的各类酯化反应在类比、对比中的学习,也能真正达到举一反三、认识本质的学习效果。

(3)以拓展延伸的方式开发课程资源

对于生产实践的学习内容,以拓展延伸的方式开发课程资源,对学生认识化学学科知识之间的联系,加强对所学知识的应用能起到促进作用,这对于学生综合能力的形成是十分有利的。

**示例 3-18** 电冶金

**教学设计前期分析:** 电解是强有力的氧化还原手段,在化学发展中发挥了重大的作用。活泼金属如 Na、Mg、Al,活泼非金属如 $F_2$,常应用电解的方法进行冶炼。对于电冶金的学习,高中主要学习了 Na、Mg、Al 的冶炼原理。在教学中,以拓展延伸的方式开发课程资源,可以帮助学生正确理解所学知识和原理,以避免似是而非的认知误区的出现。

**问题式教学设计:**

原理拓展设问:从晶体类型的角度分析 $Al_2O_3$、$AlCl_3$、$MgCl_2$、$MgO$、$NaCl$,讨论一下哪些理论上可在熔融状态下进行电解? 哪些不能? 为什么?

应用拓展设问:

问题1:从晶格能的角度分析 $Al_2O_3$、$MgO$ 的熔融状态容易实现吗? 为什么? 生产实践中冶炼 Mg、Al 的原料是什么? 为什么?

问题2:分析惰性电极分别电解熔融 $NaCl$、$MgCl_2$ 及 $NaCl$ 水溶液和 $MgCl_2$ 水溶液的产物,以此回顾 Na、Mg、Al 冶炼的反应分别是怎样的。

延伸设问:

问题1:以金属 Na 的工业制取进行类推,金属 K 在工业上是否以电解熔融 $KCl$ 的方法进行冶炼? 若不是,可能的原因是什么?

问题2:金属 K 的工业制取为 $Na + KCl \underset{}{\overset{850℃}{\rightleftharpoons}} K\uparrow + NaCl$,请分析该反应中包

含的重要原理。

**设计意图：** 关于电冶金，以拓展延伸的方式开发课程资源，可将学生在不同阶段的学习收获联系、融合在一起。以所学物质结构的知识和原理，深层次理解和解释物质性质和制备方法等，一方面促进学生知识应用意识和能力的加强，另一方面，使学生对于生产实践中的方法，也能理解其内在的原理，从而使学习更为深入、认知更为深刻。

**教学设计反思：** "原理拓展设问"是对晶体相关知识的应用，也是对电离与电解关系的深入理解。晶体的知识与电解原理相互拓展延伸，互为应用，互为解释，使学生对电冶金原理的认识更为全面和深入。"应用拓展设问"依然是运用晶体的相关知识，引导学生从生产原料的选择方面对金属 Al 与金属 Mg 的冶炼进行分析。设问中有潜在的对比及其原因分析：MgO 与 $MgCl_2$，选择 $MgCl_2$；$Al_2O_3$ 与 $AlCl_3$，选择 $Al_2O_3$。通过问题引导学生从多个角度进行分析，在对比中，对相关问题中蕴含的化学知识进行发掘，从生产实践拓展延伸至对晶体类型、晶格能等结构化学的相关原理，对生产实践中采用的方法，从根本上加深认识。这样的教学过程，有对比性的学习，有深层次的思考，富于对问题分析、知识应用等方面的启迪。后续设问以 NaCl、$MgCl_2$ 熔融状态的电解拓展延伸至相应物质的水溶液的电解，对于两种情况的电极反应及产物进行对比，引导学生从电极反应、产物等角度加以比较，对于生产实践中的"熔融"反应条件的选择，从原理上知其原因，有效避免认知模糊与误区。"延伸设问"是有针对性的问题设置。学生在了解金属 Na 的工业制备之后，很有可能顺理成章地认为金属 K 与 Na 类似，可以运用电解熔融 KCl 的方法进行制备。因此，设置"延伸设问"引导学生对比 K、Na 的化学性质，认识到其虽相似，但也存在差异，而这个差异决定了工业制取金属 K 的方法与 Na 的不同。由 Na 的工业制取拓展延伸至 K 的工业制取，是学科知识的丰富与完善，也是科学严谨态度的启示。在学习中，迁移类比的思想和方法经常用到，由此及彼，由一个到一类，但是，在这个过程中不能凭空想象，更不能只关注相似而忽视不同。在学习和研究中，细致严谨的态度、全面深入的思考、实事求是的思想，都是需要具备和加强的。后续设问以工业制取金属 K 的方法为中心，拓展延伸至勒夏特列原理、金属晶体的物理性质分析。在了解金属 K 工业制取方法的过程中，运用所学知识深入理解其中的原理,引导学生对所学知识加以广泛联系和应用,促进学生在学习过程中的多方面提高。以电冶金中 Na、Mg、Al 的制取,拓展延伸开发课程资源,从晶体的角度认识相关性质,从性质的角度认识相应的方法,有联系,有对比,有应用。学生在化学原理方法的学习中,能够以应用加深理解,以理解丰富、强化学科知识。同时,启示学生在学习、研究中应养成严谨认真的态度。

在高中化学的学习体系中,教学内容之间存在着广泛而深刻的内在联系。例如,结构化学方面的相关原理,可以帮助学生理解很多问题,帮助学生更深刻地认识相关物质为什么具有相应的性质。又如,"勒夏特列原理"以帮助学生从化学平衡的角度理解很多化学反应发生的原因,从而对化学反应的发生及其内在原因有更为深刻的认识。为此,结合生产实践,以拓展延伸的方式开发课程资源,教师要认真研究学生在高中阶段所学各部分知识之间的内在关联,厘清结构、性质与应用分别对应的学习内容。并且,能够在课程资源开发的过程中,以教学问题设置进行密切联系,引导学生充分认识它们之间的关系,从而对所学知识的体系更为明了,融会贯通,既有宏观的认识,又有微观的深入。在高中化学的教学中,我们要重视对教材的研究和充分利用。同样,在课程资源开发中,我们同样要重视以教材为中心,充分体现和应用密切联系,多方面、多层面充分挖掘教材中蕴含的教学价值。

高中化学问题式教学设计中,以课程资源的开发与整合强化教学过程中的问题化意识,从教的角度,以问题化的方式呈现教学内容,展开教学过程。而教师问题化教学意识的强化,其根本目的在于学生问题意识的强化。通过教师的持续引导,使学生能够积极思考,自主解决问题。同时,帮助其能够在学习中深入探究,自主发现问题、解决问题,真正理解所学化学知识及其原理。在进行课程资源开发时,教师应基于高中化学的学科特色和学习重点,着眼于化学实验,关注化学知识、原理在生活和生产实践中的应用;以课程资源的开发与整合为基础,强化教学的深度与广度及教学过程中的思维训练,使教学更有益于学生的发展与成长。

## （三）在教学探究活动设计中强化问题化教学意识

在高中化学教学中,课堂教学探究活动是教学设计中的重要内容。因此,教师问题化教学意识的强化,也可落实于教师对教学探究活动的重视。在此基础上，针对教学活动的设计、组织和开展，贯穿教师问题化教学意识的强化。在问题式教学设计中，教学探究活动可通过问题的设置与解决，充分体现其科学性和思考性，从而有力地推动教学进程和提升教学效果。

**1. 以教学活动的探究性强化问题化教学意识**

探究活动在课堂教学中，往往是针对教学难点和教学重点而设计的，其目的在于教学重点的突出和教学难点的突破。而对于教学重点和教学难点，教师单纯讲解，势必影响学生在教学中的参与度和教学效果。因而，我们常以教学探究活动的设计和开展来完成教学重点和难点的教学。而在教学活动的设计中，首先注重和体现的就是探究性。以探究性的问题设置和探究性的教学过程等组成教学活动，以此完成的教学，富于思考性和启迪性。而教师在教学活动的设计中，要研究教学内容，研究学生的知识储备和可能存在的认知困难，找到需要开展教学活动之处，确定教学活动中需要解决的问题，安排教学活动的具体环节。在这样的过程中，教师需从问题的角度研究教学，以问题化的方式呈现教学内容，强化问题化教学意识。

**示例 3 - 19　苯分子结构**

**教学设计前期分析：** 对苯分子结构的认识和研究，是学习苯的化学性质的重要基础。而其中的关键之处为：对 $C_6H_6$ 不饱和度的正确认识，了解凯库勒式并不表示苯分子真正的结构。这是关于苯的教学的重点，也是教学的难点。因此，围绕苯分子的结构分析，可着眼于学生已有的关于实验和性质的知识基础，从不同的角度进行教学活动设计。以探究性的问题设置，引导学生设计实验方案，寻找客观事实，以富于思考性的教学过程，使学生能运用已有知识进行温故知新，深刻地认识苯分子的特殊结构，对苯的特有化学性质能有清晰的认识。

**问题式教学设计：**

**实验探究设问：** 从实验的角度，用怎样的方法可以证明苯分子是否为"单双键交替"结构？请设计实验方案并验证。

**结构探究设问：** 苯分子的结构特点是怎样的？能否说明其是否为"单双键交替"结构？为什么？

性质探究设问：

问题1：分析苯的化学反应及产物，如何证明其是否为"单双键交替"结构？

问题2：溴苯只有一种能否证明？为什么？苯的邻位、间位、对位的二元取代产物只有一种能否证明？为什么？1 mol 苯能与 3 mol $H_2$ 发生加成反应，能否证明？为什么？

**设计意图**：对于苯分子结构的教学探究活动设计，需要学生在探究的过程中进行学习、思考与深入理解。而对于问题解决，可从不同的角度进行分析。因此，教学探究活动的设计，一方面要突出以探究的方式进行学习，另一方面要以教学问题设置的层次性引导教学活动的层次性。"实验探究设问"突出的是化学实验现象的直观呈现，要应用碳碳双键的重要性质，设计实验方案，完成实验，凸显化学学习中实验探究的重要性。"结构探究设问"关注学生的探究能力，应用已学碳碳双键与碳碳单键键长的数据，以"反证"的方法进行分析：若为"单双键交替"结构，则苯分子不可能为"正"六边形结构，渗透的是解决问题的思想和方法。"性质探究设问"则以苯的化学反应及产物进行探究。在这个过程中，需从"苯分子是单双键交替结构"与"苯分子不是单双键交替结构"两个方面进行对比分析，从而加深对苯分子结构和已学相关性质及化学反应的认识。对于苯的特殊结构的学习，以探究活动的方式展开，从实验、知识应用和思想方法等方面进行讨论、分析和验证，深入发掘，丰富教学内容。教学活动的设计，对于苯分子结构的学习，以教学问题的引导完成系列探究活动。学生对苯分子的认识，能从探究和思考中获得深入理解和透彻认识。

**教学设计反思**：在高中化学问题式教学设计中，教学探究活动的设计，对于问题化教学意识的强化，主要体现在选择中，包括选择活动开展的恰当时机、活动开展的方式以及活动中所需要解决的问题等。在实际的教学中，经常出现不需要开展探究、讨论等教学活动之时，却花费较多时间进行"形式上"探究的状况，这既不利于提高教学效率，也不利于提高学生的学习和探究热情。因此，对于课堂教学中的教学活动设计，教师首先要选择好开展活动的节点——在教学真正需要之时，在学生学习困难之处，以恰当的时机开展教学活动。而教学探究活动开展的方式，应着眼于教和学两个方面：教师通过教学活动，能教给学生研究问题的思路和方法，以学科知识的学习促进学生能力的提高，并且在活动开展过程中及时发现学生在学习、认知等方面的存疑之处、困惑之处、错误之处，通过师生互动、交流沟通予以完善与改进；而学生能够积极参加教学活动，在教学活动中能有表达自己观点的时间和空间，能有自己的认真思考，能有自主的问题解决过程。因此，着眼于教和学两方面，确定教学活动中应达成的目标。教学活动的开展需以师生互动、生生互动为基础，它是教师的主导作用与学生的主体作用有机融合的过程。课堂教学的探究活动，核心是问题的解决，因此，活动是以问题为中心的，即以问题的发现、问题的提出、问题的分析、问题的解决与展示交流为中心的。因此，教学中要确定开展活动需解决的问题，通过师生的共同活动，确定与选择问题解决的方案，验证方案，展示与交流所得结论。以问题为中心和线索，开展相应的教学探究活动。在教师的引导下，学生体会的是思路和方法，增长的是能力和素养。而教师在教学中，要对教学探究活动进行设计，需精心思考问题的设置，引导学生进行问题解决，以利于他们的成长，使问题化教学意识的强化自然融合于这样的教学过程之中。

**2. 以教学活动的创造性强化问题化教学意识**

高中化学学科核心素养"科学探究与创新意识"的培育，只有以教学活动的创造性渗透与贯穿，才能将其落实于高中化学的课堂教学。而教学活动的创造性，很多时候是在教师创造性地呈现教学内容、创造性地提出问题及以创造性的教学方式完成问题解决等过程中得以充分体现的。在这个过程中，往往需要教师找到教学中需要解决的问题，找到问题解决的方案，并做好充分的教学预设，从而以教师在教学中的创造性，实现对学生"科学探究与创新意识"素养的培育。以此，在不断思考和研究中，强化问题化教学意识。

**示例 3-20 乙酸乙酯的实验室制取**

**教学设计前期分析：** 在乙酸乙酯的实验室制取中，饱和 $Na_2CO_3$ 所起的作用是重点学习的内容之一。在多数的教学过程中，教师会从乙酸、乙醇的沸点着眼，直接告诉学生乙酸乙酯的蒸汽中含有乙醇和乙酸的蒸汽。因此，饱和 $Na_2CO_3$ 所起的作用中，包括除去乙酸乙酯中的乙酸和乙醇。但是，这样的教学过程，在直观性和证据推理等方面还是有所欠缺，也缺乏思考性和对学生的思维训练。教学中如何突破这一点，创造性地直观呈现乙酸乙酯中混有乙酸，教师应引导学生进行认真的思考。而化学的学习以实验为基础,实验方案的设计、实施以及实验原理的分析,应是思考的中心和重要思路。

**问题式教学设计:**

总问题:实验制得的乙酸乙酯中混有乙酸,怎样以实验的方法加以证明并且直观呈现?

可能需要的引导性设问:

问题 1:$Na_2CO_3$ 的水溶液呈碱性,常用什么方法可以证明? 现象是怎样的?

问题 2:$CH_3COOH$ 与 $Na_2CO_3$ 反应吗? 会有怎样的现象?

问题 3:反应的发生会影响溶液的碱性吗? 我们常以怎样的实验方法证明溶液的碱性减弱?

**设计意图:**实验是化学学习的基础和依据,特别是在高中化学的教学中,实验教学更是学习的重点与难点。而体现教学活动的创造性,从化学实验的角度入手,也是重要思路。实验的直观性、探究性与思考性,决定了实验方案的设计,对于知识的综合性应用,对于教学问题的解决,对于学生的进步与发展,都有着不可替代的重要作用。"总问题"是提示性的问题设置,给学生提供思考的方向,可使学生在问题解决中发散思维,通过实验方案的设计与选择,增强对相关化学知识的应用与理解。而"引导性问题"的预设,是引导学生在实验方案的设计中,关注方案的可行性和简约性,加强对常用实验方法的灵活应用。用酚酞变红来证明溶液的碱性,以红色变浅来证明碱性的减弱,对于学生来说是重要而熟悉的基础实验知识。对于多数学生而言,对于原理和方法的应用是需要加强的方面。以教学中的问题引导学生通过自主思考最终得到实验方案,比教师直接告诉学生相关的方法更有教学价值,因为学生在思考中的学习所得更容易内化为能力和素养。

**教学设计反思:**对于貌似理所应当,甚至易被忽视的学习内容,以创造性的问题设置引出深层次的思考和学习,于学生而言,是学习中的探究与提升;于教师而言,是对教学内容的深加工和问题化呈现,问题化教学意识也能得以有效强化。高中化学教学中,对于教学内容以创造性的问题提出,从而进行创造性的教学活动设计,对于学生的思维启迪和知识学习、应用非常有意义。

如学习 $C_2H_5OH$ 与金属 $Na$ 的反应,分析只是羟基氢参与反应,常见的思路有：通过定性分析，对比 $C_2H_5OH$ 与 $H_2O$ 的分子结构，找出都有—OH 这个相似之处，再应用 $C_2H_5OH$ 与 $H_2O$ 都能与金属 Na 反应生成 $H_2$ 得出结论；通过定量测定，测出 1 mol $C_2H_5OH$ 与足量 Na 反应生成 1/2 mol $H_2$，说明乙醇分子中只有羟基氢参与反应。事实上，这个结论的得出，还可通过问题设置，引导学生应用所学知识，经过分析、讨论得出。设置的问题，如：少量金属 Na 通常保存在煤油中，说明 Na 与煤油反应吗？煤油的成分是烃类，说明 C—H 上的 H 与 Na 反应吗？由此我们可以得出 $C_2H_5OH$ 与 Na 反应时，只是羟基氢参与反应的结论吗？为什么？金属 Na 常保存在煤油中，对学生而言是基础知识，上述问题的设置、解决与相关结论的得出，是对基础知识转变角度的创造性应用。以简单易懂的思路和方法解决问题，同时应用已有知识对其进行巩固，加深对所学知识的理解。由此，我们要深刻认识到，只有将教师的创造性思维贯穿于课堂教学中，渗透于教学活动设计中，学生"科学探究与创新意识"核心素养培育才能真正实现于高中化学的课堂教学中。我们应以问题化教学意识的强化，创造性地完成教学活动的设计，反过来，以教学活动的精心设计，对教学内容进行恰当的、富有思考性的呈现，强化问题化教学意识。

**3. 以教学活动的多样性强化问题化教学意识**

在高中化学课堂教学中，进行思维的训练和优化是不可或缺的教学目标，而思维的灵活性在高中阶段的学习中，体现于学生能以多样化的方法进行学习，以多样化的方法进行问题解决。在学生的未来发展中，思维的灵活性对于他们解决生活、学习中的很多实际问题也是非常重要的。因此，教师在教学中要关注和注重对学生思维灵活性的引导和训练。在课堂教学活动的设计中，多角度地进行问题设置和解决，做到以具体问题的分析与处理渗透对学生思维灵活性的训练与强化。而要做到教学活动的多样性，教师就要做到对同一学习内容，能从不同的角度进行思考与分析，从不同的角度进行教学问题设置，同时强化问题化教学意识。

示例 3-21 **苯的溴代反应**

**教学设计前期分析**：*发掘苯的溴代反应中具有思考性的、能够对学生进行思维训练的教学内容，从不同的角度进行教学问题设置，引导学生对于同一学*

习内容,从反应类型、产物除杂、生成物性质等方面进行多样化探究,能有效地训练学生的思维灵活性。在每个问题的探究中,再衍生不同的分析角度及问题处理方法,引导学生灵活应用已有知识,并在学习新知识的同时进行思维的拓展训练。

**问题式教学设计:**

任务一:除杂

基础设问:纯净的溴苯颜色状态是怎样的? 实验室制取的溴苯为什么常显褐色? 如何除杂?

转角度设问:将苯与液溴的混合液滴入细铁丝圈,再经有破洞的试管进入盛有 NaOH 溶液的烧杯中,将会看到什么现象?

任务二:反应原理

基础设问:证明反应是取代反应而不是加成反应,可用什么物质的生成来证明? 常用 $AgNO_3$ 溶液的原理是什么?

转角度设问:HBr 在水溶液中以什么粒子存在? 为什么? 从 $H^+$ 离子角度如何证明 HBr 生成?

任务三:实验方案

基础设问:对于 HBr 的生成实验验证,哪种物质会造成干扰? 为什么? 如何除去? 其原理是什么?

转角度设问:HBr 的生成实验证证,在装置方面采取了哪些措施? 分别是什么原因?

**设计意图:**苯的溴代反应,是以问题设置从除杂、反应类型的确定、实验方案设计、实验装置等多个层面、多个角度进行的教学活动,它能引导学生在苯的溴代反应的学习中增长很多关于化学实验的知识和认识。多样性,体现在对实验从多个方面进行探讨和研究,同时,还体现于对同一问题从不同的角度寻找解决方案。

除杂基础设问是对除去溴苯中的 $Br_2$ 常用方法的分析和讨论,内含对相似相溶原理的探讨和对有机物除杂基本思路的分析。而除杂转角度设问,是对苯的溴代反应条件认识的深化,也是实验改进的思路,对于学生的学习富有启发作用。反应原理基础设问及其转角度设问,是对取代反应与加成反应的比较,以及对"宏微结合"核心素养的培育。从 HBr 在水溶液中的微观存在着眼，从不同的角度设计实验方案，强化知识应用，训练思维的灵活性和系统性。实验方案基础设问加强学生在实验方案设计时应关注的科学性，使其能够在学习中严谨细致，全面周密地分析问题。同时，完善学科知识的学习和应用，强化所学知识之间的广泛联系。

**教学设计反思**：要想对同一学习内容进行多样性的设计教学活动，教师需要对其进行多角度的分析，以不同的教学设问引导教学活动。在这样的教学研究和教学活动设计中，问题化教学意识的强化渗透在每个教学活动的细节处理中。以教学活动的多样性强化问题化教学意识，在高中化学教学中，可结合具体教学内容的特点及相应的教学要求，从不同的角度对教学活动进行多样化设计。例如，定量与定性、整体与部分、常规与改进、正面与反面、多选与优选等。以这样的思路和方式完成教学，教学相长，相互促进，教师教学能力提升与学生思维灵活性的增强相辅相成。

通过课堂教学活动设计实现问题化教学意识的强化，在教学活动设计中充分体现探究性、创造性和多样性是重要的方面。同时，课堂教学活动设计还要注重层次性、严密性和有序性等。在教学中，我们对于课堂教学活动的设计，最根本的依据是学生发展与进步的真正需要。因此，在高中化学问题式教学设计中，教学中的各个层面，特别是教学活动设计，其出发点与着眼点都需特别关注学生在思维、能力、素养等方面的成长需求。

## 二、在教学过程中强化问题化教学意识

教师在教学设计中体现的教学思想和教学方法，针对不同的教学内容做出的教学预设，都要在教学实施中完成和实现。对于教学而言，教学设计与教学实施是不可分割的教学过程。因此，在教学实践中要充分体现出二者内在的、密切的关联。以教学设计提升教学实施，同时，以教学实施不断改进与完善教学设计。因此，教师问题化教学意识的强化也要贯穿于教学实施等教学过程中。教学过程，既要有充分的准备，又要有积极的调整与应对；既要有问题的组织，又要能及时地发现问题，提出新的问题，解决新的问题。教学就是以问题为中心，提出问题，解决问题，再不断地进步与提升的过程。而教师的问题化教学意识，一方面要以教学过程中的所思所获补充与完善教学设计，改进教学设计；

另一方面,在教学过程中要深刻体会教学设计对于教学的重要意义,精心地做好教学设计。

## (一)教学预设提炼问题

要想将教学设计真正地实施于课堂教学,还要做好教学预设。教学设计是相对固定的,是教师根据自己的教学思想和愿望对教学做出的预期,从某种角度而言,是出自教师单方面的教学安排。而教学预设,是将学生纳入教学安排的对教学的假想,是较为全面的预演。教学中,当学生能够自主解决问题时,教师应做出怎样的评价;当学生遇到困难时,教师应做出怎样的引导;当学生给出教师预期之外的解答与反馈时,教师应怎样应对等,都是教学预设中需全面思考的。在教学中,对于各种各样的课堂生成,教师都应努力妥当处理,既不回避出现的各种意外,又能顺利地完成教学流程。教学预设与课堂生成的结合,才能真正实现有活力的课堂教学。而教学预设,不同于教学设计,教师需面对学生提出的相应教学问题,更多地考虑学生的实际状况,将书面化教学设计中的问题设置转化为更具亲和力、更易于为学生接受和参与的问题表达。在这个过程中,应对教学问题设置的核心与实质进行提炼,并在教学设计的基础上,将问题进一步深化,使其更具思考性。

**示例 3-22** **烷烃的物理性质**

**教学设计前期分析:**烷烃物理性质的递变,可与结构化学的相关原理进行联系。例如,同系物的组成和结构相似,相对分子质量越大,分子间范德华力越强、熔沸点越高。但是,若教学中的问题设置过于琐细,在教学中,学生接受的教学问题设置信息量过大,不容易进入深层次的思考,不利于其自主解决问题。如:烷烃的熔沸点随着碳原子数目的增加,如何变化?为什么?常温下的状态是怎样的?如何比较烷烃的熔沸点?若碳原子数目不同,应如何比较?若碳原子数目相同,应如何比较,等等。因此,教师可对问题进行提炼,并做进一步的修改。

**问题式教学设计:**

问题1:常温下,呈现气态的烷烃有多少种?

**设计意图:**学生只针对这一个问题的解答进行思考,可以更有信心、更深入和更全面。修改后的教学问题设置,表面上虽然仅有一个问题"常温下,呈现气态的烷烃有多少种",没有信息量过大等额外负担,实际的思维含量不仅没有降低,而且,学生在问题解决中,要思考与分析的内容更多。解决这个问题,学生需要思考的内容有:烷烃随着碳原子数目的增加,熔沸点如何递变;通常,碳原子个数小于等于4的烷烃常温状态下呈现气态,新戊烷特殊,常温下也呈现气态。其中,包括比较烷烃熔沸点的基本思路和方法以及烷烃同分异构体的存在及分析等。在教学预设中,在对教学内容和教学目标研究的基础上提炼出的教学设问,涵盖的内容丰富,但问题的表述简洁明确,问题设置本身的信息量不会给学生造成接受负担和畏难情绪。以此,简练的设问引导深入全面的、有序有效的、富有思维容量的学习。

**教学设计反思**:在教学预设中"提炼"问题,也同样适用于很多教学内容。例如,在烯烃的学习中,类似的设置问题:常温下呈现气态的烯烃有多少种? 问题解决中包含的分析有烯烃物理性质的递变与烷烃相似、烯烃常温下状态的递变、烯烃同分异构的分析。同样是一个问题,引发全面的思考与分析。又如,在原子结构的学习中,可"精炼"设问:核外电子排布有$4s^1$的元素有哪些? 对于这个问题的解决,需分析:构造原理,能级交错,洪特规则特例。通过一个设问,可引导学生对于相关重点原理进行全面的回顾和深入学习。还如,在电解池学习中,可"提炼"问题:精炼粗铜,阴极析出了32 g铜时,阳极失电子数小于$N_A$,请判断是否正确? 这个教学设问的解决,需全面分析与回顾:精炼粗铜的电解池组成;阴阳两极的电极反应;氧化还原反应中的电子转移守恒等。在学习中,学生既可以复习、巩固相关化学原理,又可培养思维深刻性,加深对氧化还原反应中电子转移守恒的理解,并避开认识、理解上的误区。

综上,教学预设中对问题的"提炼",是教师对课堂教学设问的深入思考与优化。这样的提炼,对于学生而言,有利于以轻松的心态进入综合性、深层次的学习,在问题解决中对学科知识进行再认识、深加工和灵活应用,在思维、能力等方面得到训练和提高;对于教师而言,这个过程则是对教学内容的综合分析和提炼,须强化教学重点,引导学生加强知识联系,对所学原理在应用中深化认知。这样的过程,需要教师对于教学内容、教学问题设置和教学流程展开,进行深入而细致的思考和研究,对问题化教学意识的强化要能够起到积极的推动作用。

## （二）在教学实施过程中发现问题

人们常说"好文章是改出来的"，很多时候的确如此。而教学设计类似于写文章，是需要联系、对照教学实际不断进行改进和完善的。因此，在高中化学教学中，教学设计与教学实施是需要在教学过程中不断地互相完善的。教学设计用于教学实施，指导教学实施；在教学实施中，常可发现教学设计中的不足，促进教学设计更符合教学的实际需要。如此反复，在用心的思考和打磨中，教学设计与教学实施相辅相成，互相促进，不断提升。因此，教师问题化教学意识的强化，也必然渗透于教学实施中。教师需要在教学实施中，用心体会与反思，不断地发现问题，不断地通过教学设计与教学实施的相互促进，优化教学效果。

**示例 3－23**　石墨与金刚石

**教学设计前期分析**：石墨与金刚石，二者互为同素异形体，均由碳原子构成，因为结构不同，物理性质也存在着很大的差异。这些知识，学生在初中化学的学习中就已经有所了解，因此，在教师的教学预期中，学生对石墨与金刚石的学习应不会存在太多的困难。但在实际教学中，很多时候会发现学生存在认知误区。因此，可借助问题设置，引导学生进行辨析。

**问题式教学设计**：

证据推理设问：请分析石墨中的碳碳键与金刚石中碳碳键的键长数据，由此可得出什么结论？

原理对比设问：

问题1：体现石墨的硬度时，受到破坏的作用力是什么？ 石墨与金刚石硬度分别是怎样的？

问题2：体现石墨的熔点时，需要破坏石墨晶体内部的哪些相互作用？ 石墨与金刚石哪者熔点高，为什么？

辨析设问：

问题1：石墨转化为金刚石，是物理变化还是化学变化？ 为什么？ 是放热反应还是吸热反应？ 为什么？

问题2：从价电子及结构的角度分析，石墨为什么可以导电？ 金刚石为什么不可以？

**设计意图：**以教学实施发现问题所在，以此为依据对教学设问进行改动和调整，可以达到两个目的：一是教学设问能具有更强的针对性，能针对学生常见的认知误区进行辨析；二是引导学生从本质上理解石墨和金刚石存在性质差异的原因，即从结构的层面上，从石墨发生变化时相应受到破坏的作用力的角度进行分析和认知，可以比较深刻地理解石墨与金刚石在硬度、熔点和稳定性等方面性质之不同及其原因，从而有效避免认知误区的产生。"证据推理设问"的设置是直奔主题，运用证据推理，以数据分析引导学生认识石墨与金刚石结构的不同，理解石墨和金刚石中虽然都是碳碳键，但其键长不同，是不同的化学键。"证据推理设问"的设置和解决，为后续的问题解决做好铺垫，打好基础。"原理对比设问"着眼于石墨是混合晶体，在体现其硬度时，受到破坏的只是层与层之间较弱的范德华力，对于其硬度为什么比金刚石小得多，学生可从结构层面上形成清晰认知。后续设问与前面设问对比，与"证据推理设问"呼应，可以帮助学生进行深层次的对比学习，从而能正确地理解石墨和金刚石熔点的高低及其原因。同时，对于学生分析和解决问题的思路也是启发和启示。"辨析设问"可拓展学生的认知深度和广度，从石墨和金刚石关系的明确，到相关热化学方程式的书写，是在研究石墨和金刚石稳定性的基础上，针对教学过程中发现的学生易错之处进行的针对性设问。后续设问是因为在教学过程中了解到，学生对石墨可以导电、金刚石不能导电虽然熟记于心，但究其原因时，却常常不甚了解。因此，以问题的设置引起学生的思考，在此基础上，帮助学生从结构的角度加以学习和认识。在学生心存疑惑的基础上进行的教学，往往能调动学生更加积极主动地投入学习。

**教学设计反思：**以教学实施中发现的学生认知困难、失误等为依据，进行上述的问题设置，在完善教学设计的同时，教学中的针对性更强。经过这样的思考和学习的过程，学生对于石墨和金刚石之间的关系，对于硬度、熔点、稳定性等性质的含义，对于石墨和金刚石的共同与不同点，以及二者之所以存在多方面的性质差异，能有正确的认识。

教学实施是教师问题化教学意识能够得到强化的重要环节。教学设计和教学预设中的问题设置，是教学具有思考性的基础。而教学实施中的课堂生成,又能发现新的问题,可以启发和提示教师对于教学设计和教学预设做出积极的改进。在反复的斟酌与思考中,教师的教学设计和教学实施能力均可得到发展和提升,问题化教学意识日益增强。

## (三)教学回顾升华问题

教师问题化教学意识的强化,应贯穿于教学的各个环节,渗透于教学始终。而在教学反思环节,我们需关注对课堂所学化学原理和知识的回顾与小结,更要注重对教学中所研究问题的升华。这样,课堂教学始终以问题研究为中心,以问题的提出开始,以问题的解决完成,以问题的升华结束。在问题贯穿始终的课堂教学中,回顾中的问题升华,是对课堂教学的提升,学生可在问题升华中开阔视野,得到更多的思维启迪和认识提高,而教师则对问题化教学能有更深刻的感悟与强化。

**示例3-24**  **化学工艺流程题解答策略(复习)**

**教学设计前期分析:**化学工艺流程题,实际上是对元素化合物知识的综合应用。通常以框图表示生产流程,包含的内容常有物质的制备、分离提纯、检验等,并与元素化合物知识相融合。化学工艺流程题以其综合性和实用性,训练学生提取有效信息,抓住关键处理信息,应用所学知识解决问题的能力。因此,在高考中是必考题型,在高三复习中也备受重视。教学中,要对学生进行化学原理和知识的回顾、联系和深入学习,要进行方法和思路的训练。

**问题式教学设计:**

问题1:化学工艺流程题的设置背景是怎样的?

问题2:化学工艺流程题主要考查和体现什么?

问题3:化学工艺流程题通常呈现什么内容?

问题4:在化学工艺流程题解决的过程中,我们应有怎样的学习目标?

**教学设计意图:**对化学工艺流程题中蕴含的教学与育人价值的发掘,既是对学生学习方向的启示,也体现着教师对教学内容的深层思考。教学中,问题的升华可在师生互动交流中以问题探讨、研究的方式得以呈现与完成。而教学回顾中升华问题,在对教学全方位的思考与分析中才能完成;对于问题化教学意识的强化,也能在深度的思考中完成。

**教学设计反思**：高中化学教学中，贯穿育人目标是教学的需要，也是学生未来发展的需要。以教学回顾升华问题，能对教学起到提升作用；对于学生起到拓宽视野、开阔眼界的作用；对于教师，是关注学生全面发展的教学思想的具体体现。结合很多高中化学的教学内容，我们都可在教学回顾中，以多样的方式升华与提升课堂教学。例如，在苯的教学中，升华苯分子发现的历程："科学研究是一条非常曲折、非常艰难的道路"；升华凯库勒的"梦"："灵感是知识、经验、追求、思索与智慧综合实践在一起而升华了的产物"；升华对化学，对化学物质的认识："用全面的眼光看问题，善于辩证思维金钥匙"。这样，以苯的教学为基础的升华，教学过程中以问题设置进行引导，展开师生互动、交流，课堂教学对学生发展能起到学科知识之外的提升和促进作用。又如，在化学实验探究教学中，在思维建模、方法探究、应用感悟等教学流程之后，在课堂回顾反思中升华对化学实验科学性、可行性、简约性、安全性的深入认知，可以让学生对化学实验与化学实验探究，从更全面和更深入的层面上增强认识。还如，在开发利用金属矿物和海水资源的学习中，回顾升华"人与自然和谐发展"："大自然是我们人类最宝贵的财富，人类的生存和发展离不开大自然的馈赠，大自然中处处留下了人类的印记。我们应该平等地与自然对话，理性地与自然握手，实现人与自然和谐发展"。综上，教学回顾升华问题，是在高中化学的很多教学中，能够自然延伸和实现的。而这个过程的完成，使得学生能够在高中化学的课堂中，收获更多有利于他们未来发展的思想和方法，而教师则可对教学始终有着全面的分析和深入的思考研究，能够在教学中视野开阔，"看"得更远。教师能够从研究者的角度看待教学，带着问题教学，在强化自身问题化教学意识的同时，对于高中化学教学中的育人目标的确立与实现，能有更为清晰的认识，能够将其更多地付诸教学实践。

总之，教学过程强化教师问题化教学意识，是可从方方面面、点点滴滴中加以关注和实现的。高中化学的教学过程，着眼于学生真正意义上的发展与进步，本身就要具有思考性和探究性，在教学中着力于学生思维的训练和优化以及对学生思考力的促进。因此，教师的问题化教学意识也是贯穿始终的：以问题的方式呈现教学内容，增强教学过程的思考性；以问题解决的方式推进教学流程，促进学生能力发展；以问题升华的方式回顾教学，强化学生思想和方法的丰富。同时,以教学过程中对问题设置的加工与提炼,对课堂教学中新出现问题进行反思,对问题解决与处理方式加以回顾与提升,教师的问题化教学意识也能不断得以深化与加强。而教学设计与教学实施之间的相互促进、相互补充和完善也能在这样的过程中,得到充分体现,发挥积极作用。

### 三、在教学研究中强化问题化教学意识

在日复一日貌似重复的教学中,怎样能使我们的教学从各个方面不断得到提升呢? 教师的教材加工能力、课堂驾驭能力和教育学评价能力等,怎样能在日常教学中迅速得到提高呢? 教学研究,坚持不懈的教学研究,能起到非常重要的促进作用。对教学研究,不同的教师有着不同的感受、观点和想法。有些教师,感觉每天上课、批作业,还有各种烦琐的事务,几乎没有时间和精力再做教学研究;有些教师,对教学研究望而却步,觉得自己的能力对于做教学研究而言尚感不足,虽然有做教学研究的想法,却不知从何入手,迟迟未能行动。当然,也有教师觉得做教学研究,对中学教学而言,没有什么必要和意义,认为就高中化学那些简单内容,怎样教都可以完成任务,不需要做什么研究。以上的种种状况及其原因,使得部分教师总觉得教学研究距离自己比较遥远,在每日的忙忙碌碌中,迟迟不能将教学研究付诸行动。当然,也有很多教师,对教学研究热爱、重视,而且能够持之以恒。从开始的茫然到后来的目标清晰,从开始时的困难重重到后来的顺利进展,从开始时的教学点滴感想、感悟到后来的视野开阔、目光长远……他们在教学研究中,能够对教学从课型分析、环节特点、流程推进等方面有更深切的感受、更深刻的反思及更多的思考和方法。反映在教学实践中,是教学设计的合理恰当、教学实施的从容不迫、教学评价的适度有法。在他们的教学中,自然渗透对学生能力和思维的关注与强化,教学过程与推进也能更有利于学生各方面的成长与进步。

事实上,对于每一位教师,教学研究都是重要而且必需的。特别是新课标下的高中化学教学,教师要认真研究教学中的育人目标,认真思考将化学核心素养培育落实于课堂教学的方式、方法和途径,认真探索化学学科知识学习与学生的能力培养、思维发展训练等有机融合的路径和具体方法。这些,都是需要通过教学研究才能实现和付诸教学实践的。因此,每一教师,对教学研究都必须在重视的基础上勤于学习,乐于动手,将其渗透、贯穿于教学之中;另一方

面，教学研究对于每位教师而言并不遥远，实实在在地与每一堂课的教学发生着密切的关联。对于每一堂课，从教学设计开始到教学引入、教学重点的突出、教学难点的突破等每个教学流程的推进，到教师与学生交流、互动、相处的方式方法，课堂教学怎样才能让学生学得轻松、学得明白等，对于这些问题的思考与解决，事实上，就是教师的教学研究。关于高中化学教学等的教学研究，出发点是课堂教学，着眼点是课堂教学，落脚点还是课堂教学。因此，教师对于上好每一堂课的思考，就是在进行教学研究。我们对于教学研究，开始于教学中的点滴感悟，从课例研发、论文、课题研究一直到教学专著，其中，来自教学一线的切身感受和所思所得，是必不可少的、宝贵的研究素材，是每位教师在职业生涯中积累的珍贵财富。所以，我们要珍惜这些不可多得的财富，将自己的教学实践与教育科学理论相结合，在理论学习中改进、提升教学实践，在教学实践中体会、感悟、完善对教育教学理论的学习、理解和应用，使教学实践与教育教学理论在密切结合的基础上相辅相成、互为促进。每一位教师，都可在教学研究的推动下，将自己的教学工作完成得更为精彩，更有利于学生真正意义上的成长。

在问题式教学设计与实施中，对于教师问题化教学意识的强化，教学研究同样起着不可替代的重要作用。在教学研究中，教师方可体会，同样的教学内容，以问题化的方式呈现，对于学生思维能力的训练有着更好的促进作用；同样的教学内容，恰当的问题设置更有利于学生主动参与教学活动，更有利于学生在自主思考和学习中得到能力和素养等方面的训练和进步；同样的教学内容，教学预设与课堂生成只有有机融合，才能以问题解决的方式推进教学流程，才能使学生在教学中获益更多。教师只有在教学研究中，从教学问题的设置、教学问题的解决、教学评价等各个方面，通过认真的思考和持之以恒的探索，才能真正认识和理解问题式教学设计和教学实施的意义之所在，使自己的问题化教学意识得以强化。并且，教师能在问题化教学意识建立和强化的基础上，更深刻地认识高中化学的教学目标，更主动地探寻学科核心素养培育与课堂教学紧密联系的路径和方式方法，并将其付诸自己的教学实践。有明确的指导思想，有具体恰当的方法，有积极有效的行动，这样的高中化学课堂教学，才能是目标清晰、方法恰当的过程，学生才能够从中获得知识的丰富、素养的积淀和能力的提升，从而得以全面、迅速地成长。

## （一）以教学目标研究强化问题化教学意识

在教学研究中，强化问题化教学意识，首先要研究教学目标，认识到高中教学目标的着眼点是学生的成长与进步。但是，对于学生成长与进步的具体内涵，我们确实要通过对教学的深入思考和研究，才能得以明晰。很多时候，教师在教学过程中，常常将化学学科知识的学习与掌握作为唯一的教学目标。这样，就会使教学很容易陷入满堂灌、题海战术的状况，教师教得累，学生学得难，结果往往不尽如人意。在高中化学教学中，高考不可避免地成为影响教学的方向、方法和方式的主要因素，这是大家面临的现实问题。但是，细细研究高考的考查方向、考查内容和考查方式会发现，教学中重视学生素养的提升、能力的增强，是在高考中赢得胜利的关键所在。以化学的高考题目设置为例，工艺流程综合题、实验综合题等，无一例外都是在考查学生的能力和思维，如信息提取能力、加工能力、分析能力以及思维的严密性、深刻性、灵活性等。具体的问题解决，例如陌生方程式的书写等，也是能力与方法的综合考查；即便是客观题，也重在与生产、生活实际的联系，重在情境创设与知识应用，等等。综上，无论是面向学生面临的高考，还是面向学生的未来发展，高中教学都不应该局限于单纯的学科知识学习而忽视学生思维能力和素养的培育与提高。因此，我们要研究教学目标，明确教书育人的教学方向，深刻地认识教学中必须重视学生思维训练和能力发展及其意义所在。而思维、能力、素养等的发展与提升，教学中可落脚于学生思考力的强化与提高。在高中化学教学中，要发展学生的思考力，教学首先要具有思考性。而教学中的思考性，最直接的体现，就是问题化的教学过程。教师在思考中，问题化教学意识得以强化。而以问题的提出、问题的解决、对问题的反思等贯穿教学始终，就能促进学生的思考，使其思考力得以提升。

> 示例 3-25 苯的物理性质

**教学设计前期分析：** 在高中化学教学中，对于物质的物理性质，在教师、学生的心目中都属于相对简单的学习内容。因此，在教学中常常一带而过，大多数情况下，教师只是按照颜色、状态、气味、水溶性等顺序，以讲授的方式浮光掠影地介绍一番。因此，学生自然对物质物理性质的学习不够重视，也常以单纯记忆的方式进行学习。显然，这样的教学过程是不利于学生思考力的训练和提高的，学习的效果也会有所欠缺。很多时候，遇到与物理性质相关的问题处理，学生常因混淆等原因而出错。而相比单纯的教师讲解，以问题化的方式呈现相应的教学内容，需要学生通过分析与思考得出相应的物理性质等知识，学生能够主动参与学习活动，运用已有知识学习新内容，增强学习热情和信心，思考力也能得到训练和增强。而且，这样的学习过程往往也包含方法的启示，对于学生自主完成问题解决也有着积极的促进作用。对于苯的物理性质的教学，同样应从学生思考力的训练和提升入手。以实验的方式呈现教学内容，以问题的设置和解决推进教学流程，学生观察、分析实验现象，运用已有知识完成问题解决。在问题解决中，通过思考，学生了解苯的物理性质，感悟以实验现象分析性质的方法，使思考力的提升、思维的训练也得以落实于课堂教学中。

**问题式教学设计：**

方法分析设问：两种无色液体，若一者为水，一者为有机物溶剂，二者互不相溶。采用怎样的方法可判断哪者为水，哪者为有机溶剂？

现象分析设问：观察试管中苯与水的混合液，分层现象说明苯的什么性质？量少者为苯，它位于哪一层？又能说明苯的什么性质？

原理分析设问：从元素组成的角度分析，苯属于哪类有机物？请从物质类别的角度分析苯的物理性质。

**设计意图：**教学中需注重对学生思考力的训练，注重学生思考能力的发展。以实验呈现教学内容，以问题引导学生分析，相比教师的直接叙述和讲解显然更有利于学生在思考中学习，在学习中思考，学习过程也更具有探究性和吸引力，更能激发学生的学习热情。而实验现象分析与性质学习的结合，能使学生对已有知识进行巩固和应用，为新知识的学习及后续学习中同类问题的解决形成共性的认识及相应的思路和方法。"方法分析设问"是对同一类问题在实验方法方面的指导，学生在问题解决中能收获思路和方法，可以帮助他们在后续的学习中对同类问题进行分析和解决。"现象分析设问"讨论苯的水溶性：有分层现象，意味着相应液态试剂在水中不溶。同时，可根据有机层的位置判断苯的密度比水小，同样可拓展至方法：有分层现象，有机层在上层，说明密度小于水；而有机层在下层，说明密度比水大。这些现象的分析，以及对相应方法的理解,能对后续很多有机物的物理性质学习提供帮助。"原理分析设问",一方面是理论分析与实验验证的结合,另一方面,也是对学生学习方法的指导。在高中化学的学习中,分类的思想贯穿始终。我们常以类别的角度,学习物质的化学性质,而对于物理性质的学习,同样可应用归类的方法。例如,结合结构化学的知识,从晶体类型,如分子晶体、原子晶体、金属晶体、离子晶体等物理性质共性的角度进行归类学习。而对于有机物物理性质的学习,也要特别重视归类学习。例如,烃类、卤代烃、酯类,总体而言都难溶于水;烃类、酯类密度小于水;碳原子个数小于等于4的烃类通常常温下呈现气态等。归类、整合的设问与问题解决,对于提高学习效率,加深与拓展学生对学科知识的学习和理解,都是非常有帮助的。

**教学设计反思:**对于苯的物理性质的学习,以实验探究、问题解决的方式进行学习,显然更有利于学生思考力的训练与提高。而教学问题的设置,应关注层次递进,重视多角度设问,既能使学生顺利参与教学问题的解决,又要重视问题本身应具有的探究性,由问题引导学生思考的深度和广度。并且,教学中注重多方面的综合。例如,实验分析与理论分析结合,帮助学生养成多角度、多层次、全面思考和分析的良好学习习惯,有利于他们的进步与成长。

高中化学教学中,研究教学目标强化问题化教学意识,落实教学中对学生思考力的训练与培养。而在相应教学内容的选择方面,物理性质等相对简单的学习内容常常不被重视或忽视,教学更多落脚于教学重点和教学难点。但是,学生思考力的培养和提高,应该在教学中贯穿始终,并点滴渗透。这样,才能更好地避免单纯的听讲与记忆,避免缺乏思考性的学习过程,才能帮助学生真正形成勤思考、善思考的习惯和能力。因此,教学难点和重点,要凸显教学过程的探究性,加强对学生思考力的训练与培养;而对于相对简单的学习内容,更要多角度、多方法、深层次地进行发掘。以问题化的教学过程呈现,增强教学过程的思考性。教师在思考中完成教学,学生在思考中获得新知,以此,可以强化教师问题化教学意识,促进学生在学习过程中获得全面的进步。

## (二)以教学流程推进强化问题化教学意识

课堂教学流程的推进,在教学实践中有多种多样的方式。有比较传统的,大多时候师讲生听的教学流程推进方式,教学内容的安排也相对比较平铺直叙，多数是按照教材内容逐一讲解；有讲练结合的教学流程推进，常用导学案等课程辅助材料，部分教学内容由教师讲解，部分教学内容以导学案引导进行自学，辅之以教师讲解；也有教师能够精心研究教材内容，对不同的教学内容，有相应的教学方式和方法。常以探究活动的开展，调动学生的自主学习、积极思考。教学中，教师的主导作用与学生的主体地位能够有机融合，教学预设与课堂生成也能有效结合，教学内容安排也有着内在的逻辑关系，符合学生的认知规律。这样的教学流程的推进方式和方法，决定了教学效果的良好。

综上，进行教学研究，对于教学流程推进的研究也是需要我们关注和重视的。在实际的教学中，我们会经常发现和感受到，同样的教学内容，甚至是相似的教学设计，不同的教学流程推进方式和方法，教学效果也会存在较大差异。而问题式教学设计与教学实施，在问题设置与问题解决中，重视教学流程推进，以问题引导增强教学过程中知识体系之间内在的逻辑性，强化思考性。以问题为中心，实现教师和学生之间的有效互动，教师得以强化问题化教学意识，以问题化的、更具思维训练作用的教学方式方法推进教学流程。而学生能在这样的过程中，专注于教学活动，学习知识，应用知识，体会所学知识之间的内在关联。总之，研究问题式教学流程推进的方式与方法，师生都能收获进步与发展。

**示例 3-26** $Na_2O_2$

**教学设计前期分析**：$Na_2O_2$ 作为 Na 的重要化合物，是高中化学学科知识学习中的重要物质，同时，$Na_2O_2$ 在生活、生产实践中也有着重要的应用。在教学中，教师要引导学生以 $Na_2O_2$ 的学习，深刻、充分理解化学大概念"性质决定用途"等，了解化学试剂的保存等与其性质之间的密切关联。以问题化的方式推进教学流程，问题的设置和解决，要跳出单纯化学反应的学习，突出化学反应在实验、生活实际、生产实践等各方面的应用，使学生在思考中能够进行较为全面和深入的学习。

**问题式教学设计**：

**突出性质设问**：$Na_2O_2$ 常用作漂白剂，是因为它的什么性质？为什么 $Na_2O_2$ 会有这样的性质？其漂白可逆吗？

延伸应用设问：

问题1：“蛟龙号”载人深潜器中 $Na_2O_2$ 能起到哪些作用？对应的化学反应是怎样的？

问题2：$Na_2O_2$ 若敞口放置，最终会变成什么物质？为什么？$Na_2O_2$ 应如何保存？

问题3：金属 Na 着火，可用水或泡沫灭火器灭火吗？请以化学反应方程式分析相应的原因。

回顾小结设问：请分别从氧化还原和酸性碱性角度分析一下 $Na_2O_2$ 的物质类别和重要性质。

**设计意图：**在 $Na_2O_2$ 的教学流程推进中，“突出性质设问”可在学习 $Na_2O_2$ 的强氧化性之前先设疑，通过解决问题，学生可应用已有知识进行预测、分析和讨论，使新旧知识之间发生密切关联。而问题的设置激发探究兴趣，问题解决可引导继续拓展学习，如 $Na_2O_2$ 的强氧化性与 $Fe^{2+}$、$SO_2$ 还原性物质的反应等。对 $Na_2O_2$ 强氧化性的学习与其应用进行递推，融合化学性质与应用，自然地形成与强化“性质决定用途”的化学大概念。学习过程从“设疑”开始，富于对学生的吸引力。“延伸应用设问”也是在教学流程推进中起到先设疑、再学习、再解决问题的引导作用。围绕问题解决的教学流程推进，充分体现教学过程中学科知识的逻辑关系，充分发挥对学生自主学习、自主思考、自主解决问题的激发作用，引导知识应用。对反应 $2Na_2O_2 + 2CO_2 = 2Na_2CO_3 + O_2$，$2Na_2O_2 + 2H_2O = 4NaOH + O_2\uparrow$ 的学习和应用，可使学生充分认识到化学试剂的保存与其化学性质之间的重要关联。在教学流程推进中，引导学生进行回顾反思，通过对化学知识和原理的应用而拓宽认识。“回顾小结设问”则在教学流程推进中起到升华认知的作用。以问题的引导，从氧化还原和酸碱性两个不同的角度，加深 $Na_2O_2$ 既有氧化性又有还原性、以强氧化性为主以及 $Na_2O_2$ 不是碱性氧化物，属于过氧化物等认识，进一步明晰和提升对 $Na_2O_2$ 的相关知识的学习。

**教学设计反思：**$Na_2O_2$ 学习的教学流程推进，对于化学性质、重要化学反应的学习以问题为引导，将应用与性质密切联系；在回顾和进一步的学习中以问题引导，体现和体会 $Na_2O_2$ 保存方法与其化学性质之间的关联；在知识应用环节，也是以问题设置引导学生在应用所学知识解决相关问题的同时，将 Na 的重

要性质及反应与 $Na_2O_2$ 的重要反应相联系，形成知识体系。而以问题引导的小结，回归的是适用范围广泛的分类思想和方法，对于 $Na_2O_2$ 的认识和学习在回顾、小结的同时，进行了"从类别的角度学化学"的方法提升。总之，在教学流程的推进中，对于新知识的学习、所学知识的应用、新旧知识的联系以及课堂教学的回顾、反思、小结等，都是以问题化的方式进行，这对提高学生的教学参与度，自主思考完成问题解决，进入深度学习有利有益，也能将教师问题化教学意识的增强落在实处，还能与课堂教学的各个环节发生紧密联系。

研究教学流程的推进强化问题化教学意识，要研究课堂教学的方方面面，例如教学内容的整合、教学环节之间的衔接、前后知识的联系等。在教学问题的设置中，关注学生能够应用已有知识解决问题，更好完成新知识的学习；关注所学知识之间的联系，例如对元素化合物知识的学习，要关注物质的化学性质与化学反应、化学实验，如试剂保存、制备方法等的联系，以及与生活实际和生产实践的关联等；关注化繁为简，避免强记硬背的学习方法，从物质类别入手推测化学性质，充分体现"结构决定性质，性质决定用途"的内在逻辑关系和化学大概念。总之，对于课堂教学流程推进的研究，重应用，多联系，广拓展。教师问题化教学意识的强化，体现于课堂教学思考性和探究性的增强，体现于课堂教学流程推进的方式与方法，体现于学生思维训练、能力提升的加强，体现于教学活动的恰当有效、师生互动的有序合理。学生能从课堂中有知识的收获，更有全面的发展与进步。教师对于教学流程推进的研究，既要有宏观层面上的高瞻远瞩，落脚于学生的全面进步与未来发展，又要有细节方面的精雕细琢，课堂教学中教师的每个教学行为，每个教学环节的推进，都能够对学生产生潜移默化的影响。对于课堂教学流程推进的潜心研究，教师和学生都能从中受益，教师教学能力的不断提升与学生全面发展进步相互促进。

## （三）研究教学实效性强化问题化教学意识

在平时的教学中，每当批改学生作业，特别是考试之后批阅学生试卷之时，常有老师在感叹：这都讲了多少遍了，怎么还是不会，还是出错……大多时候，教师会责怪学生不用心、不努力、不认真，觉得自己在教学中已经尽心尽力了，学习效果不佳问题都出在学生身上。平心而论，出现这种状况固然与学生的学习态度、学习方法与学习能力等有关系，而且有很大的关系，但是教师往往也需要反思教学过程,在反思的基础上,不断进行改进与完善。很多时候,我们进行教学研究时,要关注教学的实效性,教师安排的教学内容学生是否真正理解,教师讲授的原理和方法,学生是否在内化的基础上学会了应用,教师确定的教学目标,是否实现了学生的进步与发展;教师的教学方式、方法是否契合学生的认知基础、认知能力,能否使学生真正参与教学活动,从而学有所获;教师设计的探究活动,是否激发了学生的学习热情,能否使其在自主思考和自主解决问题中收获颇丰……教学的实效性,不是体现于教师完成教学过程,而是体现于教学对学生产生有益的影响和作用。而这种影响和作用,不单纯体现在学科知识的表层化学习,更多体现于学生对所学原理和知识能够顺利内化,转化为自主进行问题解决的方法、思路和能力。只有真正地做到了这些,才可避免教师对教学效果的不满与感叹。

教学的两个方面,即教师的教与学生的学,应是相互作用、密切联系的两个方面。但是,不可避免地,在实际的教学中,二者或多或少存在着隔膜。教师认为很简单的教学内容,学生却在某点或某处钻牛角尖;教师认为学生已经学过,应该熟练掌握的学习内容,学生却记忆模糊,甚至错误百出;教师讲的是"这样的",学生却理解为"那样的",不一而足。因此,对于教学实效性的研究,实际上是对教师和学生、教和学二者能够在教学过程中真正融为有机整体的研究。教师所教正是学生所需,教学既有效率,又有效果;学生理解原理,会应用,能够自主独立解决相关问题,教学真正对学生发挥了作用,这就是我们应充分研究、努力达成的教学实效性。而保证和达到教学的实效性,教师和学生之间的相互了解、彼此之间交流的畅通是前提和基础。怎样才能做到这些呢?教学中的问题设置能够起到非常重要的桥梁作用。教学中适时抛出问题,静候学生反馈,及时捕捉信息,可迅速判断学生的疑难和困惑所在,及时调整教学方向。对于学生已知,以巩固为主,而发现的疑难之处,则需步步引导,帮助学生释疑解惑。我们倡导有效突破难点,教学要有的放矢,提高教学效率。但如何真正做到,是我们在教学设计和教学实施中要认真思考的。其中,对于学生的学习状况是否真正了解是重要方面。如何做到对学生的真正了解?以教学问题的设置引导有效反馈是可行之道。

综上,教师在教学中需强化问题化教学意识,在教学设计的过程中,针对不同的教学内容和教学需要,以不同的方式,设置角度、层次不同的教学问题,做好教学预设。在教学的过程中,又以学生的反馈,及时进行调整。遇到学生自主解决问题困难的状况,再以课堂生成为依据,设置复习回顾,以较为基础的问题引导学生通过对已学知识的反思与应用解决困难;若遇到学生顺利解决教学设问的状况,教师又需以问题引导学生进行更深层次、更为全面的思考。总之,关注和研究教学的实效性,以问题的设置开展和引导教学,在强化问题化教学意识的同时,可帮助教师及时了解学生的学习状况,及时调整教学,有的放矢,有效提升教学效率,促成学生富有成效的学习。

**示例3-27** **铜盐溶液中 $Fe^{2+}$ 的去除**

**教学设计前期分析:** 难溶电解质溶解平衡相关原理在化学实验和生产实践中的应用,是教学重点和难点。其中,铜盐或镁盐中 $Fe^{2+}$ 的去除,涉及的化学原理较多。有氧化还原的相关知识,有溶度积($K_{sp}$)与沉淀的生成相关原理;还有溶液中 pH 的调节,除杂的基本原则;等等。因此,学生在学习过程中常感到千头万绪,颇为困难,也常常由此而产生畏难情绪,在处理相应的工艺流程综合题时,常主动放弃相应的问题处理。如何帮助学生克服这个学习难点呢?教师在教学中,要注重实效性,不能只是泛泛地讲解。这样,往往很多学生在听讲中似懂非懂,囫囵吞枣,不能自主解决遇到的问题。研究学习内容涉及的原理、学生可能的困惑之处,分层次逐步将所要学习的原理和方法,以问题进行逐一呈现与解决。学生带着对问题的思考,进行原理的探究和应用。一方面对难点进行分解,另一方面,学生面对学习内容能更多思考为什么,能真正了解,从而触类旁通,对于同类问题能够做到自主、独立地解决与完成。

**问题式教学设计:**

针对误区设问:除去可溶性铜盐中的 $Fe^{2+}$,能否直接加入 NaOH 溶液或氨水,为什么?

引导原理设问:研究 $Cu^{2+}$、$Fe^{2+}$、$Fe^{3+}$ 开始沉淀与沉淀完全分别对应的 pH,请思考能否直接调解 pH 以除去 $Fe^{2+}$,为什么?

分析方法设问:

问题1:调节溶液 pH,加入的物质应满足什么要求?常用哪些物质?若除

去镁盐溶液中的 $Fe^{2+}$,常加入哪些物质调节溶液的 pH?

问题 2:本实验中,应调节溶液 pH 在什么范围?为什么?

问题 3:深入原理设问。为什么调节溶液 pH 在 3.7 左右,$Fe^{3+}$ 即可沉淀完全?请写出相应的方程式,并以文字说明。

**设计意图:**对于教学难点,以分步、分层设置的问题,突出每个环节需要重点认识和理解的原理。学生在分步解决问题的过程中,逐步深入理解,最终形成较为完整的认识。问题的设置起到了难点分散的作用。"针对误区设问"针对常见错误认识设置教学问题,可帮助学生从总体原理上认识后续操作的必要性。"引导原理设问"对于问题的解决提供了思路,易于学生自主参与和思考。"分析方法设问"是对方法的讨论,适用于一类问题。因此,以问题设置进行延伸,有利于学生由此及彼、触类旁通。同时,对相关原理学习的进一步深入,以数据的分析加深认识和理解。而"深入原理设问"则是从另一个角度认识实验原理,有助于学生融会贯通。对于学习难点,熟知学生理解和认识困难之处,有针对性地进行问题设置,可以帮助学生逐步进行梳理,通过每一个问题的解决,由点及面,逐步加深对相关原理的理解。教学问题的设置,关键是对学生学习状况的了解。学生可能在何处存在何种疑惑,教师对此非常了解,才能目标明确地设置问题,以问题引导学生逐点剖析和明晰认识,层次递进攻克难点。学生知道如何做,同时明确为什么,由此学习才能深入而有效。

**教学设计反思:**要想强化教师问题化意识,促成学生的有效学习,教学问题设置的目标性非常重要。教师需在充分了解学生状况的基础上,以问题的设置与解决帮助学生逐一解决原理学习、知识应用等方面的困难之处。而教学问题的设置并非一劳永逸,而是要起到抛砖引玉的作用。以教学问题的提出,获取学生反馈,从而及时、准确地发现学生需要帮助之处,再以问题设置做出积极引导,促使学生自主思考解决问题。以此不断递进,达到对学习难点的分散呈现与攻克。教学中梯度强化认识,能使学生富有成效学习,真正从难点攻克中获取对化学原理的深层次理解。

综上,教师问题化教学意识的强化,渗透于教学各个环节。在教学设计、教学过程、教学研究中,我们都可运用不同方法,以问题化的方式呈现教学内容,推进教学过程,提升教学能力,从而使得教师的教学思想、素养和视野不断得到完善、丰富和开阔,学生也能获得长足的进步与发展。

# 第二节　问题式教学与教学设计融合的途径

教师问题化教学意识的强化,是为了呈现更好的课堂教学,而好的课堂教学是以优秀的教学设计为基础的。因此,对于如何将问题式教学与教学设计融合,如何将相应的教学思想和教学方法体现和渗透在教学设计中,从而能在课堂教学中起到应有的导向作用,我们应加以重视和认真思考与研究。对于问题式教学与教学设计的融合途径,也需要在教学实践中加以体会、积累,不断探索与丰富、完善。

## 一、以教材为基础

教材是教学的根本依据,对于教学起着不可替代的指导方向作用。因此,问题式教学与教学设计融合也要以教材为基础,发掘教材的内涵,以教材决定教学问题设置的方式与内容。反之,问题设置也要体现教材的导向和特点。

### (一)认识教材之间的关系,体现连续性

#### 1. 问题式教学设计体现学习内容的连续性

高中化学的许多学习内容存在着连续性,如:Na 与碱金属的学习;$Cl_2$ 与卤族元素的学习;化学反应限度与化学平衡的学习;等等。这些连续性不仅体现于不同教材之间,同一教材不同章节的学习内容之间也存在着连续性。例如,化学平衡与水溶液中的离子平衡之间内在的一致性和关联;弱电解质的电离平衡与盐类水解的平衡影响因素知识体系的相似;原电池与电解池同属于电化学,都以氧化还原反应为中心,具有许多共同点和更多不同点等。我们提倡课堂教学效率的提高,因而对于学习内容之间的连续性绝不可忽视。重视连续性,能更好地以最近发展区促进学习自主性;重视连续性,也能充分发挥温故知新的作用,引导学生由此及彼,自主构建,顺利完成新内容的学习;重视连续性,有利于学生纵向联系,加强学习深度,锻炼学生的思维能力和知识应用能力。在问题式教学设计中,以教学问题的设置,体现学习内容的连续性,以学生的主动探究,形成课堂教学的主旋律。

示例 3-28 由金属 Na 到碱金属

**教学设计前期分析:** 在元素周期律和元素周期表的学习中,常以碱金属性质的递变来认识同主族元素金属性的递变。从 Li→Cs 的结构、物理性质和化学性质等,进行系列学习。在教学中,从金属 Na 的学习延伸至碱金属,以教学内容延续性的体现和应用,有效提高教学效率。

**问题式教学设计:**

直观呈现设问:请画出 Li、K 的原子结构示意图,与 Na 进行对比分析,结构的共同点是什么? 不同点是什么? 请预测 Rb、Cs 与 Na 的对比应是怎样的状况?

温故知新设问:请回顾 Na 主要的物理性质是怎样的? 其他碱金属单质与 Na 的物理性质相似,请预测其物理性质是什么? 从 Li→Cs,物理性质又会怎样递变?

突出相似设问:以 Na 为代表的碱金属原子结构的共同点,决定了它们有哪些共同的化学性质? 对应的具体反应是怎样的?

侧重递变设问:与 Na 对比,碱金属原子结构的递变,决定了它们的化学性质如何递变? 在具体反应中怎样体现?

**设计意图:** 对于碱金属的学习,抓住 Na 这种代表物质,可事半功倍,提高学习效率。以已学 Na 的相关知识为基础,以教学问题设置进行引导,从结构、物理性质、化学性质三个方面抓相似,找不同,能够真正做到温故知新。怎样引导学生体会、应用学习的思路和方法呢? 教学问题设置可以做到应有的提示和引导。例如,"直观呈现设问"以具体实例呈现,分别将 Li 与 K、Rb 与 Cs 与 Na 进行对比,易于学生自主思考和分析;"温故知新设问"从已有知识复习入手,帮助学生在问题解决中自然在回顾旧知的基础上学习新知;"突出相似设问"强调以 Na 为代表,从结构的相似推出化学性质的相似,从 Na 的具体反应可顺利推出其他碱金属单质能发生的反应;而"侧重递变设问"的设置也是在体现"结构决定性质"的化学大概念。分析递变,并且以问题引导从理论分析到具体反应,以实验事实对应理论分析,锻炼思维,提升思考能力。从 Na 的学习延续至碱金属的学习,是以点到面的延续,也是从结构、物理性质和化学性质所进行的层次清晰的延续。思路清晰，对于高中化学教学中相对繁杂的元素化合物知识的学习非常重要。教学中要力争化繁为简，而通过教学问题的设置，进行引导和提示，学生通过问题的解决，能逐步体会学习思路和方法。

**教学设计反思：**重视高中化学学习内容的连续性，在问题式教学设计中，教学问题的设置要体现出连续的层面。例如，Na与碱金属、Cl与卤族元素等，是从原子结构、单质的物理性质、单质的化学性质等方面，从相似和不同两个角度体现连续性。而高中化学其他学习内容的连续，则又有相应的比较层面和切入点。例如，体现化学平衡与水溶液中的离子平衡的连续，多从平衡体系建立的前提条件、实质、结果和基本特征等方面体现连续性；弱电解质电离的影响因素与盐类水解的影响因素，又可运用知识框架的相似性体现连续性等。不同的学习内容，其连续性的体现是不同的，在问题式教学设计中，应研究相应学习内容连续性的特点和实质，以教学问题的设置给学生提供抓住连续性、实现高效学习的抓手。

**2. 问题式教学设计体现学习思路的连续性**

在问题式教学设计中，我们研究教学内容的连续性，是为了找到更高效的学习思路。因此，我们需要通过教学设计中的问题设置更多关注学习思路的连续性。在高中化学的学习内容中，元素化合物知识的学习相对繁杂，应注重化繁为简的学习思路；化学反应原理的学习内容相对抽象，应注重化难为易的学习思路；而物质的结构学习内容学生相对陌生，如价层电子对互斥理论、杂化轨道理论、配合物等，应侧重深入浅出的学习思路；有机化学的学习，则应突出重点，重视类别，抓官能团，由一种物质到一类物质，由一个反应到一类反应，侧重由此及彼、思维有序的思路等。对于不同特点的学习内容，学习思路体现的是对相应知识体系的梳理，是对学习过程的清晰认识。因而，在高中化学的教学中，教师要意识到学习思路的重要性，逐步渗透学习思路启迪。学生也要认识到思路对于学习的重要意义和作用，善于从学习过程中体会，对于不同的学习内容，运用不同的学习思路，能完成卓有成效的学习。

**示例 3-29** 从化学平衡到电离平衡

**教学设计前期分析：**对于电离的学习，如强、弱电解质是否存在电离平衡的分析及原因探讨,电离平衡的基本特征,电离平衡的移动等,都可与所学可逆反应的化学平衡进行对比和迁移。在问题式教学设计中,以教学问题的设置,将化学平衡的学习思路用于电离平衡的学习,既是对已学知识的深入理解和巩固,也是通过新知识的学习对良好的学习思路和方法的感悟和学习。化学平衡的学习,常以平衡建立的前提、实质、结果以及基本特征和平衡移动这样的思路逐步深入,拓广度,强深度。而对于电离平衡的学习,同样可应用逐层深入的学习思路。例如,以教学问题引导学生分析平衡建立的前提,自然会认识到只有弱电解质才有电离平衡;分析平衡的实质,对于电离和结合两个过程及速率相等的含义也能有正确认识;而分析"逆等动定变"在电离平衡中的具体意义,可轻松、高效地理解电离平衡的实质和特征等。在教学设计中,需认真思考教学问题的设置,帮助学生体会化学平衡与电离平衡学习思路的连续性,从而顺利、有效地完成学习。

**问题式教学设计:**

**总体思路设问:**对于一个平衡体系,我们可以从哪些方面加以认识和分析?

**认识实质设问:**从平衡建立的前提,分析强电解质在水溶液中是否存在电离平衡。为什么? 弱电解质为什么存在电离平衡?

**具体分析设问:**与可逆反应化学平衡的实质进行对比,电离平衡中互为相反的两个过程,在怎样的状况下可建立平衡? 会出现怎样的结果?

**迁移认知设问:**"逆等动定变"对于电离平衡而言,分别对应的含义是怎样的?

**设计意图:**学习的思路,指导着学习过程中思考和探究的方向,包含着对学习重点的突出和学习难点的突破。有了清晰的学习思路,学生就可以有的放矢、逐步深入地进行学习。基于高中化学学习内容的连续性,学习思路也相应呈现出连续性。对于电离平衡的学习,借助于可逆反应化学平衡的学习思路,以教学问题的设置,引导和启发学生的自主学习,应用已有知识从容面对新内容的学习。"总体思路设问"是弱电解质电离平衡的总体学习思路。学生可在问题解决中借助对可逆反应化学平衡的回顾,认识到同样应从平衡建立的前提、实质、结果以及平衡的基本特征等角度学习和认识弱电解质的电离平衡,因而,能有明确的思考方向,有效提高学习效率。"认识实质设问"从平衡建立的条件分析强、弱电解质是否存在电离平衡,有利于学生从实质上理解只有弱电解质才会有电离平衡,避免出现认知误区。"具体分析设问"是对电离平衡的具体分析,从可逆反应的化学平衡顺利迁移至电离平衡,在对比中找到本质上的共同点。"迁移认知设问"与可逆反应化学平衡的基本特征进行类比,对比弱电解质的电离平衡,可使学生体会到学习内容的相似与不同,促使其在真正意义上做到温故知新,高效率学习。关注学习内容的连续性,发掘学习思路的连续性,以教学问题的设置引导学生顺利实现迁移,能够借助可逆反应化学平衡的学习思路:前提、实质、结果、基本特征,以相似的思路学习电离平衡,事半功倍。以教学问题的设置,引导学生关注学习思路的连续性,是以教材为基础,充分体现教材连续性的重要方式。

**教学设计反思**:高中化学的教学,以教材为基础,发掘学习思路的连续性,在不同内容的教学中,均可实现。例如,元素化合物教学中,$SO_2$的学习可延续$SiO_2$的学习思路:分别从酸性氧化物的角度、氧化还原和特性三个不同的角度学习;化学反应原理教学中,电离平衡、盐类的水解平衡及难溶电解质的溶解平衡,均可延续可逆反应化学平衡的学习思路;化学实验教学,原理、装置、操作、误差分析等思路的连续性;物质结构教学,对于共价键的学习延续离子键的学习思路,讨论成键的粒子、成键实质、成键结果、成键强弱等;有机化学教学,炔烃的学习延续烯烃的学习思路:加成反应、加聚反应,氧化反应等,不一而足。教学中重视学习思路的连续性,以教学问题的设置在教学设计、教学过程中进行充分体现,对于学生也是重要学习方法的指导,有利于对学习产生更深层次的感悟。

### 3. 问题式教学设计体现原理应用的连续性

问题式教学设计以教材为基础体现出的连续性,还可体现于原理的应用上。在高中化学教学中,教学内容的连续性决定了学习思路的连续性,而要想在教学中实现对学生能力、素养等的提升和培育,我们需重视学生对所学知识和原理的应用。而原理应用,也相应地应体现出连续性。原理应用的连续性,体现的是对所学知识共性和内在联系的发掘,对于初学的学生来说,教师的引导非常重要。在问题式教学设计中,以教学问题的设置引导学生可由性质联系应用,也可以从应用逆推性质。学生可通过这样的方式,厘清原理和应用之间的逻辑关系,也可认识应用之间的相通之处,体现出相应连续性的同时,有助于学生加深认识、高效学习。

示例 3 – 30 **试剂的保存与滴定管的使用**

**教学设计前期分析**:在初中化学学习中,学生已经了解了呈碱性的溶液在保存时不可用磨口玻璃塞,而需要用橡胶塞。高中学习反应 $SiO_2 + 2OH^- = SiO_3^{2-} + H_2O$,可了解其原因。在酸碱中和滴定的学习中,对于酸式滴定管和碱式滴定管构造和使用的认识,如酸式滴定管下端是玻璃旋钮,而碱式滴定管是橡胶管中嵌有玻璃珠;酸式滴定管盛放酸溶液等,而碱式滴定管盛放碱溶液等的学习,其原理也是因为 $SiO_2 + 2OH^- = SiO_3^{2-} + H_2O$ 这一反应。因此,教学中可通过原理应用的连续性,由此及彼。在滴定管的学习中,与碱性溶液的保存相联系,以二者原理上的相通和共同之处,迅速理解和掌握新知识。

**问题式教学设计**:

突出原理设问:$SiO_2$ 作为酸性氧化物,重要性质之一是与碱反应,相应的离子方程式是怎样的?

原理应用设问:保存 NaOH 溶液、氨水以及 $Na_2CO_3$、$NaAlO_2$ 等溶液时,试剂瓶塞应如何选择,为什么?

体现"连续"设问:酸式滴定管与碱式滴定管的构造为什么不同? 由 NaOH 溶液等试剂所用瓶塞的选择原理分析在滴定时分别可盛放怎样的溶液,并说明原因。

**设计意图**:对于试剂保存时瓶塞的选择以及酸碱中和滴定实验中滴定管的构造及使用的学习,可以教材为基础,从 $SiO_2 + 2OH^- = SiO_3^{2-} + H_2O$ 的反应入手,体现原理应用的连续性,形成共性认识,已有知识为新内容的学习起到了启示和推动的作用,学生可轻松理解、深入认识。教学中"突出原理设问"是分析的基础,以"温故"促"知新"。"原理应用设问"起到过渡作用,以学生较为熟悉的试剂瓶塞的选择进行设问,一方面对其原理加深认识和巩固,另一方面体现连续性,做好铺垫。有了前期的原理分析和良好铺垫,在设问的引导下,对于滴定管的构造和使用,学生完全可以通过问题解决自主学习。在高中的学习中,遗忘现象较为普遍和难以克服，究其深层原因，多为理解不够深入。而在教学中，以教学问题的设置体现原理应用的连续性，对加深理解所学知识有着积极的作用。

**教学设计反思**：在高中化学的学习中，应避免单纯记忆式的学习，即使需要记忆，也需要在理解的基础上进行。因此，教学中原理的发掘和认识，特别是体现原理应用的连续性的内容，学习中深入理解、对教学内容进行整合，能够帮助学生减轻记忆负担。原理应用的连续性，可以体现于高中化学学习的很多内容中。如勒夏特列原理对各种平衡体系的适用性；酸碱中和滴定、氧化还原滴定、配位滴定等在原理方面的共同点；$CO_2$ 与 $NaAlO_2$、$NaSiO_3$、苯酚钠能够发生反应的原理的一致性等。仔细研究教材和教学内容，我们能够发掘出许多原理应用连续性的实例，在教学中以问题式教学等多种方式体现这种连续性，可以帮助学生深刻体会化学原理的相通之处，深入地理解原理，灵活有效地应用原理。

## （二）分析教材之间的联系，体现上升性

高中化学的学习内容，既有形式的上升性，也有内在的上升性。我们在教学中，需更多关注内在的上升性，以教学内容的选定、教学方式方法的调整和改变，促使学生在能力、思维、素养等方面得以不断提升。

### 1. 以教学问题设置的广度体现教材的上升性

问题式教学设计可用于高中化学教学中，教学问题的设置对教学过程有着重要的推动作用。为体现出教材内容、教学目标等方面的上升性，同样可运用教学设问做引导。其中，设问的广度是重要方面。在教学中，设问的广度体现思考的广度、知识联系的广度，也引领着后续学习的广度。因此，不同教材中，即使是对同一学习内容，设问的广度也应有所不同。

**示例 3-31** 同分异构体

**教学设计前期分析**：进一步学习同分异构与初学之时的教学设问有明显的差异，这是由内在教学目标的不同决定的。初学，是对基本概念的认识，而体现螺旋上升的再次学习，不能是对前期学习的简单重复，而应是在原有基础上的拓宽与加深。

**问题式教学设计**：

　　**基础知识设问**："同分"是分子式相同还是相对分子质量相同？为什么？请举例说明。

　　**对比设问**：$C_5H_{12}$形成异构的原因是什么？形成异构的原因有哪些？

　　**关于书写设问**：$C_5H_{12}$对应的碳链有哪些？可按照怎样的顺序书写？

　　**对比设问**：$C_5H_{10}O_2$能与$NaHCO_3$反应，如何确定同分异构体的种类？$C_6H_{12}O$能发生银镜反应，如何确定同分异构体的种类？

　　**关于性质设问**：$C_5H_{12}$的同分异构体，其熔沸点由高到低的排序是怎样的？可依据怎样的规律判断？

　　**对比设问**：分子式为$C_5H_{10}O$的同分异构体，其化学性质的关系应如何理解？为什么？请具体分析。

　　**设计意图**：以上三组设问，相应"对比设问"在广度上的强化，主要体现于学生学科知识的"广"，如不同类别的有机物形成异构的原因：异类异构、碳链异构等的分析，烃基种类的迅速确定，不同官能团的重要性质，—COOH与$NaHCO_3$的反应，—CHO的银镜反应等；思维训练的"广"：由单一到复杂，由局部到整体，如"关于性质设问"只需分析烷烃，而其"对比设问"则需分析$C_5H_{10}O$满足的分子式通式，确定对应的物质类别，认识醛基与羰基化学性质的不同，分层分类表述等，对思维能力的要求与训练明显比前者强；学生参与度的"广"，每组的对比设问，给不同认知基础的同学提供了较多的问题解决切入点。问题设置本身针对的"面"广，因而，不同认知层次的同学，可以从不同的角度、不同的层面上参与问题解决。如关于同分异构体书写的"对比设问"中，对于$C_5H_{10}O_2$同分异构体的判断，可按照由碳链异构到官能团异构，再到位置异构这样的步骤进行确定，也可由对应烃基的种类直接确定，不同思路的同学之间也可以相互交流，以有利于更大范围的活动参与度。

　　**教学设计反思**：以教材为基础完成问题式教学设计，在认识不同教材学科知识上升性的同时，还要善于应用教学设计中的问题设置体现上升性，从而更好地体现学科知识学习和育人目标之间不断向上的特点。

　　**2. 以教学问题设置的"立体化"体现教材的上升性**

　　针对教材知识体系螺旋上升的特征，往往在不同教材的学习中，以问题式教学设计问题设置的"立体化"来呈现其上升性。这里所谈的"立体化"，从设问所蕴含的学科知识而言，指涉及更多层面的内容；从学生思考解答的角度来说，是指需要从更多的角度、更多的方面对内容加以分析和思考。

**示例 3－32** 过渡元素

**教学设计前期分析：**"立体化"教学问题的设置也是在体现教材的不同，由此也决定了教学目标与认识层次的不同。对于问题设置的"立体"，我们要有正确的认识，但这并不是指问题设置文字繁多，或者是有多步的设问；而是指其中蕴含的学科知识是综合的、多面的，其解决过程中的分析与思维活动是多角度、多层面的。"立体"更多地体现于对规律等的应用，而应用的前提是全面深入的学习和理解。

**问题式教学设计：**

问题设置：过渡元素的最外层电子数通常为多少？

对比设问：元素的原子最外层电子数为 7 与其最高化合价为 +7 价，哪者可以作为判断其为第 VIIA 族元素的依据？为什么？

**设计意图：**对于过渡元素的学习，初步学习时的教学设问引导学生了解其原子最外层电子数通常为 1～2 个，为后续能级交错等的学习储备基础知识。而"对比设问"，虽然问题设置感觉并不复杂，但需要学生思考和分析的内容较多：过渡元素原子的最外层电子数通常为 1～2 个，因此原子最外层电子数超过 2 个，即可判断其在相应的主族（稀有气体除外）。因此，原子最外层电子数为 7，可确定其为 VIIA 族元素。而过渡元素的价电子不止最外层电子，因此，最高正价为 +7 价与原子最外层电子数为 7 并不完全相同。以 Mn 为例，其原子最外层电子数为 2，但最高正价为 +7 价，为 VIIB 族元素。由此，可推至过渡元素与主族元素的区别，如原子最外层电子数的不同、价电子的不同、化合价的相似与不同等，进一步认识能级交错等核外电子排布的规律。

**教学设计反思：**以"立体化"的教学设问体现教材内容的上升性，其实质依然体现的是思维训练的深度与广度的强化。对应教材内容的上升，教学目标在上升，在问题式教学设计中的问题设置难度、深度与广度等也在上升，这样，才能更好地应用教材实现相应的教学目标。

### 3.以教学问题设置的"发散性"体现教材的上升性

高中化学教学中,应重视在学习过程中学生思维的训练与提升,问题式教学,在其教学设计与教学实施中,也是以问题的设置与问题的解决,围绕学生的思维与能力的提高等进行教学。其中,思维的发散性有助于学生在学习和研究中能够有更为开阔的视野、更多维的思路以及更为灵活多样的方法,这对于他们高中阶段的学习和未来的发展都是很有帮助的。而对于思维发散性的训练,在问题式教学设计中,可运用问题设置的发散性得以充分实现,同时也能体现教材的上升性。

**示例3-33** **活泼氢原子分析**

**教学设计前期分析:** 有机化学对于羟基氢,即活泼氢原子的学习也是分阶段、分层次的,不同的教材中都体现出了教学内容和教学目标的上升性。因此,在相应内容的教学中,教学问题的设置也应体现出上升性,其中之一是发散程度的不同。

**问题式教学设计:**

问题设置:分别比较 Na 与 $H_2O$、$C_2H_5OH$ 的反应,可得到什么结论?

对比设问:含有活泼氢的官能团有哪些? 其活泼氢原子的活动性强弱顺序是怎样的? 对应的重要反应可如何分析?

**设计意图:** 初步学习中的问题设置,要求对相关实验现象进行比较,可知 $H_2O$ 与 $C_2H_5OH$ 活泼氢的活动性是有差异的,问题解决可发散至 $H_2O$ 与 $C_2H_5OH$ 中羟基氢的活泼性之所以不同,是因为 $H_2O$ 中的一个—H 换成了一个—$C_2H_5$,对于羟基氢的活动性产生了影响。但"对比设问"就不同,其发散性随教材内容而增大:全面分析,找出含有活泼氢的官能团(醇)羟基、(酚)羟基、羧基;结合所学知识,排出三者活泼性的强弱顺序。特别是对应重要反应的分析,不同学生可能从不同的层面上进行,可发散的反应类型较多。例如,从三者分别与 Na、NaOH、$Na_2CO_3$、$NaHCO_3$ 的反应进行比较,认知的程度也可在教学设问的基础上有不同程度的发散,由此也可以得出核心结论,如三者均可与 Na 反应,而能与 $Na_2CO_3$ 反应并有气体生成的只有羧基,能与 $NaHCO_3$ 反应的只有羧基,等等。由此,"对比设问"中既有总体认识和总体比较,又有不同角度的发散对比。

**教学设计反思**：教学问题设置的发散，体现于不同基团对羟基氢活动性的影响，不同官能团与不同试剂的反应能否发生、相关结论，等等。教学问题的设置，是对活泼氢这个核心多层面的发散，学生可对相关知识有较为全面和体系化的学习。

总而言之，问题式教学中，问题的设置起着非常重要的教学引导，具有给师生提供互动桥梁等重要作用。问题式教学与教学设计融合，其基础是教材，是教学内容的主要依据。我们要认识到不同教材，如必修教材与选修教材，针对同一学习内容，存在着教学要求和教学目标的上升性。因而，在问题式教学设计中，可以运用问题设置的广度、立体化和发散性等方式体现教材的上升性，体现同一学习内容在不同教材中的认知层次、思维训练和能力要求的上升性。问题式教学与教学设计的融合，教材决定方向、目标和角度等，因此，对教材的认真研读和充分利用是教学必不可少的重要环节。

## （三）发掘教材中的学科思想，体现深入性

高中化学的教学中，对于教材中蕴含的学科思想要进行充分的发掘，从学科思想的角度对教材进行处理，以教学问题的设置充分体现在教学中。这样，教学中的方向才能更为明晰，才可减轻学生在学习中过多的记忆负担，才能使学生对学科知识的认识和理解更为深入，并逐渐体会和掌握高中化学的正确学习方法。

### 1. 问题式教学设计中分类思想和方法的发掘和体现

在高中化学教材中，分类的思想体现于教学内容的方方面面，如对化学反应的学习，从不同的角度进行分类学习；对于元素化合物的学习，从整体上分为金属与非金属，而对于同一元素对应的物质，又是从单质、氧化物、氢氧化物、盐等层面进行继续分类学习；对于化学反应的研究，从反应的快慢（速率）、反应的限度（平衡）、反应的方向（能否自发）分类别进行学习。因此，将问题式教学与教学设计以教材为基础进行融合，就是要在教学问题的设置等方面充分体现"类别"学习的思路。这样，在教学和学习中易于建立框架性认识，在框架的基础上逐一细化，做到思路清晰、层次分明。同时，以规律指导对化学性质和化学反应的学习，可避免无头绪的强行记忆造成的低效率以及不能深入理解的

状况。

示例 3-34　Na 的性质

**教学设计前期分析**：金属 Na 的性质学习并不是学习难点，但也要避免缺乏思考性的平铺直叙式的教师单纯讲解。教学中，以问题设置引导学生从"类别"的角度认识 Na，并以此自主分析其具体的性质。

**问题式教学设计：**

物理性质设问：

问题1：从物理性质的角度分析，Na 的物质类别是什么？

问题2："轻金属"有哪些共同的物理性质？从哪些实验事实可以证明 Na 的物理性质？

问题3：Na 作为金属单质，还应有哪些物理性质？

化学性质设问：

问题1：从化学性质的角度分析，Na 的物质类别是什么？

问题2：从电子转移的角度如何认识活泼金属？

问题3：Na 很容易失电子，具备怎样性质的反应物可与 Na 发生反应？

问题4：请推测，Na 可以和哪些类别的物质在一定条件下发生反应？

**设计意图**：对于 Na 的物理性质，可以在对"轻金属"的再认识中轻松完成；而且，以对"轻金属"的学习，可以顺利推进后续碱金属和金属 Mg、Al 等物理性质的学习，触类旁通的效果可以充分显现。对于 Na 的化学性质，如果采用一一罗列的方法，如逐一讲解 Na 与 $O_2$、$Cl_2$、S 等非金属单质的反应，Na 与 $H_2O$ 的反应，Na 与酸、盐溶液、$TiCl_4$ 等的反应，则学生难以建立框架性的、深层次的认识，也易陷于只是记住化学反应的发生，不理解反应实质，迅速遗忘的状况。因此，以教学问题的设置，从 Na 的物质类别，即活泼金属易失电子的角度进行分析，学生通过对反应实质的分析构建知识框架，应用所学知识和原理，在自主探究中学习具体的化学反应，就能对化学反应形成深层次的认识。从物质类别的角度学习物质的物理性质和化学性质，可以充分体现教材中的分类思想，教学设计中的问题设置也可以引导学生思考和学习的方向，问题式教学与教学设计融合的同时，有利于学生感悟高中化学的学习思路和方法，能使学生的学习顺利且具有实效性。

**教学设计反思**：教师在教学中，需认真分析教学内容，发掘其中相应的分类思想。以问题式教学设计，凸显"分类"学科思想，充分发挥这种思想对教师教学和学生学习的指导意义和作用。

### 2.强化学科核心素养基础上进行问题式教学设计

对于化学学科核心素养的培育，可能有些教师觉得不知从何入手，不知如何在教学中进行体现和实现。其实，教材中处处蕴含着对应的思路和方法。例如，在化学反应原理教学中，教材中对于相对抽象的教学内容，如化学平衡常数的学习、难溶电解质溶解平衡的学习，都提供了相应的数据，这就是"证据推理"。我们可在教学中以此为基础，在教学设计中以问题设置将其得以充分呈现与应用，通过问题式教学与教学设计的融合来有效降低学习内容的抽象程度，以培育学生化学学科学习的核心素养。又如对于化学反应速率的学习、"有效碰撞"的理论模型、原子结构的各种模型及其发展演变的历程、气体规律学习中的模型建立等，可见在教材中也是处处体现着关于"模型认知"的内容。我们在问题式教学与教学设计的融合中，不能忽视教材中学科核心素养培育的重要内容和方法，应以教学问题的设置与解决，强化应用，发挥其应有的教学价值。

总之，教学中课程资源的开发与整合、教学活动的设计与安排等都应以教材为基础，重视对教材的发掘与应用。可以说，问题式教学与教学设计的融合、化学学科核心素养的培育，都与教材有着密切的联系。

**示例 3 - 35** 活化能

**教学设计前期分析**：对于高中学生，活化能、活化分子、$\Delta H$ 这些概念，初学时易对其关系产生误解，例如，形成"活化能小，化学反应的 $\Delta H$ 就小"的错误认识。教学中，我们可以教材为基础，运用教学问题的设置，构建模型进行类比。如引导学生将其与经济现象做对比，使学生认识到经济现象中：贷款后（假设不计贷款利息），公司盈利或亏损就取决于收入和支出之差，而与贷款无关。与此类似，对于化学反应，反应活化能的大小与 $\Delta H$ 无关，$\Delta H$ 是由反应物与生成物总能量的差值决定的。通过对"模型认知"的类比学习，学生对难理解、易混淆的概念和原理可有一个明晰的认识。

**问题式教学设计：**

引发原理设问：反应的活化能较小，说明哪个过程容易发生？对反应的 $\Delta H$ 有影响吗？

构建模型设问：公司先从银行贷款，启动后还款（假设不计贷款利息），公司的盈利或亏损与贷款有关系吗？为什么？公司的盈利或亏损由什么决定？

类比学习设问：请类比分析，分子变为活化分子，类似于办公司的哪个阶段？公司的盈利或亏损取决于收入与支出之差，类似于化学反应的 $\Delta H$ 由什么决定？

**设计意图：**"引发原理设问"教学问题的设置，起到"生疑"的作用，学生面对问题，开始思考，进入学习；"构建模型设问"以问题设置建构认知模型，学生在问题解决过程中可慢慢体会相关量之间的关系；"类比学习设问"引导类比，以"贷款"类比形成活化分子，以"收入与支出之差"类比反应物与生成物总能量的差值，以此使学生可清楚地认识到活化能与 $\Delta H$ 之间的关系应如何正确理解。

**教学设计反思：**在高中化学教材中，类似的"认知模型"很多。例如，盖斯定律学习内容、教材"山的高度与上山的途径"图片的展示、压强对化学反应速率的影响以及教材给出的形象直观的图示等。因此，教材是教学的宝库，这个宝库中有着许多珍贵的宝藏，需要我们用心开启和发掘。以问题式教学与教学设计的融合，将蕴含于教材中的、富有教学价值的教学素材和资料充分地加以应用，从教材中发掘有益于学科核心素养培育的教学资源，并在教学中予以重视，以充分发挥其重要作用。

## （四）以教材为基础，体现探究性

化学作为自然科学，对其的学习与研究，贯穿始终的是科学探究的思路与方法。因此，在问题式教学与教学设计融合中，应充分发掘教材内容等所体现出的科学探究性。在教学问题的引导与解决中，使学生感受发现问题、提出假设、验证假设、得出结论等科学探究的基本模式，体会化学实验中蕴含的严谨细致的科学态度，化学原理的形成与发展中体现的以客观事实为依据、求真务实的科学精神。这一切，对于学生高中阶段的学习富有启发性和感召力，更能为他们的未来发展打好基础。例如，对教材中关于化学反应速率与化学平衡的实验探究的深入分析,以问题设置让学生明白对照实验中"变量唯一"的重要思想;对元素周期率与元素周期表的学习,以教学问题的设置让学生体会依据理论进行预测、应用实验事实加以验证、回归理论加以分析等学习方法,在这样的过程的循环往复中,帮助其认识不断深入的研究性学习方法;在弱电解质电离平衡的学习中,以教学问题的设置,形成从生活实践的需要提出问题,设计实验方案,优化与选择实验方案,进行实验加以验证,结合理论进行分析的学习过程,让学生感受进行科学研究的重要流程……

总之,高中化学教材中的许多教学内容,富含科学探究的思想和方法(这是由化学的学科特点决定的,也是由化学学习的基本方法和要求决定的),问题式教学与教学设计的融合,在很大程度上,就是为了使教学过程更富于探究性和内在吸引力,使高中化学的教学对学生更富于启迪和多方面素养的培养。因此,以教材为基础,充分发掘教材内涵,更多地体现和突出教学的探究性,对于教学和学生培育都具有重要的意义和作用。

**示例 3−36** pH

**教学设计前期分析:**关于 pH,学生在初中化学学习中已经接触过,在高中如何引导学生通过自主思考进行深入学习,教学过程怎样能始终让学生处于积极投入的状态,逐步加深对 pH 及其应用的认识,这是在教学设计中要重点关注的。结合教材中提供的 pH 在工农业生产和科学实验中的重要应用等教学资源,选择相对更为贴近学生生活的护发素功能设置问题,以科学探究的基本模式进行学习,通过问题设置引导学生应用已有知识解决新的问题,以促进学生富有思考性地完成学习。

**问题式教学设计:**

引发思考设问:生活中人们洗发时使用的护发素,其主要功能是调节头发的酸碱度。如何定量地进行判断呢?

引出概念设问:定量地判断溶液的酸碱度,我们常应用溶液中哪种离子的量化数值? 为什么?

概念分析设问:pH 的表示方法,其优点是什么? 适用的范围是怎样的? 请举例说明。

延伸拓展设问:稀溶液中,$c(\mathrm{H}^+)$与$c(\mathrm{OH}^-)$之间有何种关系? 由此,请分析还可用什么方法来定量表示溶液酸碱度? 为什么? 请以室温为例,分析同一溶液中 pH 与 pOH 之间有何关系。

设计意图:"引发思考设问"的作用,即为提出问题,引发学生对 pH 学习的热情;"引出概念设问"需要学生进行思考,相当于先要提出假设,以$c(\mathrm{H}^+)$定量表示是否可行? 在教学引导下,在学习中相当于验证假设;"概念分析设问"则回归 pH 的应用,引导学生真正理解应用 pH 来表示溶液酸碱性强弱的原因及应用条件;而"延伸拓展设问"相当于再提出假设,在学习过程中逐步验证假设。在科学研究中,提出假设是非常重要的环节,同样在高中化学的教学中,富于思考性的学习过程才能真正启迪学生心智,增强学生能力。因此,我们应尽量避免课堂平铺直叙式地告诉学生化学知识和原理,使学生只能被动接受。以教学问题的设置,在教学中引导学生对问题进行思考和解决,不断面对新问题,提出假设、验证假设,在不断的探究中进行学习。教学的潜移默化能帮助学生逐步形成探究意识,体验探究思路。对于教材中的教学内容进行灵活应用,能充分体现其深层次的科学探究性。问题解决推进中的高中化学教学,富有内在魅力,使得学生的思维更活跃,进而得到不断优化,做出假设、验证假设和分析判断的能力也能得到不断提升。

教学设计反思:问题式教学与教学设计的融合,以教材为基础,依据教材充分发掘其内涵和育人价值是重要的途径。研究教材的内容体系,发掘教材中蕴含的重要学科思想,以教学中的分类思想、科学探究的方法实现学科核心素养的培育,实现学生的全面发展与成长。

## 二、以课堂教学为主体

教学设计的过程中,我们研究教学内容,研究学生,研究教学方法和流程,开发与整合课程资源,创设教学情境,开发教学探究活动等,围绕的都是课堂教学。课堂教学是教学设计的起点,也是教学设计的落脚点,因此,将问题式教学与教学设计融合,其主体必然也是课堂教学。

### (一)研究教学内容,研究学生

这里所谈到的"真"问题,其中的"真"包括两层含义:一是问题与化学实验、工农业生产实践、日常生活中有着真实的关联,是真实存在的问题,是需要通过对化学知识和原理的学习来认识、理解和解决的问题；二是有真实的探究意义的问题，即不是学生不假思索就能解决的问题，而是具有一定的思维含量，需要学生经过认真的学习和思考，运用所学化学知识和原理才能解决的问题，是能够激发学生的学习热情，能够让学生在课堂中带着疑问，在不断的思考中学习，从而能自始至终被课堂所吸引的问题。在课堂教学的引入或某部分学习内容的开端，教师提出这样的"真"问题，可有效调动学生以积极投入的状态进入学习。而在教学设计中针对不同的教学内容，针对不同的课型和教学需要，提出或基础、或综合、或有趣、或贴近生活的各种"真"问题，能够自然地将问题式教学与教学设计融为一体。

**示例 3 – 37** Na 及其化合物

**教学设计前期分析：** 在金属的新课学习中，提出一个貌似简单的问题，学生可进行自主思考的内容很多。在化学学习和生活经验中，$CO_2$ 和 $H_2O$ 常用来灭火，以学生的认识为基础，反向设置问题，以疑惑激起学生的学习热情，顺理成章地引出实验演示及原理分析。"蛟龙号"载人潜水器是一艘由中国自行设计、自主集成研制的载人潜水器，也是"863 计划"中的一个重大研究专项，下潜深度达到了 7000 多米。在全球载人潜水器中，"蛟龙号"属于第一梯队，是国人的骄傲。对于 $Na_2CO_3$ 与 $NaHCO_3$ 的学习，既要关注二者的相似之处，又要认识二者在物理、化学性质等方面的不同，在应用中加深理解和认识。

**问题式教学设计：**

任务一：Na 的学习

问题 1：少量金属 Na 为什么通常保存在煤油中？

任务二：$Na_2O_2$ 学习

问题 1：$H_2O$ 常用来灭火，那么"滴水生火"是怎么回事？$CO_2$ 常用来灭火，那么"吹气生火"又是怎么回事？让我们一起来探究其中的奥秘吧。

任务三：$Na_2O_2$ 的应用

问题 1："蛟龙号"载人深潜器中 $Na_2O_2$ 的作用是什么？

任务四：$Na_2CO_3$ 与 $NaHCO_3$ 学习

问题 1：我们可以用哪些方法鉴别 $Na_2CO_3$ 与 $NaHCO_3$？

**设计意图**：由 Na 保存于煤油中可知 Na 的密度与煤油相比应是怎样的，为什么 Na 不能像少量白磷那样置于冷水中呢？ 显然，Na 与空气中的物质可以发生反应。空气中的哪些成分可能与 Na 发生反应呢？ $O_2$、$CO_2$、$H_2O(g)$、$N_2$ 为什么能与 Na 发生反应？ 反应的产物分别是怎样的？ ……以一个真实存在的教学问题的设置，可引出课堂中学生对一系列真实问题的自主思考与解决，自然实现教学中的不断深入以及学生预测与分析思考能力的不断加强。

真实问题的提出，帮助学生在认知冲突中开始学习，在解疑释惑中完成学习。问题式教学与教学设计的融合，有效地提升了教学的思考性以及学生的活力和热情。

"蛟龙号"载人深潜器的生命系统中应用了 $Na_2O_2$，以此设置教学中的"真"问题，激励学生学习"蛟龙号"研制中广大科技工作者严谨求实、团结互助、拼搏奉献、勇攀高峰的精神，激发学生的爱国热情和民族自豪感。同时，引发学生对"蛟龙号"中 $Na_2O_2$ 的作用产生好奇，极大地调动学生的学习积极性和学习热情，帮助其以良好的状态投入学习，为课堂教学打好基础。

学习中"真"问题的设置，能够使学生带着问题进行学习，自主学习与整合 $Na_2CO_3$ 与 $NaHCO_3$ 的化学性质及对应的反应，对比二者的热稳定性，同等条件下水溶液的碱性，分别与酸、碱、盐的反应，自主思考与辨析现象之异同，能否用于鉴别，等等。在此基础上，在教师的引导下，可继续对"套管"实验、"套气球"等实验进行分析和探究，使课堂教学能够成为不断思考、不断深入的过程。

**教学设计反思**：教学中，以一个"真"问题的设置引导学生剥茧抽丝般地逐一从物理性质、化学性质以及具体反应的细化进行探究，回归问题解决。在问题引导中，课堂教学可形成一个"闭环"，从问题开始，带着问题学习，以问题的解决完成，使学生可学有所获，真切体会知识的获得与喜悦。

以化学实验为基础，能够突出化学的学科特色，引起学生重视化学实验在学习中的不可替代的应用。同时，能引导学生在实验现象的观察与分析中学习原理，有利于"宏微结合"等化学学科核心素养的培育。

以"蛟龙号"载人深潜器中 $Na_2O_2$ 的作用进行教学问题的设置，在学习的过程中自然渗透化学原理的应用，将化学原理与其在生产、生活实践中的重要应用融为一体,既是学习思路的启示,也是学习方法的习得。

教学问题设置"真实"而且"发散",能起到引导学生不断深入思考的作用。在学习中,学生能够关注 $Na_2CO_3$ 与 $NaHCO_3$ 性质不同的重要应用,使得问题的提出能促成学习进程的深入及学生的自主思考与积极探究。

**示例 3－38** 金属的腐蚀与防护

**教学设计前期分析:**复习课中,在教学设计中提出一个提纲挈领的"真"问题,可引导学生追踪问题的探究与解决,抓核心,找要点,突出实质,进行高效率的知识和原理的复习。

**问题式教学设计:**

问题1:通常情况下的铁生锈,空气中都有哪些成分参与?

**设计意图:**对于铁生锈过程中空气中的参与物质的分析,学生可对比原电池构成条件的分析,找到 $H_2O$ 的参与,还会找到易被忽视的 $CO_2$ 的参与。另外,还要进行原电池电极反应的分析,易于想到 $O_2$ 的参与。在此过程中,进行基础知识的回顾:化学腐蚀与电化学腐蚀;析氢腐蚀与吸氧腐蚀;后续的反应,铁锈的主要成分,也会自然想到金属的防护,即以刷油漆、电镀等方式加保护层的思路与方法,并理解其原理。

**教学设计反思:**教学问题的设置,对于复习起到"串联"的作用。以问题为中心,学生可在问题解决的过程中由点到线、由线到面,对相关原理进行对比分析。

**示例 3－39** 化学反应速率的影响因素

**教学设计前期分析:**对于化学反应原理在生活实际中的应用,学生始终有着浓厚的兴趣。以生活和生产实践中的真实问题进行教学中的引发与启示,对于化学反应原理的教学,能够起到激发学习热情与引导思考方向等多重作用。

**问题式教学设计:**

问题1:汽车尾气的处理思路之一是利用 $2NO + 2CO = N_2 + 2CO_2$ 反应,但反应慢是需要解决的重要方面,若要加快其反应速率,可采用哪些方法?

**设计意图:**对于化学速率的学习,这个真实问题的设置,可使学生了解研究化学速率的重要实践意义。同时,使学生带着对问题的思考,研究浓度、压强、温度、催化剂等对化学反应速率的影响。在教师引导下,选择可行方法,回归问题解决,并了解问题在生活中的实际解决方案。

**教学设计反思:**问题式教学与教学设计的融合,以"真"问题的寻找和提出体现于教学设计,可使课堂教学富于思考性和探究性,突出课堂教学对学生问题意识的唤醒与强化,凸显课堂教学开阔学生视野,锻炼学生思维,对于学生全面发展能起到真正的促进作用。一言以蔽之,以课堂教学为主体,融合问题式教学与教学设计,寻找"真"问题,解决"真"问题,将化学知识原理的学习与应用融为一体,更有利于学生对高中化学的深入学习和认识。

## (二)精心设置推进问题

课堂教学的推进方式和方法,体现的是教师的教学思想,影响的是学生的课堂收获与成长。因此,我们以课堂教学为主体,融合问题式教学与教学设计,将教学中的难点和重点内容的学习,以问题的精心设置体现于教学设计中,展现于课堂教学中,对于学生的成长将更有价值和意义。

**示例 3 - 40** **铝的化学性质(复习课)**

**教学设计前期分析:**"铝热反应"是铝的一类重要反应,体现铝的重要性质,在生产实践中有着重要应用。对"铝热反应"的学习,不能泛泛停留在化学反应的表层上,要从反应的共同点、实验现象等方面进行全面、深入的分析。

**问题式教学设计:**

问题1:"铝热反应"名称的由来是什么?

**设计意图:**以"铝热反应"的名称由来入手进行分析,思考"铝热反应"的共同特点,如还原剂为铝,反应过程中放出大量的热等。学习中可进一步以铁"珠"的生成进行证据推理,了解铝热反应的重要应用。

**教学设计反思:**教学问题的设置突出学习的重点,问题解决的过程是对反应实质的学习,以此推进铝热反应学习中的全面分析与深度思考。

**示例 3 - 41** **盐类的水解**

**教学设计前期分析:**学习盐类的水解基本规律后,对规律和原理的应用是教学和学习中的难点。以具体的实例,例如 $CH_3COOH$ 与 $NaOH$ 的反应设置推进问题,在问题的解决中,以具体实例推及规律性的学习和认识。

**问题式教学设计：**

问题 1：一定量的 $CH_3COOH$ 与 $NaOH$ 反应，反应后溶液的酸碱性有几种可能？分别对应的溶质是什么？离子浓度的大小关系是怎样的？

**设计意图：**以学生相对熟悉的 $CH_3COOH$ 与 $NaOH$ 的反应为例，使学生逐步认识到反应后的溶液有可能呈碱性、中性和酸性，并分析不同情况对应的溶质。进一步比较离子浓度时，可体会具体的思路：以恰好完全反应时为特殊点，作为比较对象，分析理解"电离恰好抵消水解""电离大于水解""水解大于电离"各自的反应状况与含义，应用电荷守恒思想进行离子浓度大小的分析，教学过程贯穿着思维的训练和方法的习得。

**教学设计反思：**教学问题的设置，能够推进学习过程逐步深入。以具体实例降低学习过程的抽象性，对于许多本来难以理解的原理，可帮助学生在问题解决中较为顺利地掌握思路和方法，使得教学流程得以顺利推进、学生的思考与分析能力得以增强。

问题式教学与教学设计的融合，以课堂教学为主体，针对教学难点和重点，精心完成教学推进中的问题设置。"精心"体现于何处？体现于重点的突出、实质的探究、难点突破的思路和方法启示。对于课堂教学，教学问题的设置有着真正的推进作用。而"推进"，不仅是课堂流程表面的推进，更重要的是学生思维和能力的推进。问题的提出与解决，对于课堂教学的重要意义在于，在教学流程顺利推进的同时，提升学生学习过程中思考的深度，实现对学生探究意识和探究能力的培养与增强。

## （三）学科渗透，关注应用

课堂教学中，教师的教学思想体现于教学的每个环节，体现于化学学习的学科融合中，体现于知识应用的关注和加强中。因此，在课堂的回顾、小结等环节，应以教学问题的设置提升课堂教学效果，"跨"出化学，体会化学学习中的哲学思想，积淀人文素养；"走"进生活和生产，将学科知识在实际的应用中，进行更深层次的学习和认识；"融"入化学实验，以实验与原理的结合，突出学科特点，强化学科思想，掌握学习的思路，学会学习的方法。

**示例 3 - 42**　氧化还原反应

**教学设计前期分析:**化学中蕴含着许多哲学思想,如"对立统一""量变到质变""矛盾的普遍性与特殊性"等。在教学过程中进行学科融合,发掘和体会这些重要的思想,使化学学习成为思辨的过程,从而帮助学生深刻学习和理解化学,帮助他们形成科学的人生观、世界观和方法论,这对于他们未来的发展能产生深远的影响。

**问题式教学设计:**

问题1:结合氧化还原反应的学习,如何体会"对立统一"的思想?

**设计意图:**在氧化还原反应的学习中,从"对立统一"的观点回顾课堂所学,学生可以全面地思考基本概念,如氧化剂与还原剂、氧化性与还原性、氧化反应与还原反应、氧化产物与还原产物等的内涵,认识电子的得与失、化合价的升降,深刻理解概念和过程之间相互对立又相互依存的关系,对于相关知识的掌握及应用清晰明了,且能深入实质。对于后续化学键的断裂与形成、元素的金属性与非金属性、原电池的正负极、电解池的阴阳极等重要内容的学习也能有所启示。

**教学设计反思:**问题式教学与教学设计的融合,以学科之间的融合、学科思想的渗透和引入、教学问题的设置提升课堂教学效果,引导学生转换认识和思维角度对所学化学知识和原理进行再学习与再理解,提升对化学学科的认识及自身的发展。

**示例 3 - 43**　Al 的教学

**教学设计前期分析:**以教学问题的设置提升课堂教学,着眼于实际应用,也是问题式教学与教学设计融合的重要思路,它能帮助学生将对化学原理的学习通过应用得以升华。

**问题式教学设计:**

问题1:铝制餐具与炊具的使用,与 Al 的哪些性质有关? 在应用时要注意什么? 这与 Al 的哪些性质有关?

**设计意图:**铝制品在生活实际中随处可见,学生可能对其熟视无睹。在学习了 Al 的性质之后,问题的设置可引导学生从化学的视角对铝制品进行再认识。以学生相对更为熟悉的铝制餐具与炊具为问题设置切入点，可帮助学生发散思维，逐步回顾 Al 的物理性质，如良好的导热性与延展性，如与酸、碱等的反应，具有强的抗腐蚀能力及原因，甚至还可以联系 Al 在地壳中的含量、Al 的冶炼、Al 的应用历史等。顺着问题，对于 Al 的性质进行回顾与拓展延伸，并将应用与性质相联系，对于课堂教学及学生的认知都是一种提升。

**教学设计反思**：在课堂教学的回顾反思环节，很多时候是对课堂所学进行梳理和小结，若只是罗列式地重复课堂所学，可能只是起到强化记忆的作用，难以充分地体现和发挥对课堂教学的提升作用。而教学问题的设置，往往能够起到思路导入、凸显要点等作用，能在课堂所学的基础上，对学科知识进行应用、关联和综合，使得学习更为深入。

**示例 3 - 44** $H_2SO_4$（复习课）

**教学设计前期分析**：化学学习与化学实验的息息相关，体现于化学学习的各个层面与环节，对于元素化合物学习与化学实验，我们不能局限于以实验验证性质，或者以实验推测性质等，而是要将二者进行更为广泛和更为具体化的联系。

**问题式教学设计**：

问题 1：$H_2SO_4$ 的重要性质在化学实验中的体现与应用有哪些？

**设计意图**：在将元素化合物的学习与化学实验进行更为广泛和具体化联系的过程中，教学问题的设置可起到纽带作用，它是我们应该充分重视和加以运用的。以问题设置为导向，引导学生回顾浓 $H_2SO_4$ 的吸水性，联想浓 $H_2SO_4$ 用作干燥剂，进一步分析实验装置及干燥剂的选择；对于有机反应，如醇的脱水及酯化反应、硝化反应等，具体到实验室制乙烯、浓 $H_2SO_4$ 所起作用进行分析等；浓 $H_2SO_4$ 的强氧化性，对其代表 Cu 与浓 $H_2SO_4$ 反应的具体化认识，如 $Cu^{2+}$ 的验证方法、$SO_2$ 的检验及尾气吸收等；浓 $H_2SO_4$ 的高沸点，用于实验室制 HCl 和 $HNO_3$ 的原理及反应的分析；稀 $H_2SO_4$ 用于糖类水解的催化剂，引申产物验证方法，较浓 $H_2SO_4$ 用于实验室制取 $SO_2$……

**教学设计反思**：通过问题的设置与解决，以 $H_2SO_4$ 的性质联系化学实验中的应用，学习层次分明、条理清晰，既有对性质的回顾，又有对其应用的具体化分析;既有纵向的联系,又有横向的比较。通过元素化合物性质的学习与化学实验的多维度联系,使得对于课堂教学的提升充分体现于 $H_2SO_4$ 性质及其应用的体系化认识。教学问题的设置,将问题式教学与教学设计进行融合,突出对化学实验与元素化合物性质的关联,通过对化学实验的分析提升课堂教学效果。

问题式教学与教学设计的融合,以课堂教学为主体,突出教学问题的"真",凸显教学问题对课堂教学的推进和提升作用,使得高中化学课堂教学在学科知识的学习中,更加富于学生问题意识与思考力的培养与强化、人文素养的丰富与提升。高中化学教学,在问题提出中启示思路和方法,在问题解决中优化思维、提升能力,在回顾反思中形成对化学更为贴切和准确的认识。高中化学的学习,能够成为"科学领域不断解谜"的过程,让好奇心、求知欲和理解力也能成为学生生命的驱动力。

### 三、以课堂示例开发为根本

问题式教学与教学设计的融合,需要与教学实践紧密联系,从教学实际的点滴做起,不仅要以教材为基础,以课堂教学为主体,还要以课堂示例开发为根本。课堂示例的开发,是在对教学内容和学生认知基础、认知能力进行全面研究的基础上,对问题式教学设计逐步进行完善,融合问题式教学与教学设计的思想和方法的具体体现与落实。结合教师的教学实践,整合课堂教学中的感受与感悟,并通过积累、改进、丰富形成体系化,不断对问题式教学设计进行完善,为问题式教学实施打好基础。

融合问题式教学的教学设计,同样需要研究教学内容和学生的基础,更要重视教学问题设置,充分发挥教学设问引导启示等作用。恰当的教学问题设置,一定要体现高中化学教学不同教学内容所具有的特点。例如,元素化合物教学转化关系繁多,教学问题的设置要发挥化繁为简等作用;化学反应原理内容相对抽象,教学设问要发挥化抽象为形象等作用;而对于化学实验的教学设问,既要体现科学性、探究性,又要注重严谨细致等。因此,开发问题式教学设计示例,是以对教学的全面思考和研究为基础的。

### (一)元素化合物教学问题式教学设计示例

高中阶段的元素化合物,关于无机物的学习主要分为金属和非金属两大部分，包括了 Na、Fe 及其化合物，Cl、N 和 S 的单质及其化合物，气态氢化物和含氧酸的学习等。这些教学内容的共同点是多、繁与杂。"多"指的是就总体而言，学习层面多、转化关系多、化学反应多；"繁"主要指的是对同一种元素要学习的物质多。例如，对于 Fe 元素，要了解单质 Fe、FeO、$Fe_2O_3$、$Fe_3O_4$、$Fe(OH)_2$、$Fe(OH)_3$ 以及 $FeCl_3$ 等铁盐和 $FeCl_2$ 等亚铁盐。对于 N 元素，也要学习 NO、$NO_2$、$NH_3$、$HNO_3$ 等一系列物质。"杂"指的是针对同一物质，也要从物理性质、化学性质、用途、制备等不同的方面展开学习。物理性质，包括颜色、状态、气味、水溶性等多种性质；化学性质，要从酸性与碱性、氧化还原和特性等不同的角度加以学习。因此，对于元素化合物的教学和学习，必须采用相应的方法进行重组和构建，化繁为简，避免出现学生学习效率低下、不求甚解、事倍功半，陷入过重的记忆负担之中，又不能真正理解与明晰高中化学知识和原理的局面。面对教学内容的多、繁、杂，将问题式教学与教学设计进行融合，以问题的设置给学生的学习以明确方向和方法指导，不失为良好的途径。

**1. 以问题式教学设计促成清晰构建条理**

在元素化合物的教学和学习中，运用化学学习的重要思想，如分类的思想，"结构决定性质，性质决定用途"等化学大概念，找到学习的切入点——物质类别，找到学习的线索——由结构到性质，由性质到反应，再到用途等，可以帮助学生厘清思路，进行结构化的自主学习。同时，在知识体系的构建基础上，逐层递进，使学生能够体会和感悟，高中阶段元素化合物知识的学习应从结构入手、从物质类别切入，推测性质，体会具体反应。

**示例 3–45** $Cl_2$ **化学性质的条理化构建**

**教学设计前期分析：**对于元素化合物的学习化繁为简，需要有清晰的思路，在教学中我们常强调"结构决定性质"，但要具体落实在关于物质性质的思考与学习中，有效指导学生自主构建认知体系，还需教师的具体引导。

**问题式教学设计：**

从结构入手，从类别切入：请分析 Cl 的结构示意图，分析 $Cl_2$ 的物质类别。

推测性质：$Cl_2$ 作为活泼非金属单质，最突出的化学性质是什么？和怎样的物质可能发生化学反应？

具体反应:常见的具有还原性的物质有哪些?请预测 $Cl_2$ 可能发生的具体反应。

**设计意图:**以教学问题的设置进行引导,将对化学原理的应用与增强教学中的思考性融为一体,这是对学生学习进行的方法的指导和启示。从 $Cl$ 的最外层 7 个电子,学生很容易得出 $Cl_2$ 为活泼非金属单质、得电子能力强、具有强氧化性的观点,进一步可分析具有失电子的还原性的物质有可能与 $Cl_2$ 反应。而还原性的物质,学生容易想到金属单质及 $H_2$ 等非金属单质。至此,在层层分析的问题引导下,关于 $Cl_2$ 的化学性质的基本认知体系可顺利构建。教学中教师可进一步引导学生认识因为 $Cl_2$ 的强氧化性,与变价金属反应生成高价态产物,以及 $Cl_2$ 与 $H_2O$ 的反应、$Cl_2$ 与碱的反应等化学原理。这样,就可将"结构决定性质"这个化学大概念真正用于学习过程,从而形成学生高中化学学习中的重要思想,使其从本质上学习相关物质的化学性质。

**教学设计反思:**在化学大概念指导下的学习,可对繁杂的元素化合物知识的学习进行内在的统一,自然而然地以思想形成方法,以方法化繁杂为清晰。学生有理有据地进行深层次学习,可有效避免单纯记忆带来的重负及不求甚解带来的困扰。

**2. 以问题式教学设计深入明晰原理**

融合问题式教学与教学设计,在纷繁复杂的元素化合物教学中,以教学问题的设置构建体系,化"繁"为"简"。但是,这个"简",并不是意味着学习中的简化和简单处理,而是指学习中简约而清晰明了的方法和思路。

**示例 3 – 46** $Fe$ 与 $Cl_2$ 的反应

**教学设计前期分析:**高中阶段对于纷繁复杂的物质化学性质及具体化学反应的学习,我们需要以问题式教学设计明晰原理,帮助学生在学习中以严谨科学的态度形成正确的认知和深入的理解。

**问题式教学设计:**

分析反应条件设问:

问题 1:在生活实际中 $Cl_2$ 通常如何储存运输?这与 $Cl_2$ 的哪些性质相关?

问题 2:$Fe$ 与 $Cl_2$ 在点燃条件下反应,产物是 $FeCl_3$ 还是 $FeCl_2$?为什么?

产物分析设问：过量的 Fe 与 $Cl_2$ 充分反应，产物是 $FeCl_2$ 还是 $FeCl_3$？为什么？

**设计意图**：以反应规律进行设问，可引导学生分析氯气易液化的性质、$Cl_2$ 与 $H_2O$ 的反应，特别是了解 Fe 与 $Cl_2$ 常温下不反应，进而促使学生对化学反应发生对应的条件引起重视，形成正确认知以及严谨细致的学习习惯和科学态度。

**教学设计反思**：以教学问题引起学生的关注以及思考和分析，这是对"结构决定性质"化学大概念的强化，也是在学生的自主思考中对重要原理与规律的明晰。在学生易错之处设疑，其实是在激发学生的自主探究，同时在解惑之时也自有强化与深化之效。

**3. 以问题式教学设计在应用中拓展延伸**

问题式教学与教学设计的融合，落脚于元素化合物知识学习中的应用与拓展，以教学问题的设置引导思考的方向，如在实验中的应用、在工农业生产中的应用、在生活实际中的应用等。在应用中，能够让所学知识"活"起来，能使其从课本和教师的讲解中过渡、内化为学生真正理解的学习收获，逐步转化为问题解决能力等。因此，在元素化合物知识的教学中，教师问题设置的一个重要方向，就是在"应用"中延伸课堂学习，拓展学习视野，加深对原理和知识理解的深度和广度。

**示例 3—47** 氯水性质的实验应用

**教学设计前期分析**：氯水主要的化学性质是酸性和强氧化性，通过问题解决中的应用可以有效强化对其的具体认识。而对于原因探究的实验方案设计，可延伸至强氧化性漂白改变物质结构，因而，能够对不可逆等同一类问题的学习形成认识。

**问题式教学设计**：

铺垫设问：含有酚酞的 NaOH 溶液滴入新制氯水，颜色变化是怎样的？可能的原因是什么？

应用设问：怎样以简单的实验方法来证明溶液红色褪去是由于氯水的酸性还是强氧化性？

延伸设问:同理,双氧水滴入含有酚酞的 NaOH 溶液,现象是怎样的? 可能的原因有哪些? 如何以实验证明?

**设计意图:**"铺垫设问"引出对相关实验现象的分析,引发学生的积极思考和全面分析。"应用设问"是对实验方案的设计,可启发学生对所学原理和知识进行应用。而"延伸设问",以新制氯水自然拓展至双氧水,是知识方法的再一次应用与巩固。原理的相似、方法的相似,有利于学生活学活用,顺利实现迁移,这既是巩固强化,又是拓展延伸。以问题的引导,完成实验现象的预测、实验原理的分析、实验方案的设计,从而帮助学生在应用中对所学知识进行拓展延伸。

**教学设计反思:**将所学知识和原理用于实验现象分析、实验方案设计中及实验方法设计的优化与选择中,是从化学实验的角度拓展延伸学生的认知。结合高中化学的教学内容,融合问题式教学与教学设计,引导学生应用所学知识和原理,以化学的视角学习、观察和认识世界,从而实现视野、思维和能力等多维度的拓展与延伸。

## (二)化学反应原理教学问题式教学设计示例

在高中化学教学中,化学反应原理的学习主要有化学反应中的能量变化、化学反应速率、化学平衡、水溶液中的离子平衡、电化学原理等,是整个高中阶段化学学习中学生最易出现困难之处。原因有以下三点:一是难在理解上,很多学习内容,如勒夏特列原理中的"减弱不是抵消",盐类的水解"电离大于水解""水解大于电离"在不同情况下的含义,难溶电解质溶解平衡中溶度积 $K_{sp}$ 的含义等,学生很难对其形成正确、深入的理解,结果常常导致在问题解决中或难以入手或错误频出。二是难在应用上,盖斯定律的应用、平衡移动的分析以及运用电荷守恒、物料守恒判断溶液中离子浓度的关系,应用溶度积 $K_{sp}$ 判断沉淀的开始与沉淀完全等,在这些原理和概念的应用中,学生往往会顾此失彼,不能全面分析,导致失误颇多。甚至,还有学生虽然学习了原理,却不知何时应用和如何应用。三是难在综合上。在化学反应原理的学习中,常常需要广泛联系,综合应用所学知识才能完成问题解决。例如,除去含 $Cu^{2+}$ 溶液中的 $Fe^{2+}$,需要应用的原理有:最佳氧化剂的选择、除杂的基本原则、调节 pH 的原因及方法、$K_{sp}$ 的含义及应用、盐类的水解平衡移动等。又如,书写 $Na_2CO_3$ 溶液中的电荷守恒表达式，需要知道盐类的水解、分步水解程度大小的关系、溶液中电荷守恒的理论依据、电荷守恒的实质、化学式中"2"的处理，以及表达式中化学计量数的含义等。类似地，很多化学反应原理中的问题解决是综合性的。而且，综合的不仅仅是学科知识，还有思维的综合和能力的综合，对于学生而言也往往是具有难度的。因此，在化学反应原理的教学中，将问题式教学与教学设计进行融合，根本的出发点依然是面向学生，运用化学反应原理教学应有的策略与方法，帮助学生解决学习过程中可能出现的种种困难。

**1. 以问题式教学设计剖析原理**

在化学反应原理的学习过程中，学生常常在原理应用中频频出错，究其深层的原因，往往是因对原理的认识不够深刻和明晰。怎样才能避免这种状况呢？教学中，以问题设置引导对原理的剖析，帮助学生真正做到学习中的"知其然并知其所以然"，以对概念正确、深刻和全面的理解为基础，对原理应用才能自如且准确恰当。

**示例 3－48 对化学反应速率概念的剖析**

**教学设计前期分析：**关于化学反应速率的教学，若只是告诉学生"用单位时间反应物浓度的减少值或生成物浓度的增加值"可以表示化学反应的快慢，而不深入剖析为什么是"单位时间"，为什么是"浓度"，那么学生在计算等过程中往往仅会应用 $\Delta n/\Delta t$ 来表示速率，也常常会因忽视时间单位的统一而造成失误。

**问题式教学设计：**

关于"单位时间"设问：两个化学反应，变化量对应时间分别为 2 min 和 5 min，用该变化量能否直接判断反应的快慢？为什么？若用变化量直接判断，对应时间应如何处理？

关于"浓度"设问：两个化学反应，变化量对应容器体积分别为 2 L 和 5 L，用该变化量能否直接判断反应的快慢？为什么？若用变化量直接判断，对应体积应如何处理？

**设计意图：**教学问题的设置，以具体数据进行剖析，学生易于理解且能体会"变量唯一"等思想在概念原理以及实验方案设计中的重要性和意义，对于化学反应速率概念中的"单位时间""浓度"等,能透过字面认识理解其实质与内涵。以问题式教学设计完成的原理剖析,能有效帮助学生准确应用概念。

**教学设计反思:**在化学反应原理的教学中,通过教学问题的设置,可在原理剖析中更具针对性,对于学生难以理解之处,可运用问题设置举例子、打比方等,降低认知难度。同时,在原理概念的剖析过程中,融合问题式教学与教学设计,突出思考性。

**2. 以问题式教学设计完善认知结构**

学生的认知结构主要包括认知基础与认知能力,它们决定着教学起点和推进教学进程的方式,以及教师的教与学生的学的相互契合程度。在化学反应原理的教学中,融合问题式教学与教学设计,以教学问题的设置剖析原理,需着眼于学生的认知基础。关注学生的认知基础,可以发现概念原理的学习中易出现的盲点、易错点和模糊之处,从而强化问题设置的针对性。而对概念原理的进一步学习,则需在学生原有认知基础上,以教学问题的设置形成知识"生长点",通过对问题的思考与探究,完善学生的认知结构。以问题式教学设计完成这个过程,学生可以更为清晰地认识到学习内容的重点与核心,以教师提出的知识"生长点"为思考和学习的方向与目标,自主、有效地完成学习,不断提升认知能力。

**示例 3−49** **对化学反应速率影响因素认知体系的建构与完善**

**教学设计前期分析:**对于同一反应,外界条件对化学反应速率的影响因素及影响结果,大部分学生学习起来并不困难。但是,教学若浮于表面,缺乏深入理解,学生依然会形成错误认识,难以自主、正确地解答综合性问题。

**问题式教学设计:**

引导"模型认知"设问:从活化分子与有效碰撞进行分析,哪些外界因素能提高活化分子百分数? 哪些不能? 为什么?

应用"模型认知"设问:

问题1:增大浓度或增大压强,单位体积分子数目改变了吗? 单位活化分子数目改变了吗? 为什么? 由此可知,浓度、压强会对化学反应速率产生怎样的影响?

问题2：升高温度或加入催化剂，单位体积分子数目改变了吗？单位活化分子数目改变了吗？为什么？温度、催化剂对化学反应速率会产生怎样的影响？

**设计意图：**对于在平衡体系中充入稀有气体，在恒容或恒压状况下，不同的化学反应，正、逆反应的速率如何改变，平衡如何移动等的分析，如果对化学反应速率影响因素未能有实质性的认识，则易出现困难。因此，教学中教师需要引导学生建构活化分子与有效碰撞的认识模型，以教学问题的设置，将问题式教学与教学设计进行融合的同时，完善学生的认知结构。在通常的教学中，可能是先学习浓度、压强、温度、催化剂等因素对化学反应速率的影响，再从活化分子和有效碰撞认知模型的角度加以解释。而教学问题的设置着眼于学生认知模型的建构和应用，先整体分析认知体系，对于不同条件下的活化分子百分数是否发生改变进行分析与讨论，帮助学生初步体会"模型认知"，同时提供知识的"生长点"，再分别从增大浓度、增大压强、升高温度、加入催化剂等方面进行类比分析，在对比中讨论，使学生在应用模型认知的过程中对知识点进行深入、细化，不断地完善认知体系。

**教学设计反思：**化学反应原理的学习，以问题式教学设计完善认知结构。问题设置能够给学生提供问题解决的切入点，引导学生抓住学习重点，思考共同点与不同点，由此帮助学生自主有效学习，在问题解决中自然形成、完善认知体系。同时，对于学生"模型认知""科学探究"等学科核心素养的培育，也能自然发生。

**3. 以问题式教学设计形成应用思路**

在有关化学反应原理的学习中，整体认知的形成可促成学科知识体系的完整性和全面性，帮助学生在学习和问题解决中顺利应用所学原理进行周密分析，正确解决问题；学生的思维能够在深刻性、批判性和系统性等方面得以优化，同时，还可促进学生学习能力的提升。因此，在化学反应原理的教学中，要以问题式教学设计中的问题设置促成学生对相关原理从联系、对比等方面进行思考与分析，从局部的、分步的学习达到完整的、综合的认知。以化学反应速率的影响因素为例，对于反应本身的属性、浓度、压强、温度、催化剂等因素对化学反应速率所产生的影响，在逐一学习的基础上，对其影响程度的大小，如何抓住主要矛盾分析解决问题，以教学设问的方式引导帮助学生形成深入而完整的认识,使其对化学反应速率的相关原理的认识得以提升。

> **示例 3–50**　对化学反应速率影响因素原理的应用思路

**教学设计前期分析**:对于化学反应速率影响因素,从整体上进行认识和分析,在应用相关原理分析和解决问题时,才能层次清晰、有理有据、辩证统一。

**问题式教学设计**:

归纳设问:影响化学反应速率的主要因素有哪些?

分析设问:影响化学反应速率的决定性因素是什么?

小结设问:影响化学反应速率的常见因素中,按影响程度由大到小的排序是怎样的? 如何应用这个排序?

**设计意图**:对于不同的化学反应速率影响因素,从程度的大小进行区分,重视相关哲学思想及方法论在化学学习中的应用。例如,决定性的因素是反应本身的属性,是内因,是主要矛盾的体现;而对于同一反应,外因,即催化剂、温度与浓度、压强的影响程度是不同的。在应用原理时,应以抓主要矛盾的思想,有序进行分析。对于化学反应原理的正确灵活应用,对于相关内容的学习,必须要形成全面的、体系化的认识。而教学问题的设置,要从这个教学目标出发,以层次分明的思维导向,引导学生从全面归纳、深入分析和整体小结形成应用思路。经过这样的学习,对于化学反应速率影响因素的学习,学生能有知识体系的完善,能对所学内容有整体性的认识。同时,能形成分析、解决问题时的基本思想和方法。

**教学设计反思**:在多个因素影响的体系分析中,如何认识和处理内因和外因的关系,对于同为外界因素,又如何从不同的角度、不同的层次厘清它们之间的关系,思维体系的构建及思路的形成非常重要。对于其他化学反应原理的学习,同样重要和关键。例如,对于弱电解质电离、盐类的水解、难溶电解质溶解平衡等的影响因素的分析和理解,同样可以框架性的构建、体系化和整体化的认知进行学习,有利于学生对于化学原理的深入理解和正确应用,有利于学生构建认知模型和经验图式,提高能力和发展素养。

化学反应原理的教学,对于相关原理的剖析、认知结构的完善和应用思路的形成,问题式教学设计能起到引导学生对原理进行深入的剖析,对认知结构以模型认知进行完善,对原理应用形成清晰的思路和方法。问题的设置能够有效呈现和实现教师的教学思路,有力引导和明晰学生学习和思考的方向和方法,真正推进和提升化学反应原理学习中的核心素养发展。

## (三)化学实验教学问题式教学设计示例

培养学生的化学实验素养,主要包括形成化学实验的基本认识、思想和方法。例如,对实验方案设计的科学性、简约性、可行性和安全性等的学习和认识,并以此为依据,重视实验方案的选择与改进;理解控制变量法在化学实验中的意义,并能正确应用;了解定性实验和定量实验目的与方法的不同以及内在关联,认识相应实验方法的选择和实验操作的完成;以实验数据的分析和处理,对化学实验的作用和意义有进一步认识;对于实验误差,能够结合实验目的,恰当选择实验测定值,以清晰的思路、正确的方法进行有理有据的分析。同时,严谨态度的养成、科学精神的培养、探究意识的加强,也需贯穿于实验教学的始终。

### 1. 以问题式教学设计深刻理解实验方案的设计依据

在中学的实验课程中,学生的学习兴趣很容易被激发。实验课作为受欢迎的课型,学生的参与度也很高。但是,实验课的教学和学习效果并非尽如人意。一方面,是教学组织不到位,学生在实验课中往往相对放松,注意力不够集中。另一方面,实验课的教学浮于表面的状况时有发生。学生貌似热热闹闹完成实验,但对很多实验方面的知识和原理,其实并没有真正理解。这种浅层的学习,久而久之,还会对学生的学习态度、学生对实验课的认识产生不良影响。因此,在实验课中,问题式教学设计以问题的设置与解决贯穿其中,可保证实验课良好的教学效果。

**示例 3−51** “配制一定物质的量浓度的溶液”的实验原理

**教学设计前期分析**:在学习“配制一定物质的量浓度的溶液”实验之时,学生已有初中所学溶质的质量分数溶液配制,以及高中学习的相关概念和基本计算等基础知识。因此,对于“配制一定物质的量浓度的溶液”的实验原理,可能受溶质的质量分数溶液配制的干扰,形成认识上的混淆;也可能由于物质的量浓度原理、计算学习的不足,造成理解上的困难。因而,问题式教学设计应了解学习中的真正需要和困难所在,进行有针对性的问题引导。

**问题式教学设计:**

实例引导设问:配制 250 mL 0.1 mol/L NaCl 溶液,以怎样的方法可以实现?

具体分析设问:需要计算哪些数值? 怎样可以做到溶液的浓度为 0.1 mol/L?

突出要求设问:要保证所配溶液的浓度准确,应保证哪些数值的准确性?

**设计意图:**对于"配制一定物质的量浓度的溶液"实验原理的认识和理解,学生最初学习时往往存在困难。因此,问题式教学设计以具体的实例,例如以"配制 250 mL 0.1 mol/L NaCl 溶液"为基础进行问题设置,可以有效降低认知难度。"实例引导设问"以具体的溶液配制为例进行引导,可降低学习中的陌生度,自然引入对实验原理的学习和认识。"具体分析设问"可以帮助学生从实验所需数据的角度,进一步体会物质的量无法直接称量,应用能够直接称量的质量和能够直接确定的溶液的体积得到所需物质的量浓度。从而,学生对于实验依据能有总体性的认识。"突出要求设问"凸显定量实验对于准确性的要求,学生理解过程和数据的准确,才能保证最终实验结果的准确,重视定量实验的准确性,形成对定量实验的整体性认识。结合具体实例的问题设置,引导学生对于实验原理形成真正理解,为后续学习打好基础。

**教学设计反思:**我们在教学中经常谈到的"深入浅出",简而言之就是打比方、举例子。对于学习困难之处,采用这样的教学思路,教师的引导作用可得到更充分的体现。高中化学的问题式教学设计中,教学问题的设置常采用类似的思路和方法。对于较难理解的学习内容与化学原理,教学问题以具体实例为核心进行设置,可以帮助学生以实际问题的处理体会原理,由此及彼,顺利完成学习。

**2. 以问题式教学设计自主学习实验方法与步骤**

在化学实验教学中,实验的方法与步骤,不能通过教师单纯讲解、学生被动接受与记忆这一按部就班的过程来完成。这样的教学,将学生对实验的学习演变成了程序化和固化的过程。尽管学生可能会顺利完成实验,也能得到相应的实验结果,但缺乏相应的深度学习与思考,难以得到真正的能力和化学实验素养的提升。基于此,对于化学实验方法与步骤的学习,可应用问题式教学设计,引导学生自主学习。

**示例 3－52** "配制一定物质的量浓度的溶液"实验的方法与步骤

**教学设计前期分析：** "配制一定物质的量浓度的溶液"实验方法与步骤的学习中，包括实验仪器的选择。例如，容量瓶这个新的学习内容。对于容量瓶的规格、标记的内容、检漏的方法、使用的注意事项等，都需要学生清楚认知、熟练应用。同时，还包括减少实验误差的学习，在实验步骤中还需进行深层的发掘和广泛联系。因此，学习内容丰富，需要学生自主进行思考与探究，才能真正理解，提升实验素养。

**问题式教学设计：**

框架性设问：配制 250 mL 0.1 mol/L NaCl 溶液，怎样做到溶液的体积精确为 250 mL？使用量筒或烧杯可以吗？应使用怎样的实验仪器？

细节性设问：从容量瓶的使用要求进行思考，要得到体积精确为 250 mL 的溶液，经过怎样的步骤可以实现？

梳理性设问：请逐一分析配制 250 mL 0.1 mol/L NaCl 溶液每步的操作注意事项。

**设计意图：** "配制一定物质的量浓度的溶液"的实验步骤较多，以问题引导学生自主思考进行学习，对已有知识进行回顾与深入学习，有利于新知识的学习与理解。"框架性设问"是对实验步骤要点的"点题"设问，可使学生认识到实现溶液体积准确性的重要意义，围绕这个要点，对实验步骤与方法形成总体的框架认识。"细节性设问"引导学生应用所学容量瓶的知识，对于实验步骤与方法进行细化处理。从 NaCl 固体在烧杯中的溶解开始，围绕实验的准确性展开，可引导学生自主得出后续实验操作的步骤和方法，并能够理解步骤与方法中蕴含的化学原理。"梳理性设问"是对上述问题的进一步细化，对每一步操作步骤的注意事项逐一进行分析，为误差分析做好铺垫。在问题引导中，学生从框架性认识到细节性处理，自主思考与建构"配制一定物质的量浓度的溶液"实验的步骤与方法，可使学生在实际操作中更为严谨细致，同时也有助于培养学生的科学精神与创新意识。

**教学设计反思：** 在化学实验教学中，实验的步骤、方法与实验原理联系密切。因此，实验步骤与方法的学习中，关注点依然是隐含其中的原理。问题式教学设计一方面以问题激发学生的自主学习，另一方面将实验原理与步骤融为一体。学生对于实验方法与步骤的学习，可摆脱不求甚解的记忆，使学习中能力、思维与素养的提升得以落在实处。

**3. 以问题式教学设计感悟误差分析的思路与方法**

化学定量实验中的数据处理及误差分析所具有的对于学生思维训练与逻辑思维能力的强化在教学中应有充分的体现。很多学生对于误差分析的认识不明确，方法欠缺，常常感到无从入手。问题式教学设计对学习中需强化之处，以问题的设置引导学生明确认识，感悟思路与方法，从而找到解决问题的切入点和正确路径，使学习进入良性循环的状态。

**示例 3 – 53** "配制一定物质的量浓度的溶液"实验的误差分析

**教学设计前期分析**："配制一定物质的量浓度的溶液"是高中化学重要的定量实验，在学习过程中，学生需要形成共性的认识，为后续的定量实验，如酸碱中和滴定等的学习做好相应的知识储备。例如，进行误差分析首先要清楚实验目的，确定误差分析的对象，知道应从实验数据入手，以及书写相关表达式等思路与方法的形成。因此，教学设问需关注学生对思路和方法的感悟，以方法的习得，促成学生能力的加强。

**问题式教学设计：**

明确目标设问："配制一定物质的量浓度的溶液"实验的最终目的是什么？误差是针对什么而言的？

方法引导设问：从溶液体积的角度分析对应步骤中可能的误差有哪些，从溶质的物质的量角度分析对应步骤中可能的误差有哪些，并分析造成误差的原因。

提升认知设问：

问题 1：以 250 mL 0.1 mol/L 为例，分别以蓝矾和 $CuSO_4$ 固体配制 $CuSO_4$ 溶液，分析实验数据异同点。

问题 2：用 98.3% 浓 $H_2SO_4$ 配制 250 mL 0.1 mol/L 稀 $H_2SO_4$ 应计算什么量。

**教学设计意图**：化学定量实验中的误差分析，实际上是对实验的回顾与反思，是从量化的角度对实验的每一个步骤进行深入的再学习和再认识。教学问题的设置贯穿思路和方法，学生在问题解决中感悟方法，促成自主解决问题能力的加强。"明确目标设问"是针对化学定量实验的学习和问题处理中，很多学生对误差是针对最终的实验结果不明确而设置的，引导学生明确确定实验需要的是物质的量浓度准确、误差是以浓度为分析对象的。"方法引导设问"引导学生认识到误差分析要从实验数据入手的基本思路与方法，使其对于定量实验的误差分析能有共性的认识，遇到问题能有方法可依，自主顺利处理。"提升认知设问"帮助学生了解可用结晶水合物配制一定物质的量浓度的溶液，也可用浓溶液配制稀溶液，是学习中认知面的拓展和深入，也包含对误差分析认识的加深。问题式教学设计引导学生感悟定量实验误差分析的关键思路和重要方法，使其对于同类问题能有分析和处理的能力，有利于学生的后续学习。

**教学设计反思**：高中阶段的化学教学中，需要关注学生解决同类问题的框架性整体认知的形成，教学中要渗透方法和思路的指导，进行思维的建模。通过问题的引导和问题的解决，帮助学生感悟思路、习得方法，对于其整体学习和未来发展富于指导性意义。

对于化学反应中蕴含的量的关系和深层规律等的发掘与体现，问题式教学与教学设计的融合能起到重要的作用。教学问题的设置，提示易错点与迷惑之处，指引需要深入理解的学习内容，明确学习思路、思考方向和原理。因此，在高中化学的教学中，可应用问题构建认知体系，又以问题应用深入细研，从不同的角度和层面，对繁杂的教学内容进行重组和剖析。同时，将元素化合物知识、化学反应原理与化学实验方案的设计、优化与实施，与生活、生产实际和前沿发展等密切联系，以教学问题对其进行外显与强化，开阔学生视野，内化学生素养与能力，让化学教学在灵动的课堂中、生气勃勃的氛围中得以有序、高效地进行与完成。

# 第四章

# 问题式教学设计示例——合成氨综合教学

党的十九大明确提出的"立德树人""培养德智体美劳全面发展的社会主义建设者和接班人"等教育方针和教育思想及新课标学科核心素养育人目标,都需要我们对高中化学教学有更多的思考和探索。在教学中,我们应充分发掘和体现高中化学的教学价值,培养学生适应终身发展和社会发展需要的正确价值观、必备品格和关键能力,并为之不断付诸实践。

以合成氨反应为主题进行"综合教学",可从不同方面体现与实现高中化学的教学价值。这里所说的"综合教学",是以合成氨反应及工业生产为核心,聚焦化学学科核心素养的培育与发展,运用问题导向策略,创设真实问题情境,引导学生体验和探究具体知识所隐含的思想与方法等进行的教学。以课程资源的开发整合,进行多维度、多层次教学,实现高中化学的教学价值,具体如图4−1、图4−2所示。

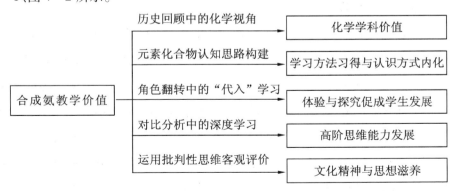

图 4−1 多维度、多层次价值的体现维度

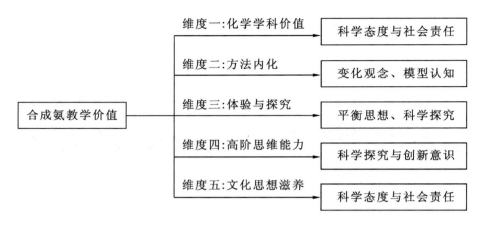

图4-2　教学分析与教学价值体现

　　问题式教学设计中应以教学目标为导向,精心设置教学问题,以问题驱动实现师生互动、生生互动。教学中贯穿问题解决,并不断衍生新的问题,在趣味盎然中实现生动活泼的学习氛围,达成教学目标。

　　同时,在教学过程中渗透化学学科核心素养培育。

# 第一节　不同阶段教学中"合成氨"问题式教学设计

## 一、以"合成氨"为中心的元素化合物教学Ⅰ

### 1.教学设计前期分析

　　与日常生活密切相关的各种环境问题和突发事件的出现,如雾霾、白色污染和自来水苯超标等,使得人们对化学和化学物质的负面认识成为普遍现象。化妆品广告词中出现"我们恨化学",人们"谈苯色变",认为"化学等同于有害",不一而足。因此,在高中化学教学中,我们需点滴渗透,引导学生对化学和化学物质形成辩证、客观和全面的认识。以"合成氨"为中心的元素化合物教学,历史回顾中的化学视角可以充分体现其化学学科价值。氨气的合成和氨水的获得,对人类来说是非常重要的突破,几乎可以和钢铁冶炼相提并论。由于合成氨的出现,才有今天的合成化肥工业,人类才可以进行关乎国民生活的诸多化工生产。合成氨工业的贡献,充分体现了化学的学科价值。同时,也证明化学对于人类有着不可忽视的重要贡献。甚至,合成氨工业曾经关乎国力的强弱。1911 年巴登公司在德国奥堡建成世界第一座日产 30 吨合成氨的工厂。1914 年第一次世界大战爆发时,哈伯设计的多家合成氨工厂已在德国建成。当时唯有德国掌握并垄断了合成氨技术,这也促成了德皇威廉二世的开战决心。德国合成氨的成功使其含氮化合物自给有余,甚至延长了第一次世界大战的时间。哈伯与博施的成功,是具有世界意义的人工固氮技术的重大成就,是化工生产实现高温、高压、催化反应的第一个里程碑。虽然当时与战争有关,但是,从某种意义和角度而言,也能充分体现出化学对国家、社会及全人类的影响,体现出化学的学科价值。

### 2. 问题式教学设计

总体认识设问:合成氨工业对人与自然的意义是什么?

历史回顾设问:第一次世界大战中,德皇威廉二世开战的底气和决心与化学有怎样的关系?

### 3. 设计意图

"总体认识设问"可引导学生比较全面地认识到,合成氨是人类首次在自然循环中,依靠自己的努力,改变了靠天吃饭的状况。直到今天,合成氨仍然是人类固氮的唯一方法。以此,可促使学生发自内心地认可化学对于人类生产和生活的重要性,自然增强学习化学的内在热情。"历史回顾设问"引导学生从化学的视角分析和认识历史事件,从更广更深的层面上认识合成氨的重要意义和作用,使学生能够对化学的学科价值有更为直接和深刻的感悟。

### 4. 教学设计反思

化学对于人类的重要性,是学生学习化学的潜在吸引力,也是培育学生"科学态度与社会责任"的重要教学资源。对于合成氨的学习,是学生近距离体会化学学科价值的良好契机。而高中化学的许多教学内容,对于学生体会化学的学科价值都能起到很好的推动作用,需要我们在教学中客观理性地加以引导。例如,对于苯的学习,我们在了解其危害的同时,不能忘记"苯的出现成全了人类的很多梦想";对于 $SO_2$ 的学习,要了解其与酸雨的关系,但更不能忽视 $SO_2$

是工业制硫酸的重要原料，葡萄酒中会有微量的 $SO_2$ 及其作用……在合成氨教学中，以化学视角回顾历史，发掘化学原理和知识在人类历史变迁中或明显或潜在的、不可忽视的重要作用，引导学生从深层次认识和理解"化学与生活息息相关"的含义，以此促进学生体会化学学科对人类文明和社会发展的重要作用，激发学生的内在学习热情和学习动力。

## 二、以"合成氨"为中心的元素化合物教学 II

### 1. 教学设计前期分析

以"合成氨"为中心的元素化合物教学，可以体现元素化合物认知思路构建与学习方法建模。无机物的性质和应用，是化学学科的重要研究领域，也是中学化学课程的重要内容，是一个具有非常重要的素养能力培养价值的学习主题，非常有利于学生形成和发展"宏观辨识与微观探析"、"变化观念与平衡思想"和"科学态度与社会责任"等化学学科核心素养。但是，高中元素化合物的教与学两个方面，往往都存在这样或那样的问题。例如，多以师讲生听、师讲生记的方式推进教学，以反复背记化学方程式代替基于化学反应原理和规律进行分析理解和证据推理，以题海训练代替真实问题解决等，以至于学生在过多、过重的记忆负担中迷失了高中化学的正确学习方法，并逐渐失去了学习化学的热情和信心。因此，我们需要研究和应用更符合学生学习需要，更有益于学生发展的教学方法和教学方式，以促成学生对于学习方法的习得与掌握。高中的化学学习中，以 $NH_3$ 为基础的化学反应众多，如 $NH_3$ 与 $O_2$、$Cl_2$、$H_2O$、酸等的反应。如果没有一定的学习线索与思路，学生势必陷入单纯记忆的无序学习状态；如果缺乏对化学反应的重要作用的了解，也会造成学习内驱力不足。相反，明晰的学习思路、化学反应重要实践意义的呈现，无疑能带给学生更多方法的启示和学习动力的增强。

### 2. 问题式教学设计

关注应用设问：

问题1：为什么说哈伯与博施在合成氨工业上的成功给世界农业的发展带来了福音？

问题2：合成氨工业上的成功能为工业生产和军工需要解决原料问题，其中包含哪些重要的化学反应？

引出线索设问：以氮元素化合价变化为线索，请分析从 $NH_3$ 到 $HNO_3$ 所需要的反应物应具有怎样的性质。常见的反应物是什么？请书写相应的化学反应方程式。

### 3. 设计意图

"关注应用设问"能让学生产生浓厚的学习兴趣，帮助学生联想常见生活场景，并从化学的角度进行分析，深刻感受化学知识与生活千丝万缕的密切联系。以合成氨反应为起点，将学习延伸至世界农业的发展及军工生产等，对于化学反应的学习是动态发展而非静止停滞的。一方面是学科知识和化学反应的延续；另一方面，是学生的思考与学习的延伸与拓展。化学反应在实际生产和生活中的重要应用，对于学生是深层次的学习，是化学重要意义直接而广泛的呈现，能够启发学生在学习中对于应用、联系和转化关系的重视，有利于其在化学学科知识学习中自然形成"变化观念"，形成学习和认知的基本思路与模式，有利于学生能力与思维的发展。"引出线索设问"从气态氢化物到氧化物，再到含氧酸转化关系的学习，进一步推测工业制硝酸及其反应，以问题解决为中心的教学过程，可以帮助学生形成基于"价类二维"的元素观，引导学生认识元素在物质中可以具有不同的价态，可通过氧化还原反应实现含有不同价态同种元素的物质的相互转化，促进学生元素化合物认识方式的形成、发展与强化，在自主构建中完成对重要转化关系及化学反应的学习。结合真实情境与应用实例的学习，还能够促使学生体会物质性质及物质转化的价值，深层次激发学生学习化学原理和知识的强烈愿望。

### 4. 教学设计反思

高中化学教学通过真实情境的创设、恰当教学问题的设置等，引导学生自主解决问题，可以帮助学生在元素化合物学习中，以自主构建的方式与方法完成对元素化合物的学习；帮助学生在学习过程中，形成科学合理的学习与认识思路，使认识方式稳定化和内化，形成相应的认知模型，做到授人以渔。学生摆脱单纯记忆重负，在发展与成长中完成学习。学生学习方法习得的价值体现于学生真正意义上的提升，形成与发展有益于学生终身成长的学习能力。

## 三、以"合成氨"为中心的化学反应原理教学 I

### 1. 教学设计前期分析

以"合成氨"为中心的化学反应原理教学，可以角色翻转中的代入学习促进学生发展。体验和探究是知识学习的必经过程，是促进学生能力发展的根本途径。以问题为导向，引导学生体验和探究具体知识所隐含的思想、方法和问题解决的核心策略，是发展学生能力的基本要求。高中阶段化学反应原理的教学，应重视学生思维能力的培养，关注学生的认识发展，注重理论联系实际，激发学生内在的学习兴趣。以精心设计的问题情境，通过问题提出与问题解决，引导学生学习和体会科学探究的思路、角度和方法，在自主思考中完成学习，充分发挥教学对于学生思维和能力的培养与促进。但在实际教学中，由于教学内容本身具有的抽象性和难度，加上很多教师依然采用单纯讲解、习题训练等教学方式，学生在记忆和反复练习中不求甚解，甚至囫囵吞枣，结果导致学习困难日益增多，影响学生学习的信心、兴趣和实效，阻碍思维、能力和素养的发展。同时，经常处于被动听讲状态，久而久之，学生自主学习与思考的意识与能力都亟待加强。在课堂教学中进行角色反转，让学生以化学家和研究者的代入身份进行学习，自然实现自主思考与探究，促成学生思维与能力的发展，是值得我们研究和应用的教学思路和方法。对于合成氨反应实际生产条件的分析与选择，是学生对所学化学反应速率和化学平衡原理的应用与深入理解。兼顾浓度、压强、温度及催化剂等对速率及平衡的影响，对理论分析与实际状况可能存在不同的认识与分析，学生学习与思维体验是具体而富于思辨的。而以"如果你是哈伯……"的角色进行代入学习，可从意识层面变被动学习为主动探索，从而使学生的积极投入自然发生与实现。

### 2. 问题式教学设计

角色翻转设问：如果你是哈伯，对于合成氨的研究，将从哪些方面进行？研究哪些条件？

具体分析设问：合成氨工业目前采取怎样的生产条件？哪些条件的选择不是主要依据化学平衡原理？为什么？

### 3. 设计意图

"角色翻转设问"以合成氨生产实践实例为载体和中心,以"如果你是哈伯"的角色代入方式,完成对化学反应速率影响因素的复习,对化学平衡影响因素建立框架性认识,对于速率与平衡是化学反应的两个不同方面进一步形成清晰认知。而对合成氨生产条件的综合性思考,让学生以科学家的身份主动而积极地进行,变课堂教学为饶有兴趣的认真探究。"具体分析设问"引导学生对问题进行逐步思考与解决,在应用中加深对原理的认识。从单纯书本知识到复杂生产实践,强化认知深度与广度,增强思考力与综合分析能力。对于影响化学平衡的条件,改变条件对平衡移动所产生的影响,以及化学原理用于生产时所需进行的综合思考,在逐步推进中进行学习与理解,形成体系化、结构化认知。浓度、压强、温度及催化剂等对化学反应的影响,与合成氨反应实际生产条件的分析相结合进行学习,能够在具体化的过程中降低认知难度。合成氨反应成为将化学反应速率与化学平衡相联系的纽带,成为将浓度、压强、温度和催化剂对化学反应的影响相结合的载体,对化学反应原理的学习与其重要应用和意义也成为整体。以"平衡思想"与"科学探究"贯穿始终的教学,对于学生的启示是多方面的、立体化的。

### 4. 教学设计反思

在高中化学的教学中,紧密联系生产和生活实际,创设真实的问题情境,学生学原理、知应用,以应用加深对所学原理的认识,原理学习和应用相辅相成,相互促进。以"角色代入"的方式进行学习,自然改变学生被动学习的状况,达成以学生主动思考代替被动学习,实现自主探究。同时,体会科学家思考、解决问题的角度、思路和方法,充分体会科学探究的方法及重要意义。

## 四、以"合成氨"为中心的化学反应原理教学 II

### 1. 教学设计前期分析

以"合成氨"为中心的化学反应原理教学,可进行对比分析中的深度学习与高阶思维能力发展。实现高中化学教学的育人价值,是国家后备人才培养的需要,也是学生真正发展与成长的需要。因此,教学不能仅仅是单纯的学科知识传授,而应切实以学生发展为中心,基于知识的内在结构,通过对知识的完整处理,引导学生理解学科思想,对知识进行深度学习。因而,以化学原理知识的学习为载体,进行思维训练,逐步增强学生的思考力,应是高中化学教学的重要有机组成。以关联、转换和检验等能力为体现,在课堂教学中实现对高阶思维要素"迁移、批判性思维和问题解决"的强化,充分体现教学的思维训练价值。我们在教学中,需高水平构建化学知识,促进学生化学高阶思维能力的有效发展。合成氨反应 $N_2(g) + 3H_2(g) \Longrightarrow 2NH_3(g)$ 与工业制 $H_2SO_4$ 中 $2SO_2(g) + O_2(g) \Longrightarrow 2SO_3(g)$ 反应,存在均为可逆反应、放热及正反应方向气体总物质的量减小等共同点。但是,内在的不同,例如 $N_2$ 的稳定性对合成氨反应的影响,又决定了二者的实际生产条件有相似之处,又存在差异。从合成氨反应到 $2SO_2(g) + O_2(g) \Longrightarrow 2SO_3(g)$,在迁移中体现化学原理的关联、方法的转换,在对比分析中进行批判性思维训练,能够在问题解决中促进学生高阶思维能力的发展。

### 2. 问题式教学设计

对比设问:以合成氨 $N_2(g) + 3H_2(g) \Longrightarrow 2NH_3(g)$ 的生产条件,预测工业制 $H_2SO_4$ 中 $2SO_2(g) + O_2(g) \Longrightarrow 2SO_3(g)$ 反应的生产条件应是怎样的,为什么后者实际为常压生产? 我们可以查找什么数据进行原因分析?

### 3. 设计意图

运用对于学生而言相对新鲜的话题,激发饶有兴趣的讨论,将知识应用能力与思考力的提升、高阶思维能力的发展渗透于课堂教学中。对于工业制硫酸中 $2SO_2(g) + O_2(g) \Longrightarrow 2SO_3(g)$ 反应的生产条件,引导学生进行理论分析与实际生产的对比,是"设疑",也是"激思"。应用所学原理探讨,增大压强既能加快反应速率,也有利于平衡正向移动,是对学生"推断预测类"高级思维能力的培养。而实际却是常压生产,能够有效激发学生的疑问、思考与进一步的学习。从合成氨到工业制硫酸,从化学原理学习到化学原理应用,从理论预测到实际生产条件分析,教学中体现着对学生"科学探究与创新意识"的关注与培育。教学中有联系,有对比,有迁移应用的促进,更有方法论的体会,能够引导学生正确认识理论与实践的关系。

### 4. 教学设计反思

高中阶段的化学教学中,对于氯碱工业、工业制硫酸、工业制硝酸、金属的冶炼、精炼粗铜、电镀等化工生产的学习,是学以致用的过程,是原理学习与实际应用相联系的过程。而工业生产的复杂性,决定了学习中的综合、迁移与批判性思维等的自然发生。我们在教学中,应意识到这些教学内容对于学生高阶思维能力发展的契机与意义,以真实的生产创设教学情境,激发综合性、高水平问题的产生,驱动学生进行高水平思维,为发展学生的化学学科核心素养,培养学生解决问题的能力,提供恰当有效的学习契机。

## 五、"合成氨"延伸教学

### 1. 教学设计前期分析

"合成氨"的延伸教学,关注学生批判性思维客观评价与文化思想滋养。高中化学教学中,结合教学内容,渗透对学生人文素养的培育,帮助学生树立正确的人生观和价值观,在 21 世纪全球化、知识经济、科学与信息迅猛发展的机遇与挑战中尤为重要,对学生"科学态度与社会责任"的重视与培养,应更充分体现在高中化学教学中。我们要深刻认识到,学生只有具有理想信念和社会责任感,所学知识才能在真正意义上成为有利于社会发展与进步的力量所在。因此,我们在教学中,要帮助学生拓宽视野,引导学生关注人类命运共同体的建设,培养学生具有共同创造人类美好未来的情怀,增强学生的使命与责任感。如果说海王星是"笔尖下"发现的行星的话,合成氨可以说是"笔尖下"预测的反应。德国化学家哈伯,通过一系列的计算预测了不同温度、不同压力下合成氨的转化率与平衡浓度,随后又通过大量实验进行验证。作为合成氨工业的奠基人,哈伯本人因为在合成氨领域的突出贡献获得了 1918 年诺贝尔化学奖。但是,哈伯的一生非常具有争议性,他也是第一个在战争中提出使用化学武器的人,在历史上留下了极不光彩的一页。德国化学家哈伯对世界化工行业的贡献,以及他的生平所引起的争议,无疑对学生具有强有力的教育意义与教育价值。

### 2. 问题式教学设计

延伸设问:怎样认识哈伯一生的贡献与争议?

### 3. 设计意图

学生出于对哈伯的贡献的景仰,对哈伯的生平兴趣浓厚,但深入了解之后颇为出乎意料与震惊。哈伯是合成氨的创始人,却被所谓的"爱国主义"所惑,为德国统治者效劳，是第一个在战争中提出使用化学武器的人；德国合成氨的成功使其含氮化合物自给有余，但又延长了一次大战的时间，哈伯的成功也给平民百姓带来了灾难、战争和死亡……对于这些问题的思考，能够让学生对科学与伦理、知识与力量、人生观、价值观与人的命运等进行认真思考。而这些问题的解决，对于他们的人生发展有着潜在的、不可忽视的深远影响。

### 4. 教学设计反思

在高中化学的教学中，对于教学内容育人价值的充分发掘与实现，无疑也是教学的重要内容。化学的发展过程中，有着无数科学家孜孜不倦的探求，有着无数生动有趣、精彩纷呈、富含教育价值的前人往事。元素周期律的提出、苯分子结构的研究、放射性元素镭的提取、稀有气体的发现、氟气的制备……无不蕴含着令人可歌、可敬、可叹、可惜的人、事、理、情，教学中对此的呈现、回味与反思，对学生是启发、警醒与滋养。伴随学科知识的学习，对于学生思想的启迪、价值观的树立、人格的发展可在"润物细无声"中完成。

# 第二节　自然界氮循环中人类的"印迹"

## 一、教学设计前期分析

"氮及其化合物"属于高中化学必修第二册的核心内容之一，该节的学习目标是能依据物质类别和元素价态列举氮元素的典型代表物，能从物质类别、元素价态的角度掌握氮及其化合物的化学性质和变化，说明氮及其化合物的转化路径；能说明氮及其化合物的应用对社会发展的价值和对环境的影响，树立绿色化学的教学理念。作为"氮及其化合物"复习课，教学内容丰富，与生活、生产实践联系密切，应突出"化工生产中的重要非金属元素"这个主题。同时，需体现出复习课不同于新授课的教学内容与教学目标，关注学生学科核心素养培育和新课程教学理念的实施，以"单元主题教学"或"微项目教学"形成体系化认知结构。对于"氮及其化合物"，学生陆续学习了 $N_2$、$NH_3$、$NO$、$NO_2$、$HNO_3$ 等的性质及重要反应，可能多为碎片化认知，对于自然界氮循环也只是形成初步认识。对于化工生产中的重要非金属元素的学习，学生需要通过复习课的强化与构建,形成更为完整、深入和全面的认识,进一步熟悉化学反应和反应之间的转化关系,知道其所具有的对于人类社会发展的重要推动作用。同时,对于哈伯、化学和化学物质,能够进一步进行辩证分析,形成正确的人生观和价值观,发展"科学态度与社会责任"等学科核心素养。

## 二、问题式教学设计

### (一)子项目1:自然固氮

**任务一:认识氮的固定**

核心问题:氮分子的结构与氮固定有怎样的内在关系?

驱动性问题:氮的固定对于农作物生长的意义是什么?

具体问题:

问题1:氮元素活泼吗? 氮气通常容易发生反应吗? 为什么? 请查阅资料,从结构的角度进行分析。

问题2:一部分"氮素"由闪电所固定,请写出对应的化学反应方程式。

问题3:部分"氮素"被非共生或共生的固氮细菌所固定。请查阅资料或预测,"固氮酶"具有怎样的"本领"? 写出对应的化学反应方程式。

问题4:"根瘤菌"这些固氮细菌与植物建立的"互利共生"的关系是怎样的?

问题5:栽种豆科植物可以使土地发生怎样的变化? 其他植物如何获取"氮元素"? 属于"氮的固定"吗? 为什么?

**任务二:从化学角度认识"硝化作用"与"反硝化作用"**

核心问题:"硝化作用"的基本转化过程是怎样的?

驱动性问题:从氧化还原的角度分析,"硝化作用"对土壤有怎样的要求? 为什么?

具体问题:

问题1:$NH_3 \rightarrow NH_4^+ \rightarrow NO_2^- \rightarrow NO_3^-$,哪些是氧化还原的过程? 其中哪些过程被叫作"硝化作用"?

问题2:$NH_4^+$对于鱼类而言是"剧毒",从化学的角度分析,可利用陆地上的"硝化细菌"进行处理,怎样做才能有利于这个过程的发生?

问题3:在土壤中,特别是腐殖质和黏土中,$NH_4^+$很容易被固定,而 $NO_3^-$ 和

$NO_2^-$ 则不容易被固定,主要的原因是什么?

问题 4:在雨后或灌溉后,地下水硝酸盐含量为什么会提高? 请查阅资料并思考,水中过量的 $NO_3^-$ 会影响到饮用水的安全吗? 会有怎样的影响? 为什么?

问题 5:查阅资料,了解厌氧细菌的"反硝化作用"过程,从氧化还原的角度进行分析,思考这个过程对于自然界的意义。

**任务三:对于鱼类有剧毒的"铵"水的实验设计**

核心问题:含有较多 $NH_4^+$ 的水如何进行监控与处理?

驱动性问题:高中化学中关于 $NH_4^+$ 的性质有哪些?

具体问题:

问题 1:铵盐的"通性"对应的应用有哪些操作层面上的不同? 请书写相关的化学反应方程式及离子方程式。

问题 2:请设计定性实验,检验水是否对鱼类而言有剧毒;并查阅资料,对比分析我们依据高中所学设计的实验方案与生产实践的方法有无不同。

问题 3:查阅资料,了解生产实践中如何避免 $NH_4^+$ 对于鱼类生存造成危害,并说明相应的水质标准是如何规定的。

问题 4:依据高中所学,设计定量测定水中 $NH_4^+$ 的实验方案与方法步骤。并查阅资料,了解生产实践中的定量测定方法。

问题 5:回顾与思考,将游离态的氮转化为化合态氮的方法有哪些? 分析生物固氮、工业固氮、哈伯－博施法、化石燃料燃烧——交通工具的引擎和热电站以 $NO_x$ 的形成产生、闪电,这些过程哪些是自然固氮? (对于能够书写的化学反应方程式尽可能地进行拓展延伸,多维度、多关联地进行书写。)

## (二)子项目 2:人工固氮

**任务一:历史回顾认识合成氨**

核心问题:合成氨工业对人与自然的意义是什么?

驱动性问题:查阅资料,了解以 $NH_3$ 为原料能够进行的化工生产有哪些。

具体问题:

问题 1:合成氨是人类首次在自然循环中,依靠自己的努力,改变了"靠天吃饭"的状况。请结合具体的化学反应,说说这句话的含义。

问题2：请查阅资料，了解第一次世界大战中德皇威廉二世开战的底气和决心与化学有怎样的关系。

问题3：为什么说哈伯与博施在合成氨工业上的成功，给世界农业的发展带来了福音，能为工业生产和军工需要解决原料问题？其中包含哪些重要的化学反应？

问题4：以氮元素化合价变化为线索，从物质类别着手，请分析从 $NH_3$ 到 $HNO_3$ 所需反应物应具有怎样的性质，常用物质是什么？请书写相应化学反应方程式。

问题5：从合成氨厂到硝酸厂，以物质转化的探讨类比、推测工业制硫酸原理等。

**任务二：角色翻转研究合成氨**

核心问题：如果你是哈伯，为了更快得到氨气，更多得到氨气，对于合成氨的研究，将从哪些方面进行？研究哪些条件？

驱动性问题：合成氨工业目前采取怎样的生产条件？哪些条件的选择不是主要依据化学平衡原理？为什么？

具体问题：

问题1：如果说海王星是在"笔尖下"发现的行星的话，合成氨可以说是在"笔尖下"预测的反应。德国化学家哈伯，是怎样通过一系列的计算预测了合成氨反应？

问题2：结合"合成氨"的反应特点从化学平衡的角度分析所选择的生产条件，理论与实践有区别吗？请分别从浓度、压强、温度的角度进行探讨。

问题3：请查阅哈伯选择的合成氨生产条件，与现今合成氨生产条件对比，若有不同，请分析影响合成氨生产条件选择的影响因素。

问题4：以合成氨的生产条件，预测工业制 $H_2SO_4$ 中 $2SO_2(g) + O_2(g) \rightleftharpoons 2SO_3(g)$ 反应的生产条件，为什么后者实际为常压生产？

**任务三：批判思维评价"合成氨"**

核心问题：哈伯的生平能给我们以怎样的启示？

驱动性问题：在化学的发展中，化学家的"功"与"过"，化学物质的"功"与"过"，应该怎样去评价？怎样去反思？

具体问题：

问题1：为什么1918年哈伯获得诺贝尔奖引起了轩然大波？

问题2：哈伯应该获得诺贝尔奖，你同意吗？请说出自己的观点与理由。

问题3：哈伯的"爱国主义"与我们所说的"人类命运共同体"，我们应如何辨析二者的关系？

问题4：合成氨反应被称为"一个反应，三个诺奖"，其重要与伟大显而易见。从更为宽远的时空进行分析，合成氨反应对人类有无不利的影响？

问题5：例举熟悉的化学物质，分析其对人类的"功"与"过"。

## （三）子项目3：未来固氮

**任务一：认识"氮失衡"**

核心问题：氮循环系统中，对于氮的收支平衡的认识：

驱动性问题：氮循环是否平衡与活性氮的积极性或消极是否有关联？

具体问题：

问题1：用图示的方法表示固氮作用和脱氨作用的持平。

问题2：查阅资料，分析生产工业化以后，氮的过量"活化"如何使自然界氮循环被扰乱。

问题3：查阅资料，分析哪些途径的"活化"氮，人们正以哪些方式方法在减少或避免？

问题4：查阅SCOPE（国际环境问题科学委员会）将全球氮超载作为一个潜在的环境问题和化学定时炸弹提出的原因。

（问题后附上全球氮超载的成因及结果分析。）

问题5：书写高中化学视角治理汽车尾气的化学反应方程式，并与实际生活状况进行对比。

**任务二："氮缺乏"及危害**

核心问题：活性氮对农业生态的意义。

驱动性问题：构建农业生态中活性氮的生产与转化体系。

具体问题：

问题1："氮是提高生产能力的主要限制因子"的含义是什么？

问题2：从蛋白质的元素组成和结构分析农业生态中缺少活性氮与蛋白质含量降低的关联。

问题3：查阅资料，了解土壤养分。

问题4：适当增强土壤中的氮肥力，例析化工生产可以起到的作用。

问题5：粮食安全"足够的热量"和营养安全(提供相应所有必需的养分，包括蛋白质)与适当增强土壤氮肥力的关系分析。

**任务三：未来固氮与探索**

核心问题：豆科植物"根瘤菌"神奇本领带给人类怎样的思考？

驱动性问题：合成氨即人工固氮难以突破之处是什么？

具体问题：

问题1：如何从化学平衡反应条件等角度认识合成氨"反应"的局限？

问题2：阅读资料，了解温和条件下固氮作用的三个环节，即络合过程、还原过程和加氢过程的主要作用。

问题3：为什么"化学模拟生物固氮"是重要研究课题？

问题4：如何从化学视角认识"固氮酶活性中心"结构？

问题5：了解"化学模拟生物固氮"工作的主要困难所在。

## 三、设计意图

课程的标题为"自然界氮循环中人类的'印迹'"，该选题源于"合成氨"发展的重要化学史，承载的核心知识是氮及其化合物的性质和转化，借助回顾氮循环中"人类伟大印迹"来思考氮循环中"人类需要修正的印迹"，形成氮及其化合物的知识体系，以有助于知识结构化的实现。

## 四、教学设计反思

以价类二维的视角帮助学生确立元素化合物的认知模型，对工业发展史的回顾有助于落实"科学态度与社会责任"。如何处理汽车尾气排放与明星分子的辩证认识，突出化学学科的"两面性"。课程的设计体现了科学态度与社会责任以及人与自然和谐相处的价值观。学习过程突出任务驱动、问题解决。每个学习任务又分解为具体的问题链，层层递进，启智生能，突出了问题解决过程，有效落实"做中学，用中学"的教学理念。学生课堂学习氛围愉悦，能积极、主动参与学习，能深度思考，敢于表达自己的观点，将合作学习的各个环节落到实处。课堂教学中教师能有效发挥主导作用，积极引导，组织学习活动。特别是能及时利用课堂生成性资源启发、点拨、引导学生进行问题解决，突出学生能力、素养培育，彰显教师深厚的教学功底和丰富的教学智慧。

以合成氨反应为核心进行的综合教学，适用于高中化学的新授课，也适合复习课。在不同的课型中，应以教学需求为准进行适当调整，可以是一个完整的系列，也可以选取其中的某个片段。例如，关于"合成氨"的延伸教学及设问，既可以用于以"合成氨"为中心的元素化合物教学，也可以用于以"合成氨"为中心的化学反应原理教学，以此实现高中化学教学的育人价值，加强"科学态度与社会责任"等化学学科核心素养的培育。教学中的问题设置，亦可以在实际教学中进行选择、延伸与拓展。这样的教学设想，是对高中化学教学价值的全面思考与努力实现。高中化学的教学，应该是为成长而教，为发展而教，为意义而教。丰富高中化学教学的内涵，体现与实现高中化学教学的价值，也是我们教学的力量源泉之所在。

# 参 考 文 献

[1]中华人民共和国教育部.普通高中化学课程标准(2017年版)[M].北京:人民教育出版社,2018.

[2]杜淑贤.普通高中化学课程标准(2017年版)解读[M].上海:上海教育出版社,2018.

[3]李海林.重构校长的价值[J].上海教育,2021(36):57.

[4]李海林."快乐学习"的本义[J].上海教育,2021(28):63.

[5]李海林.从教育哲学的视角看教育的人性假设[J].上海教育,2021(3):83-84.

[6]白雪.以问题为中心的高中化学教学设计分析[J].才智,2019(19):182.

[7]陈益.高中化学单元教学设计的关键、核心和重点[J].化学教学,2011(2):5-7.

[8]武士乐.高中化学概念教学策略的研究[J].中外交流,2018(23):94-95.

[9]陈跟图.基于课程标准的高中化学课堂教学设计[J].考试周刊,2008(2):190-192.

[10]张甜,冯勋,段祥.基于学科核心素养导向的中学化学有效教学设计[J].广州化工,2020,48(1):138-140.

[11]陈婷婷.基于信息技术的化学教学设计优化[J].科学咨询(教育科研),2020(20):73.

［12］韦楠楠，李红英，唐永.精心设计有效提问，提高中学化学教学效果［J］.安徽化工，2020，46（1）：113－115.

［13］侯东林，黄翠英.以问题驱动化学核心素养的培养："钠与硫酸铜反应"的探究性教学［J］.化学教育（中英文），2019，40（21）：27－31.

［14］王春燕.有机化学 PBL 教学中的问题设计［J］.教育现代化，2019，6（58）：146－147.

［15］武士乐.高中化学课堂教学设计实施与反思策略的研究［J］.学习与科普，2019（20）.

［16］加涅，韦杰，戈勒斯，等.教学设计原理：第 5 版［M］.王小明，庞维国，陈保华，等译.上海：华东师范大学出版社，2018.

［17］李珊.化学反应原理教学内容实验化的几种尝试［J］.师道·教研，2017（12）：104.

# 后　记

　　加涅等在《教学设计原理》中强调,教学的目的是帮助人们学习,教育系统的功能之一就是促进有目的的学习,以便达成许多在没有教学的情况下可能需要更长时间才能达成的目标,把教学定义为嵌于有目的的活动中的促进学习的一系列事件,这些事件是外在印刷页面的呈现、教员的讲解或一组学生活动中的事件。但也存在着内部的心理事件,如指引注意、复述、反思与监控进展情况。教育心理学家假设了这些事件的性质,从那些研究中推导出了关于学习的原理。教学设计者运用这些原理来进行设计。以此,教学设计的重要意义得以深刻阐述。

　　曾几何时,我们称之为"备课"的过程,现在被称为"教学设计"。称呼的改变意味着什么呢? 这需要我们每一位教师进行认真思考,并在教学实践中更加重视课堂教学各个环节的用心安排,在新课程教育理念和育人目标的指导中,不断对其进行改进与提升。教学设计不同于为建筑工人提供施工的图纸,而是希望对教学进行计划,以使学生参与到那些促进学习的事件和活动中,使教学更有效。因此,高中化学问题式教学设计,要立足于学生发展,着眼于化学学科核心素养培育,研究教学目标的确定、教学内容的选择、教学重点的突出、教学难点的突破、教学路径和方法的选择、教学流程的展开,以及课程资源整合与呈现的方式等。同时,教师还要认识到,教学设计各个环节之间,在教学目标的统摄之下,有其内在的逻辑关系,需要精心设计。我们要以课堂教学中的问题设置为抓手,以问题为中心,增强教学的思考性与探究性,努力构建富有实效性的、学生发展真正需要的课堂教学。

本书的研究起于对高中化学教学实践的分析,是一线化学教师的感悟与需要,得到了众多同仁的启发与帮助,在此深表感谢! 对于教学中的问题、问题中的教学,不断的学习和研究依然是必要与必须的,还需持之以恒地去努力。